本书为国家社会科学基金项目
"社会转型期民间体育组织发展的中国特色研究"
（项目批准号：13BTY041）的研究成果

民间体育组织

中国经验与本土治理

FOLK SPORTS
ORGANIZATION:
The Chinese Experience and
Native Governance

冯晓丽　著

社会科学文献出版社
SOCIAL SCIENCES ACADEMIC PRESS (CHINA)

序

中国体育改革的实质是体育社会化，而体育社会化的标志性成果是体育社团的发展壮大，承担起体育综合治理的职能。然而体育社会化的道路是漫长的、艰苦的。本人1996年发表《论中国体育社团》，打响研究体育社团问题第一枪，至今过去二十多年，出现了大量有关体育社团的博士、硕士学位论文，也有不少对体育社团进行专题研究的课题，作序的这本书就是其中之一。山西师范大学冯晓丽教授多年前随我做过高访，她主持的国家社会科学基金项目"社会转型期民间体育组织发展的中国特色研究"，最终成果专著《民间体育组织：中国经验与本土治理》即将问世，嘱我作序，欣然命笔。

为何中国的体育必须跳出政府管政府办的"举国体制"，走体育社会化的道路？

第一，中国进入市场经济时代，要践行资源配置由市场决定的规则，就必须解决好大政府、小社会向大社会、小政府的过渡，体育的管理也必须跟进。第二，体育是一项涵盖社会每个成员的事情，无论是运动精英还是普通百姓都有参加体育活动的权利，只有靠千千万万的体育社团才能将越来越多的社会成员组织起来分享体育的权益。第三，体育社团是所有民间社团中门槛最低、普及程度最高的一种，是民众参与社会活动最广泛的、最靠近的形式，体育社团的发展对社会的和谐稳定起着无可替代的作用。第四，政府直接抓竞技体育，如果不得不为各种体育比赛的胜负输赢"背书"，那么由此而承担的社会政治风险代价实在太大。第五，几百年来，世界绝大多数国家或地区均采用体育社会化的方式，无论在大众体育领域，还是在职业专业领域都沿用此法，证明这是一条对于体育发展能走通的、成功有效的道路。

那么，为什么中国走体育社会化、体育社团发展的道路漫长又艰难呢？

首先，在中国传统文化中，社团文化是极其薄弱的，这就使得全社会的社团意识极其淡漠；其次，在西方国家，如同市场经济是自然长成的一样，体育社团也是自然长成的，而中国的体育社会化必须经历一个"转型"的过程，这就涉及一个既得利益集团的利益退让问题，这样的一个拉锯过程有明显的持久战色彩；最后，新出现的体育社团处于摸索阶段，这些社团的组织者还缺乏对相关法律的了解，缺乏组织经验与工作方法，缺乏寻求体育资源的能力，这也决定了他们将经历一个长期的培训的过程。

冯晓丽教授的这本书给我们提供了哪些教益呢？关于体育社团又提出哪些新的观点与主张呢？

作者挑选了全国7个省份的一批体育社团作为调查对象，其中不仅有已存世36年之久的山西省杨氏太极拳协会与成立了27年的枣庄市篮球协会，还有一些新兴的体育民办非企业组织与草根体育组织。本书揭示了这些民间体育组织发展变迁的客观规律，进一步加深了对民间体育组织的认识，作者提出了要进一步完善民间体育组织管理的政策法律体系，需要对民间体育组织相关政策加强分层对接和政策细化等研究结论。

作者还归纳总结了民间体育组织发展现状、特点和存在的问题，并提出"金字塔"式中国特色民间体育组织治理模式。这一研究成果进一步扩展了对中国民间体育组织现实问题的思考范围，丰富了发展民间体育组织的理论体系。作者认为，现有的西方非营利组织理论模式不能有效解释当前的中国体育发展现实，中国民间体育组织发展的路径及方向还很不明朗。因此，对具有中国特色的民间体育组织发展道路的思考和探索就尤显迫切与重要。

在处理社团与外部单位关系方面，作者主张体育社团要保持自身的独立性，在与学校合作时，要确立明确的自我发展目标，设立专门的协调机构，使双方保持稳定的协作关系；在与企业对接的过程中，要将主动权掌握在自己手中，才不会改变自身的公益性质。这些说法的提出都是作者在总结各种体育社团案例的经验教训后得出的。

在处理社团内部各种复杂关系方面，作者提出要以中国传统文化和中华体育道德作为体育社团组织成员实现文化认同与组织认同的前提，中国传统文化和中华体育道德可以消除成员之间的各种分歧，保持大家态度和行为的协调一致，以使各成员在组织活动中表现出理性和一致性。

冯晓丽教授长期从事教学、科研与科研管理工作，始终保持了旺盛的科研热情，长年笔耕不辍，学术成果令人艳羡。观其书稿，深感后生可畏。本人年老体衰，心有余而力不足，只能以一篇序聊以续貂。

卢元镇

2018 年盛夏于北京大兴宣颐家园容笑斋

目　录

第一章 导论

近年来我国社会体育开始进入"黄金发展期",社会体育在协调推进全面建成小康社会中的积极作用和时代特征越发凸显。党的十八大报告明确提出"加快形成政社分开、权责明确、依法自治的现代社会组织体制"建设目标。目前我国民主政治建设日趋加强,人民群众参与社会管理的积极性日益高涨,政府管理朝着"小政府、大社会"的方向迈进,政策上已向扶持社会组织、改革社会组织体制的方向转换。民间体育组织作为社会转型期推动我国体育事业全面持续发展和调节社会发展的中坚力量,在政府和群众之间起着桥梁和纽带的关键性作用。

当前由于我国正处于社会转型时期,后发外生、政府主导的现代化模式、社会对政府强依赖的文化传统,以及已有的西方非营利组织理论模式不能有效解释当前的中国体育发展现实,都导致我国民间体育组织发展的路径及方向还很不明朗。因此,追溯、思考和探索具有中国特色的民间体育组织研究进展和发展路径就显得尤为迫切与重要。

第一节 问题的提出

一 研究背景

（一）加快社会组织体制改革已经成为我国社会转型期的国家战略

现代社会中,社会组织是与立法、司法、行政等部门在内的政府组织和各类企业组织并列的一个组织类别,是构成现代社会的重要组成部分。20 世纪 70 年代以后,社会组织在全世界范围内蓬勃兴起,其活动范围涉及国际社会和世界各国的所有领域,无论在理论还是实践中,名称各异、种类繁多的社会组织以及它们的组织体制都已经被认可为一个独立的社会部门，在社会管理中发挥着政府和市场不可替代的巨大作用。正如美国约翰·霍普金斯大学的萨拉蒙教授在 20 世纪 90 年代所断言："一场真正的社团革命现在似乎正在全球范围展开，在 20 世纪末出现的这场革命所具有的社会和政治意义有可能会同 19 世纪民族国家的崛起相媲美……这是一场全球结社革命。"

在这场全球结社革命中，我国社会组织的数量、结构在改革开放的 30 多年中，经历了取缔打击、准入控制、限制竞争、分类控制等过程，但与世界其他国家的社会组织发展过程一样，同样实现了突飞猛进的大发展，其在推动个人参与、实现社会价值、拓展公共服务等方面建立了广阔的社会平台，成为我国社会转型不容置疑的历史事实。

2012 年 11 月，党的十八大报告首次提出要"加快形成政社分开、权责明确、依法自治的现代社会组织体制"，尽管我国社会组织体制改革是在当前政治、经济、文化、社会建设的需要中被"倒逼"出来的，但这已经充分说明，在我国现行政治体制下，中国共产党作为国家的执政党已经认识到社会组织在现代国家治理中的重要作用，已经认识到建立现代科学的社会组织新体制是实现社会良治的基础。2013 年 3 月，十二届全国人大一次会议审议通过了《国务院机构改革和职能转变方案》，重申建立健全统一登记、各司其职、协调配合、分级负责、依法监管的社会组织管理体制，健全社会组织管理制度，推动社会组织完善内部治理结构。2013 年 3 月 26 日，《国务院办公厅关于实施〈国务院机构改革和职能转变方案〉任务分工的通知》（国办发〔2013〕22 号）发布，要求 2013 年底修订关于社会组织的三大条例，全面启动社会组织管理体制改革，在五年内基本形成现代社会组织体制。2013 年 11 月 12 日，十八届三中全会通过了《中共中央关于全面深化改革若干重大问题的决定》，将治理能力现代化作为改革总目标，提出要创新社会治理体制，改进社会治理方式，激发社会组织活力。社会体制改革不仅包括社会组织体制改革，还包括社会服务体制改革和社会治理体制改革。社会组织体制改革，就是要把"组织"还给社会；社会服务体制改革，就是要把"服务"还给社会；社会治理体制改革，就是要把"治理"还给社会。2013 年 11 月 8 日，国务院下发了《关于取消和下放一批行政审批项目的决定》（国发〔2013〕44 号），取消了民政部对全国性社会团体分支机构、代表机构设立登记、变更登记和注销登记的行政审批项目（民政部，2014）。这项举措在相当程度上取消、简化了项目批准手续，也就是说，项目可以不经过"管理层级行政审批"直接执行。这也是我国政府为提高工作效率所采取的有利于加快社会组织发展的决议，进一步激发社会组织的活力，更深层次地对社会组织登记管理制度实施改革，国家政府对社会组织给予了高度关注和重视，使其在社会经济发展的过程中，展现更加积极的功能。

在我国这样一个全能国家尚未终结、市场经济正在日益兴起的转型社会中，面对因为"政府失灵"和"市场盲目"导致的纷繁复杂和矛盾丛生的社会现象，面对社会服务严重不足和社会诚信普遍缺失的社会问题，政府改革和职能转变需要有大量各类的社会组织发挥积极能动作用，社会领域改革必须得到党和政府的高度重视、大力支持和强力推进，必须通过自下而上的群众参与、广泛的社会动员、培育和发展各类社会组织，为社会组织作用发挥提供广阔的制度空间，推进社会服务体制和社会治理体制的改革，最终实现让人民群众发挥主人翁作用，在社会组织中实现自我管理、自我服务，推动社会和谐发展。

总之，社会改革及社会治理已经成为经济改革之后我国改革开放走向全面深化的第二个主战场，社会组织体制改革已经成为社会改革及社会治理的重大战略部署。

（二）民间体育组织已经成为我国体育事业全面持续发展的中坚力量

在强政府背景下中国民间体育组织经历了独特的发展过程，社会转型期呈现"官民结合""自下而上""从单一到多元""自组织"等特点，已成为我国体育组织架构中不可替代的重要部分。

民间体育组织的发展离不开其所在的社会环境，国家政策法规的引导对组织的成长与发展起着至关重要的作用。从体育社会组织发展的整体进程来看，我国体育社会组织的发展更是与我国的政治、经济体制有着千丝万缕的联系。我国在成立之初面对复杂的国内、国际环境，国内、国际事务都由政府进行统筹安排，全能政府的存在具有极强的社会动员能力。"大政府、小社会"格局的形成，在我国体育社会组织的发展之初起着积极的推动、促进作用，在此环境之下涌现出了大量的"官办"组织，这在一定程度上缓解了我国民众对体育健身的需求，但这一时期成立的并非真正意义上的体育社会组织。随着外部环境的改变、经济的迅速发展，类似于"一刀切"这种单一的、高度集中的管理模式对我国各方面的发展有着极大的阻碍，国家不得不进行社会转型。党的十一届三中全会以后，我国经济体制开始改革，带动政治体制的改革和政府职能的转变，我国开始了从传统社会向现代社会的转变，政治、经济环境的转变进而推动了我国多元化体育结构的形成。

2008年被认为是中国体育事业发展的分水岭。当年，北京奥运会成功举办，中国以51枚金牌、100枚奖牌的数量位列金牌榜首位，中国的体育竞技能力受到了国际的认可和好评，但同时也让国人的目光走向世界，认识到社会体育事业发展的缺陷与不足。与国际发展水平相比，我国社会体育事业严重滞后，公民身体素质与政治、经济、科技发展水平极不协调。为了弥补这一差距，我国政府不断颁布各类有利于社会体育事业发展的法律条例以刺激和强化我国社会体育事业的发展，包括2009年颁布实施的《全民健身条例》、2011年2月印发的《全民健身计划（2011—2015年）》，以及2014年11月发布的《关于加快发展生活性服务业促进消费结构升级的指导意见》等，国务院这一系列政策文件的颁发与实施全面刺激着我国社会体育事业的迅猛发展和快速崛起。

党的十八大以来，以习近平同志为核心的党中央把体育作为中华民族伟大复兴的一个标志性事业。2016年5月，国家体育总局发布了《体育发展"十三五"规划》（以下简称《规划》），"十三五"时期体育发展的指导思想指出，坚持建设体育强国的战略定位，实施全民健身国家战略，推进健康中国建设，创新体育发展方式，全面提升体育治理体系与治理能力现代化水平，努力将体育建设成中华民族伟大复兴的标志性事业。"十三五"时期体育发展的主要目标中强调要加快政府职能转变，创新体育社会组织管理，逐步完善与经济社会协调发展的体育管理体制和运行机制，基本形成现代体育治理体系。加快政府职能转变中提到进一步厘清体育行政部门权力边界，减少审批事项，放宽市场准入，实施负面清单管理模式，加强事中、事后监管，通过研究制定体育工作综合评价体系，从群众体育、竞技体育、体育文化等方面综合评价政府体育工作。进一步健全政府购买体育服务体制机制，完善资金保障、监督管理、绩效评价等配套政策，制定政府购买体育服务指导性目录，把适合市场和社会承担的体育服务事项，按照法定方式和程序，交由具备条件的社会组织和企事业单位承担，逐步构建多层次、多方式的体育服务供给与保障体系。创新体育社会组织管理中提到，研究制定体育社会组织改革相关政策，大力引导、培育和扶持体育社会组织、体育民办非企业单位、体育基金会等组织发展，创新体育社会组织管理方式。落实《行业协会商会与行政机关脱钩总体方案》，稳步推进全国性体育社会组织改革试点工作，统筹解决试点工作中的重点难点问题，及时总结和推广改革试点经验，推动各级各类体育社会组织改革。《规划》提出了"加快政府职能转变。深化政府体育管理体制改革，厘清政府、市场、社会组织权力边界，逐步形成适应我国经济社会发展的体育管理体制，逐步形成政府主导、市场参与、社会协同的体育治理体系。创新体育社会组织管理。加强体育社会组织建设，构建管理规范、覆盖面广的体育社会组织网络体系。稳妥推进体育协会与行政机关脱钩工作，继续开展全国性单项体育协会改革试点，积极开展地方体育协会改革工作"，将创新体育社会组织管理作为未来五年体育领域五项重点改革任务之一，这是适应当前我国经济社会改革发展的大趋势，也是体育领域进一步转变发展方式、深化体制机制创新的必然选择。《规划》还将"落实全民健身国家战略，加快推动群众体育发展"放在了全民健身、竞技体育、冬奥会筹办、体育产业四个体育重点领域工作之首。《规划》指出："不断完善基本公共体育服务，加快建设水平较高、内容完备、惠及全民的基本公共体育服务体系，逐步推动基本公共体育服务在地域、城乡和人群间的均等化。以实施《全民健身计划（2016—2020 年）》为主要抓手，落实目标任务和重大政策措施，创新全民健身组织方式、活动开展方式和服务模式。加强健身场地设施建设和管理，逐步建成县（市、区）、街道（乡镇）、社区（村）三级群众健身场地设施网络，行政村（社区）健身设施全覆盖，推进建设城市社区 15 分钟健身圈。广泛开展丰富多样的全民健身活动，大力发展健身走（跑）、骑行、登山、徒步、游泳、球类、广场舞等群众喜闻乐见的运动项目。加快青少年体育发展，实施青少年体育活动促进计划，促进青少年养成体育锻炼习惯，掌握一项以上体育运动技能。基本建成覆盖全社会的全民健身组织网络。加大科学健身指导和宣传力度。保障特殊群体基本体育权利。"

借着十八届三中全会报告和《中共中央关于全面深化改革若干重大问题的决定》的有力东风，我国体育社会组织和民间体育组织获得了长足发展。"中国群众体育现状调查课题组"和"我国城市社区自发性群众体育组织研究"调查结论数据显示，我国自发性群众体育组织已成为我国大众体育健身活动占半数以上的主要载体。根据自身的体育项目爱好结合成各式各样的体育锻炼组织，规模大小不等，组织方式灵活，活动内容多样，管理模式民主，联络通信便捷，已经成了很多人生活中必不可少的组成部分（修琪，2013）。

首先，民间体育的发展是我国人民生活水平和自身素质提高的要求，是人民强身健体、育智、娱乐的需要，是人民群众沟通、交流、交往的重要方式。民间体育组织的发展，推动了改革开放以来民间体育的发展，为官方体育提供丰厚的体育文化底蕴并提供项目发展的素材。其次，民间体育是官方体育的基础，是官方体育丰富的宝库。民间体育组织作为民间体育和官方体育的桥梁，有利于促进民族间、国家间民间体育的交流、传承、借鉴、创新和发展。

因此，民间体育组织不论是在满足广大人民群众的健身需求，还是在参与社会管理活动中都发挥着越来越重要的作用，日益成为推动经济社会良性发展的一支重要力量，已经成为我国体育事业全面持续发展的中坚力量。

（三）我国民间体育组织研究与实践中的问题

据统计，截至 2013 年底，全国共有社会组织 54.7 万个，按主要服务领域划分共有 28.9 万个社会团体，其中体育类社会团体 17869 个，占 6.18%，比 2012 年增长 19%，在各类社团中增速排名第一。① 除此之外，还有大量游离于体制之外，在当代群众体育发展中扮演着积极角色的非常火爆的网络、草根等非政府形态的民间体育组织。

首先，社会转型期民间体育及其组织面临新情况。主要表现为：一是由计划经济向市场经济转变；二是由"单位人"向"社会人"转变；三是管理由行政集权向协商民主转变。社会转型向民间体育及其组织发展提出了新的要求，要求民间体育组织的组织形式和管理方式做相应的调整。

其次，改革开放释放的活力向民间体育及其组织提出了新的诉求。一是随着人们生活水平的提高和生活节奏的加快，激活了民众体育健身、娱乐的活力，体育活动成了普通民众生活的一部分；二是随着九年制义务教

---

① 《2013 年社会服务发展统计公报》，http://www.mca.gov.cn/article/zwgk/mzyw/201406/20140600654488.shtml。

育的普及和高校扩招，民众的自身素质普遍提高，相应的运动健身的技术要求提高了，这就要求民间体育再上一个新台阶；三是随着对外开放，民族间、国家间民间体育交流频繁，民间体育交流、借鉴、创新、发展任务繁重，需要指导和引导。改革开放为民间体育发展注入了新的活力，带来了新的发展机遇。

再次，民间体育组织发展的外部环境存在不足。一是由于民间体育及其组织的发展状况不是党委和政府政绩的主要考核指标，一些地方党委和政府对其持"淡然"和"冷漠"的态度；二是民间体育普遍存在资金、场地、器材不足的问题；三是民间体育及其组织存在地区间发展不平衡的问题，东部地区发展较好，中西部地区发展较差。民间体育组织在发展中要努力改善外部环境。

最后，民间体育组织自身发展中存在一系列的问题。一是民间体育组织治理中的法治思维缺失，一些民间组织违规现象严重；二是管理中存在"倒金字塔"现象，即基层民间体育组织的管理和服务在一定程度上处于真空状态；三是一些民间体育组织存在"灵魂人物"或领导团队后续乏人现象，这就要求民间体育组织进行改革创新。这些新情况向民间体育及其组织的发展提出了挑战。

二　研究价值

（一）理论价值

目前学界关注和研究的民间体育组织主要是指法定的民间体育组织，即体育社团、体育民办非企业与体育基金会等。但在现行的登记注册管理模式下，还有很大一部分非营利体育组织因无法获得合法身份，而游离于体制之外成为草根体育组织，它们在群众体育发展中扮演着积极的角色。无论登记体制如何完善，未登记的草根体育组织的存在将是一种长期现象，具有积极的社会支持功能。本课题要研究的民间体育组织是一个广义的概念，既包含体育社团、体育民办非企业与体育基金会，还包含未经登记（既不在民政部门登记注册也不在工商部门登记注册）的公益性、互益性体育组织。将未登记或转登记团体也纳入民间体育组织的结构体系，在社会转型期我国公民社会建设过程中具有一定的前瞻性。

民间体育组织研究作为一种社会组织研究，其涵盖了社会学、经济学、政治学、公共管理学等多学科领域，故而本课题试图从以上学科的中观理论出发，从组织理论、制度变迁理论、新制度主义理论、治理理论、委托代理理论、资源依赖理论、社会资本结构理论、利益相关者理论等视角，详细分析我国体育社团、体育民办非企业与草根体育组织的发展现状，揭示和解释其组织内部运行机制和规律，探讨社会转型期我国民间体育组织的发展特色。

（二）实践价值

首先，民间体育组织研究可以满足人的全面发展、社会和谐发展的内在要求，可以满足广大人民群众的健身需求，同时也是构建和谐社会的重要组成部分，是体现社会主义核心价值观的重要举措。近年来我国社会体育开始进入"黄金发展期"，其在协调推进全面建成小康社会中的积极作用和时代特征越发凸显，人民群众对体育的需求越来越旺盛。根据马斯洛的需求层次理论，现阶段人民的需求正转向自我实现的阶段，人们都在追求真善美的生活，健康、绿色的观念逐渐融入每个人的心里。随着人们健康需求的不断提升，体育锻炼则成了人们追求健康最好的途径，可以说哪里有锻炼的群体，哪里就会有民间体育组织的形成，哪里就会有民间体育组织的发展。

其次，民间体育组织研究可以壮大民间体育组织、推动全民健身事业发展、推进我国体育事业全面持续发展。适应社会转型发展，积极进行调整，在"单位人"向"社会人"转变的过程中，使民间体育组织的活动方式灵活多样、适应计划经济向市场经济的转变，随着治理方式由集权向协商民主转变，探索自律为主、监管为辅的治理方式，乘势而上发展民间体育组织，开展丰富多彩的民间体育活动；适应全民素质普遍提高，提升民间体育的技艺水平，壮大民间体育组织的力量。立足传统民间体育，积极开展对外交流。坚持交流、借鉴、创新发展，借鉴各民族、各国家优秀的民间体育内容，丰富我国民间体育活动。对外应宣传和推广我国民间传统优秀体育项目，推动传统民间体育走向世界。

最后，民间体育组织研究可以推动我国体育事业满足公民社会建设的需求。通过研究可以帮助民间体育组织建立组织章程，加强民间体育组织内部组织建设。帮助确立民间体育组织在全民健身体系中的治理主体地位，以民间体育自主办理、自愿参与、自我服务和民主自律的原则，以

"激发社会组织活力""发挥人民团体和社会组织在法治社会建设中的积极作用"为目的，发挥政府对民间体育组织的宏观指导、引导、支持和监管作用，引导其发展方向。帮助民间体育组织依法运行、体育项目活动依规矩进行、体育组织内部事务依《章程》运作、全局性活动依据相关法律法规要求办事，做到放而不乱、管而不死，使民间体育组织既充满活力，又依法依规健康良性运行与发展。

第二节　概念界定

一　社会转型期

学界认为，社会转型包括社会体制、社会结构和社会形态的转型。社会体制转型，即从计划经济体制向市场经济体制的转变。社会转型的主体是社会结构，社会结构变动是指一种整体的和全面的结构状态过渡，而不仅仅是某些单项发展指标的实现。社会转型的具体内容是结构转换、机制转轨、利益调整和观念转变。在社会转型时期，人们的行为方式、生活方式、价值体系都会发生明显的变化。社会形态变迁，即中国社会从传统社会向现代社会、从农业社会向工业社会、从封闭性社会向开放性社会的社会变迁和发展。

在国家的现代化建设过程中，最为显著的特征就是新旧体制的转换和更替，而这一特征使这个"过渡阶段"被指称为社会转型期。然而，新旧体制的转换和更替是不可能在一夜之间得以实现的，所以在社会转型期，必然发生一种"传统"与"现代"两种体制并存和交织的状态，这就是学界所称的二元社会结构。一般认为，社会转型期包括社会体制、社会结构和社会形态的转型。

中国社会转型有以下四种主要趋势。一是从计划社会向市场社会转变。在计划经济体制下形成的各种社会体制已经发生了重大变化，并且正在继续发生变化。人们的思想观念、社会政策走向、社会规范与制度都以市场化为轴心转变。市场社会的特征日益显著，主要表现为社会竞争机制逐步替代少数人决定机制，审批型政府逐步转变为服务型政府。二是从农村社会向城市社会转变，也就是从农民社会转向市民社会。越来越多的农民变为市民，人口的城市化率不断提高，是这一趋势的主要特征。三是从工业社会向信息社会转变。四是从贫困社会向富裕社会转变。

社会转型期作为本书的一个概念，也是一个宏观的背景，即在社会体制、社会结构和社会形态转型的基础上，对民间体育组织的发展现状和趋势进行理论与实践研究。

二　民间组织

"民间组织"一词2006年之前在正式或非正式文件及研究中普遍使用，"社会组织"一词首次出现在正式文件中是2006年十六届六中全会通过的《中共中央关于构建社会主义和谐社会若干重大问题的决定》中，并在2007年十七大报告中进一步确认，自此社会组织就成为官方文件的正式用语。但由于"民间"一词是和"官方"相呼应的。这两个词语最能反映出我国传统的二元社会结构角色的关系。因此对应到本研究中，使用"民间组织"一词较为适切。而民间体育组织又是民间组织一个重要的组成部分，所以对民间体育组织进行概念界定，应先对民间组织进行概念了解、界定。

关于民间组织的内涵，在中国官方认为它包含了社会团体和民办非企业单位和基金会三类社会组织。其中，社会团体是指中国公民自愿组成，为实现会员共同意愿，按照其章程开展活动的非营利性社会组织；民办非企业单位是指企业事业单位、社会团体和其他力量，以及公民个人利用非国有资产举办的，从事非营利性社会服务活动的社会组织；基金会是指利用自然人、法人或者其他组织捐赠的财产，以从事公益事业为目的，按照有关条例的规定成立的非营利性法人（赵子江，2013）。

王名、刘培根等（2004）研究者将民间组织定义为：不以营利为目的、主要开展公益性以及互益性活动且独立于党政体系之外的正式的社会组织。这些组织具有不同程度的自治性与志愿公益性，不是政党、宗教、宗族组织。狭义的民间组织特指那些满足非政府性、非营利性、自治性、志愿性、组织性、公益性、排除特性等特征的中国的民间组织。

黄晓勇、蔡礼强（2008）在《中国民间组织的现状、作用以及政策建议》中提出，民间组织是由公民自愿组成的从事非营利活动的社会组织，一般具有非政府性、非营利性、相对独立性和志愿性的特征。在学术界和政策文件中，常与"非政府组织"等术语交替使用。

许月云等（2010）在《民间体育组织发展现状调查——以福建省为例》一文中指出：民间组织是由公民自愿组成的从事非营利活动的社会组

织，一般具有非政府性、非营利性、相对独立性和志愿性的特征。

我国学者认为从整体上谈论并涉及非政府性、非营利性、志愿性、自治性等共同特征时，尽量使用"民间组织"概念。2000年4月民政部发布《取缔非法民间组织暂行办法》，"民间组织"正式用于规章的表述。目前，我国对民间组织的分类没有确定的类型与标准，作为政府主管部门的民政部将纳入其管理的民间组织分为社会团体、民办非企业单位、基金会三大类别（张勤，2008）。本书主要采用王名、刘培根等研究者对民间组织的定义。

三 民间体育组织

自21世纪以来，关于民间体育组织的称呼与概念，学术界一直没有一个统一的认识。经笔者在中国知网搜集整理，相关情况如表1-1所示。

表1-1 民间体育组织的称呼与概念整理汇总

研究者	称 呼	概 念	出 处
陈泽兵	民间体育组织	不以营利为目的，主要开展各种志愿性的公益或互益体育活动的非政府组织，包括各类体育社团和体育类民办非企业单位	《成都体育学院学报》2002年第4期
马志和等	非营利体育组织	不以营利为目的，主要开展各种志愿性的公益或互益体育活动的非政府组织，包括各类体育社团和体育类民办非企业单位	《天津体育学院学报》2003年第2期
魏来等	体育非营利组织	以服务大众的体育方面需求为宗旨的，独立于政府之外的，不以营利为目的的公益性组织	《体育学刊》2005年第3期
孟凡强	自发性群众体育组织	在整个社会组织体系中，其性质为非正式体育组织，自发性群众体育组织是基于人们共同的爱好、利益、感情与友谊，在体育实践的基础上，不受任何外界"建制"部门的因素影响和制约的情况下自发形成，并自主管理的非正式的、结构松散的、利用公共场所进行以健身、娱乐、交际、休闲为目的的体育活动组织	《体育学刊》2006年第2期
王家君	体育非营利组织	不以营利为目的，以促进政府公共体育事业的健康发展和满足民众娱乐健身需要的志愿性组织	《广州体育学院学报》2008年第5期

续表

研究者	称　呼	概　念	出　处
汪流等	体育类民间组织	不以营利为目的，以开展体育活动为主要内容的中心、院、社、俱乐部、场馆等民办社会组织	《成都体育学院学报》2008 年第 1 期
黄旭等	非营利体育组织	社会系统中与政府、企业平行的"第三部门"	《体育与科学》2011 年第 5 期
张金桥	自发性体育社会组织	具有共同体育爱好的人们自下而上发起成立的，具有成员普遍认可的行动规范和较为稳定的组织结构，并实行自主运作管理的非营利性体育组织	《天津体育学院学报》2013 年第 3 期
周华锋等	草根体育组织	没有经过登记注册的组织，不在现行法律制度框架内，得不到法规制度保护的社会组织，具有非政府性、非营利性和志愿性等特征	《广州体育学院学报》2013 年第 6 期
董宏伟	民间体育组织	依据民政部的划分标准与国家体育总局对民间体育组织的分类，主要有体育基金会、体育类民办非企业单位与体育社团 9 种类型	《沈阳体育学院学报》2014 年第 2 期
汪流	草根体育组织	公共体育服务体系中不可或缺的重要组成部分	《西安体育学院学报》2014 年第 1 期

资料来源：冯晓丽（2015）。

最初关于体育组织概念的界定是卢元镇（1996）对体育社团的界定，他将体育社团定义为"以体育运动为目的或活动内容的社会团体"。在顾渊彦（1999）出版的《体育社会学》专著中，对体育社团是这样概括的：体育社团的主要任务是进行体育实践活动，由一群拥有同样的行为规范和激情的人，自发或人为形成的组织。1998 年国务院颁布的《社会团体登记管理条例》第二条规定："社会团体，是指中国公民自愿组成，为实现会员共同意愿，按照其章程开展活动的非营利性社会组织。"[1] 随后，在 2001

---

[1]　http：//www.qidong.gov.cn/art/2015/5/18/art_ 3361_ 135963. html.

年颁布的《全国性体育社团管理暂行办法》中，国家体育总局将体育社团界定为，经各级体育局审核批准，各级民政部门按照规范允许登记注册，并且业务由各级体育行政部门主管的非营利性的社会组织。①

学术界对于民间体育组织的表述方式不尽相同，这些术语从不同角度突出了民间组织在某个方面存在的特点，它们之间没有本质不同，只是从不同的侧面对民间组织的某个特点做了强调。但在实际的使用中，它们之间也存在细微的差别，相关词语的选择和偏好，基本上可以反映出使用者对相关问题的理解以及对未来发展取向的某种期待。因此，当具备非政府性、非营利性、志愿性、自治性等特征的时候，尽量使用民间组织来称呼。

目前学界关注和研究的民间体育组织主要是指法定的民间体育组织，即体育社团、体育民办非企业与体育基金会等。但在现行的登记注册管理模式下，还有很大一部分非营利体育组织因无法获得合法身份，而游离于体制之外成为草根体育组织，它们在群众体育发展中扮演着积极的角色。无论登记体制如何完善，未登记的草根体育组织的存在都将是一种长期现象，具有积极的社会支持功能。

卢元镇（1996）认为民间体育组织应具有民间性、非营利性、互益性、同类相聚性四种性质。崔丽丽（2002）对民间体育组织的性质有两点看法：一是民间体育组织只要不偏离组织目标，不需要一味地追求完全独立在政府之外，来保持自己的民间性的特点；二是民间体育组织具有的不以经营谋利为目的的性质与其开展经营活动是两个不相同的概念，这两个概念之间不矛盾。清华 NGO 研究所认为，中国的民间组织需要满足的基本条件是：不以营利为目的且具有正式的组织形式，属于非政府体系的社会组织，它们具有一定的自治性、志愿性、公益性或互益性，但并非面面俱到，需要客观而动态地加以观察和理解。

关于民间体育组织的性质，学者们的认识基本一致。一是尽管研究者在民间体育组织内涵中使用了"非营利性"、"不谋取利益"和"不获取利润"等不同的名词，但这几个词的实质意义是相同的；二是民间体育组织属于"非政府""非企业"的社会组织，具有公益性与志愿性的特点。

对民间体育组织的分类，学界也有不同的标准和方法。其主流的分类

---

① http://vip. Chinalawinfo. com/ newlaw 2002/SLC/slc. asp? gid = 48133.

方法大致有三类，一是按照法律与"合法性"分类，二是按照民间体育组织的活动特征分类，三是按照国际非营利组织标准分类。

按照法律与"合法性"分类。民间体育组织可分为法定体育民间组织、草根民间体育组织、准民间体育组织。法定体育民间组织主要有体育社会团体、体育类民办非企业单位和体育基金会。在2001年颁布的《全国性体育社团管理暂行办法》中，国家体育总局同时也对体育社团的范围做了列举，包括体育类各种协会、学会、研究会、联谊会、基金会。① 对于体育类民办非企业单位来说，2000年颁发的《体育类民办非企业单位登记审查与管理暂行办法》指出，体育类民办非企业单位指那些不动用国有资产举办的，从事非营利的社会服务活动的社会组织，包括企业事业单位、社会团体和其他社会力量，甚至还包括公民个人，这些社会组织纯粹是为了开展体育活动，创办一些民间的中心、院、社、俱乐部、场馆等。② 此外，体育类民办非企业单位还主要包括体育俱乐部、联合会等民办非企业服务实体。2004年6月国务院重新颁布了《基金会管理条例》，以法规的形式对体育基金会做出明确规定，指出体育基金会是利用捐赠的财产，目的是从事公益事业，是非营利性的法人。③ 宛丽等（2001）采用体育社团的合法性分类，还有根据社团组织的形成、社团领导的产生、社团经费的来源将体育社团分为官办社团、半官办社团和民办社团三类。赵子江（2013）则将民间体育组织分为法律合法性体育民间组织、行政合法性体育民间组织和社会合法性体育民间组织。

按照民间体育组织的活动特征分类。卢元镇（1996）首先把体育社团划分为五大类：竞技体育类社团、社会体育类社团、体育科学学术类社团、体育观众社团、体育娱乐享受型社团。其中社会体育类社团和体育娱乐享受型社团属于民间体育组织。卢元镇虽然没有直接提出民间体育组织的分类，但是他按照体育活动的特征列举了两类民间体育组织的具体表现形式。他认为，社会体育类社团是满足群众健身、健美、健心、社交需求设立的体育组织，如老年人体协、钓鱼协会、冬泳协会等。这类体育社团有的在单位内部，有的挂靠在某一单位，有的独立存在；有的靠政府资助，有的靠企业赞助，有的靠自己经营为生。而体育娱乐享受型社团，如

① http：//vip. Chinalawinfo. com/newlaw 2002/SLC/slc. asp？gid＝48133.
② http：//news. xinhuanet. com/ziliao/2005 - 10/17/content3625715. htm.
③ http：//www. Chinacharityfedera - tion. org/Web Site/News Show/66/1114.

网球、台球、骑马、赛车、高尔夫等民间体育组织，是一种以社团名义出现的消费俱乐部。

按照国际非营利组织标准分类。黄亚玲（2004）的《论中国体育社团》中依据本质性原则、穷尽性原则、互斥性原则，采用非营利组织的分类框架，将民间体育组织划分为两大类，一是会员制体育社团，二是非会员制体育社团。其中会员制体育社团包括公益性体育社团、互益性体育社团和调节性体育社团。公益性体育社团包括团体会员型社团、个人会员型社团。互益性体育社团又可分为商业性和社会性体育社团两类。

在以往的分类研究中，为体育民间组织分类的研究奠定了基础，尤其是在社团分类研究方面取得很大进展。但由于只注重了体育社团，而忽略了体育民办非企业单位，这种忽略了二者上位法规概念的研究，使得到的结果难免失之偏颇，不利于对我国体育民间组织研究的整体把握。

笔者认为，关于民间体育组织的诸多概念内涵其实并无根本性的区别。近几年相关成果主要采用"非营利体育组织"的称呼。如何引入西方体育非营利组织的概念和理念，需要中国理论界对其本意和背景进行仔细的梳理和辨析。而官方开始有逐步使用"社会组织"概念来取代"民间组织"用语的倾向。在当前的中国，笔者认为用"民间体育组织"概念更为合适，因为大量的民间体育组织本来早就存在，这些民间体育组织具有一定的非营利组织特征，但与其现代的意义尚有一定差距。"民间体育组织"应是一个广义的概念，既包含体育社团、体育民办非企业与体育基金会，还包含未经登记（既不在民政部门登记注册也不在工商部门登记注册）的公益性、互益性体育组织。将未登记或转登记团体也纳入民间体育组织的结构体系，在社会转型期我国社会建设过程中具有一定的前瞻性。

第三节 研究的理论基础

一 组织文化理论

20 世纪 80 年代中期以后，组织文化或象征性符号管理问题渐渐成为西方组织理论学家们关注较多的同时也是引起激烈争论的问题。一大批学者围绕组织中的文化问题进行了孜孜不倦的探索，终于结出了累累硕果，并形成了组织文化理论学派。组织文化理论学派创立的标志是 1985 年沙因的著作——《组织文化与领导》的问世。

沙因将组织文化定义为："由一些基本假设所构成的模式，这些假设是由某个团体在探索解决对外部环境的适应和内部的结合问题这一过程中所发现、创造和形成的。这个模式如果运行良好，可以认为是有效的。这是新成员在认识、思考和感受问题时必须掌握的正确方式。"他认为文化是一个特定组织在处理外部适应和内部融合问题中所学习到的，由组织自身所发明和创造并且发展起来的一些基本的假定类型，这些基本假定类型能够发挥很好的作用，并被认为是有效的，由此被新的成员接受。以上所列举的文化不过是更加深层的文化的表象，真正的文化则是隐含在组织成员中的潜意识，而且文化和领导者是同一硬币的两面，一个领导者创造了一个组织或群体的同时也创造了文化。

沙因划分了组织文化的三个层次。第一个层次——物质层，沙因认为物质层是组织文化中最明显的层次，它创立了物质和社会环境。物质层也被称为"人为事物"，主要是指在组织中可看到的行为以及人们在面对不熟悉的文化时所感受到的一切现象，包括观察到的组织结构和组织过程等。具体地说，在这一层次，人们可以看到物体的空间布局、书面报告、口头语言、技术成果、艺术作品和组织成员公开的行为，如员工的工作环境、组织的名称和标识、组织的技术产品、员工的服装、与组织发展经历相关的故事、组织文化的传播网络等。组织成员往往因为置身文化中很难意识到他们自己的创造物，因此，这些现象不可能通过询问来获得，要通过自己观察。观察物质层比较容易，困难的是了解物质层所包含的意义、它们怎样相互联系及其深层模式。沙因认为如果要了解这一层次的深层模式，应该分析中心价值观即下面要讨论的支持性价值观，这些价值观是作为日常行为准则供组织成员指导自己的行为。

第二个层次——价值，它主要包括组织的目标、战略、质量意识、指导哲学等。在某种意义上，文化知识最能反映一个人的基本价值观，即人们关于同"是什么"相区别的"应当是什么"的理解。沙因认为当一个群体面对新的任务、争论和问题时，首先要提出来的解决方案只能是试验性的，因为这时还不知道这种方案是否真实有效。群体中的某个人，通常是组织创始人，他对现实的本质和怎样处理事物充满信心，并基于这种信心提出了解决方法。但是，团体只有共同努力获得成功以后，才能产生同样的信心。如果一个提案产生了较好的作用，团体对它的成功也有了共识，那么，这种价值观就逐步开始上升到信念和最后到假设的认识转变过程。这种认识转变过程只有在提出的方案能持续产生作用时才会发生，这就意味着它要有很高程度的正确性。当这种价值观被组织成员认为是理所当然的时候，它们就会转变成信念和假设，并进入无意识状态，就像习惯成自然一样。但并不是所有的价值都能实行这种转换。只有那些容易得到自然和社会证实的，并且持续有效被用来解决问题的价值观才能转变为假设。在某种意义上说，所有的文化学习都完全反映着某个人的基本价值，反映着他们认为"应当是什么"与"事实是什么"的区别。

第三个层次——基本的、潜在的假设，沙因认为当解决问题的方法被反复运用后，就会变成理所当然的。以前仅仅以一种价值观为基础的设想逐渐被当作客观现实这一假设就成立了，我们也逐渐开始相信事情本来就是如此的。这些基本假设是企业价值观的最终源泉和行动的动力。实际上，如果一种基本假设已为一个团体所坚决奉行，那么组织成员就会觉得基于其他前提的行为是不可接受的。基本假设有可能与价值、信仰不一致，但只有当价值及信仰符合基本假设，组织文化才能最有效地构建，并发挥最大的传播效能。如果了解了一个组织的基本假设，不仅获得了解读这个组织文化的"钥匙"，而且获得了解读其他两个层面文化的线索。

二 资源依赖理论

作为资源依赖理论的代表人物，1978年费佛尔与萨兰奇科共同出版了《组织的外部控制：一种资源依赖视角》这一著作。这本书的主要内容是基于前人研究的经验成果，作者进一步详细提出的理论阐述。此书主要围绕三个方面进行了讨论，包括：组织、环境、组织内部对资源的依赖程度可以通过改变它们的行动来改变，它们之间的关系是动态的、持续演变的；组织制定决策最重要的因素之一就是它所处的环境；组织的"权力"程度取决于资源的稀缺程度。同时，作者也提出了关于资源依赖理论的重要假设，主要包括以下四个：组织自身不能提供或生产的资源往往是组织的生存所需要的资源；组织的生存是一个组织首要关注的问题；在管理自身及其与其他组织关系的基础上，组织的生存才可以建立；组织只有与其他组织或者依赖环境中的相关因素合作时，才能获取它所需要的资源。资源的依赖相对于组织来说，既是相互的，又是不平衡的，如果组织间的权力发生了倾斜，说明一个组织对另一个组织的依赖程度变强。对于组织社会学来说，资源依赖理论作为它的一个重要分支，主要代表的是关于组织间关系的传统观点。

资源依赖理论是从组织与环境及组织间关系出发，基于社会情境或社会背景影响下的组织，阐述了组织决定取决于资源的重要性。在这一理论视域下，组织尝试通过影响环境来保障所需要资源的供给，同时减少自身所需重要资源方面对其他组织的依赖性。组织要设法均衡依赖性和自主性的关系方可取得成功。组织可以通过控制外部资源或变革组织来减少对外界资源的依赖所导致的威胁性，降低组织的风险。资源依赖理论认为，组织如果受制于其他的组织，会给组织带来负面影响。

资源依赖理论认为，组织是一个开放的系统，它自身所拥有的资源不可能达到自给自足，组织为了维持自身的发展必须从外部环境中寻找所需要的资源。因此，组织要积极主动地与外部环境联系，想方设法从外部环境中获得生存所必需的资源，这里的资源包括信息、政治支持、资金、原材料等。从资源依赖的角度出发，通过分析横向组织间关系对资源依赖的程度来研究组织发展的模式与变革的动因有着重要的意义。

三 制度变迁中的路径依赖理论

诺思在制度变迁理论中指出，制度变迁的路径依赖主要有两种极端形式，即诺思路径依赖 I 和诺思路径依赖 II。诺思路径依赖 I 指：一旦演化路线沿着某种具体进程进行下去，由于系统的外部性、组织的学习过程以及历史上形成的主观主义概念模型的强烈影响，这一演化路径得以强化。在演进过程中，一种具有适应性的有效制度演进轨迹将允许组织在不确定的环境下选择效用最大化的目标，并进行各种试验，这样一种反馈机制，有利于去识别和消除相对无效的选择，从而保护组织的产权，实现长期的经济增长，这明显是一条良性演化路径。

诺思路径依赖 II 则特指非良性演化路径的一种极端形式。在市场不完全、组织无效的情况下，在起始阶段带来报酬递增的制度，并不会促进生产活动的发展，相反会产生一些与现有制度共存共荣的组织和利益集团，这些组织和利益集团不会推动现有制度的变迁，相反还会加强现有制度，从而使这种无效的制度变迁的路径持续下去并得到自我强化。沿着既定的路径，制度变迁比较难进入良性循环的轨道，容易锁定在某种无效率的状态中，一旦进入锁定状态，要走出这种境地就非常困难。诺思在论述路径依赖的作用机理时，曾这样描述："它在现有制度下创造了一些组织和强有力的利益集团，他们以自己的利益来影响政治实体……经济中会演进出一些加强现有激励与组织的政策。" 也就是说，如果在固有的制度安排下，强势利益集团可以获取更高的收益，那么无论现有的制度安排是否有效，他们都会极力维护现有的制度，而阻挠效率更高的制度产生。报酬递增和自我强化机制会使一些无效率的制度长期存在，同时占据主导地位的组织或利益集团会按照自己的利益目标而影响制度变迁的进程。

总之，诺思认为路径依赖对制度变迁具有极强的制约作用。如果路径选择正确，制度变迁就会沿着预定的方向快速推进。反之，如果路径选择不正确，制度变迁就不能给人们带来普遍的收益递增，而是有利于少数特权阶层，那么这种制度变迁不仅得不到人们的普遍支持，反而加剧了不公平竞争，这种"锁入"局面一旦出现，就很难扭转。因此，制度变迁的国家必须不断解决路径依赖问题。

四 第三方管理理论

第三方管理理论是美国学者莱斯特·M. 萨拉蒙（Salamon）于政府与市场双重失灵的情况下提出的。他提倡建立政府、市场、第三管理部门三足鼎立的公民社会，三者互相监督、互相牵制，通过政府职能的转变利用更多的非营利组织来提供公共服务和公共产品，如此一来，在提高公共服务质量的同时也能在一定程度上减轻政府的财政负担。萨拉蒙认为，政府在提供社会服务时，应转变职能，将大量具体的社会公共服务功能转交给非营利组织等第三方管理机构来实现，政府的主要作用在于资金的投入和方向性的指导上，所以产生了第三方管理（third‑party government）模式。在这一模式中，服务的提供者以第三方为主，政府则作为第三方服务不足时的补充。这样一来，政府既能发挥其在社会公共服务中的作用，又能避免政府机构过于庞杂。萨拉蒙的第三方管理理论强调治理主体的多元化，对于当下中国体育事业的改革发展有诸多有益启示，如何做到正确放权，改变"大政府、小社会"的不利局面，并妥善处理好政府与非营利组织之间的关系等一系列问题都值得政府与组织进行深入的研究、探索。

关于政府与非营利组织之间的关系，社会学家吉得隆（Gidron）和克莱默（Kramer）等学者就曾经提出过四种关系模型：政府主导模式、第三部门主导模式、二元模式和合作模式。一是政府主导模式（Government‑

Dominant Model)，政府是主要的资金和福利服务提供者，新中国成立之初即采用此种关系模型，优势在于社会公共服务产品国家可以进行统一调配，易于管理，但难以满足多元化的市场需求；二是第三部门主导模式（Third – Sector Dominant Model），由非营利组织作为主要的资金和公共服务提供者；三是二元模式（Dual Model），政府和非营利组织都大量涉及资金运作及服务提供；四是合作模式（Collaborative Model），政府和非营利组织合作开展公共服务，例如由政府提供资金、由第三部门提供服务，即第三方管理理论中所提及的模式。其中，第四种模式在美国非常常见，值得我们学习和借鉴。

五 治理理论

20 世纪 90 年代以来，西方政治学家和经济学家虽然赋予"治理"不同的含义，却没有形成一个共识。瑞士学者塞纳科伦斯（1999）尖锐地指出："治理"是一个脆弱的概念，"治理"一词从来没有确切的含义。Pierre, J. 和 Peters, B. G. （2000）认为治理的概念是出了名的模糊不清。

通过对众多治理定义的考察，我们可以从以下三方面来理解治理。

（一）治理是一种规则体系、管理机制

治理理论的主要创始人——詹姆斯·N. 罗西瑙（1992）在《没有政府的治理》第一章中即指出："治理就是一种规则体系，它依赖主体间重要性的程度不亚于对正式颁布的宪法和宪章的依赖。更准确地说，治理是只有被多数人接受（或者至少被它所影响的那些最有权势的人接受）才会生效的规则体系。"同时治理还是一系列活动领域里的管理机制，它们虽未得到正式授权，却能有效发挥作用。罗西瑙还比较了"治理"与"统治"的不同，认为"治理指的是一种由共同目标支持的活动，这些活动的主体未必是政府，也无须依靠国家的强制力量来实现。与统治相比，治理是一种内涵更为丰富的现象。它既包括政府机制，同时也包括非正式、非政府的机制。随着治理范围的扩大，各色人等和各类组织得以借助这些机制满足各自的需要，并实现各自的愿望"。最后，罗西瑙得出："因此，没有政府的治理是可能的，即我们可以设想这样一种规章机制：尽管它们未被赋予正式的权力，但在其活动领域内也能够有效发挥功能。"

（二）治理是一种多元主体合作管理的过程和路径

罗茨（R. Rhodes）（1996）进一步将多元主体具体化、明确化，分别从最小国家、公司、市场、社会、自组织等六个方面对治理的概念内涵进行了界定，即作为最小国家的治理、作为公司的治理、作为新公共管理的治理、作为善治的治理、作为社会 – 控制论系统的治理、作为自组织网络的治理，它指的是建立在信任与合作基础上的自主而且自我管理的网络，强调声誉、信任、互惠与相互依存。在以上六个方面中，罗茨更倾向于自组织网络的自治治理，并将治理看作网络的自治治理。

库伊曼（Kooiman，1999）在归纳罗茨和格里·斯托克（Stoker，G.）及前人的基础上将治理分为十种不同含义：作为最小限度的国家的治理；共同治理；作为新公共管理的治理；良好的治理；作为社会 – 控制论的治理；作为自组织网络的治理；作为"控制"或"确定目标"的治理；作为国际秩序的治理；"治理经济"或经济部门；治理与政府能力。

（三）治理是一个涉及公私部门的持续的参与、谈判和协调过程

随着全球化的发展，产生了国际性的跨国经济、政治、社会组织，从而也引发了从不同空间层次重建某种结构和秩序的治理。1992 年，28 位国际知名人士发起成立了"全球治理委员会"（Commission on Global Governance），该委员会于 1995 年发表了《我们的全球伙伴关系》（*Our Global Neighborhood*）的研究报告，较为系统地阐述了全球治理的概念：治理是个人和制度、公共和私营部门管理其共同事务的各种方法的综合。它是一个持续的过程，其中，冲突或多元利益能够相互调适并能采取合作行动，它既包括正式的制度安排也包括非正式的制度安排。治理的基本特征包括：治理不是一整套规则，也不是一种活动，而是一个过程；治理过程的基础不是控制，而是参与、谈判和协调；治理既涉及公共部门，也涉及私人部门；治理不是一种正式的制度，而是持续的互动（陈崇山，2004）。

本书认为，上述治理理论概念虽各有侧重，但包含了如下核心思想。

空间多中心化。相对于"统治"的国家与社会的二分法，"治理"表现为空间上的国家、社会、市场的多中心，政府与私营部门、公民社会等其他组织之间形成一个相互依赖的网络。多中心之间界限模糊，各组织之

间互相合作，在各种组织和个人参与的基础上，最终通过形成一个合作的网络，来分担各种公共事务和责任。

主体多元化。区别于"统治"的政府单一权力主体，"治理"是比政府统治更宽泛的概念，政府不是国家唯一的权力中心，治理的主体包括不同领域和不同层次的政府、社会组织、公民、国际组织等，同样是合法权力或权威的来源。

权力向度互动化。政府"统治"的权力运行方向只强调自上而下的控制，而"治理"则重视多元主体间的合作与互动，在公共事务的管理过程中，包括政府在内的各个组织之间通过确定游戏规则，进行谈判、博弈、协商与合作。

操作工具多样化。"统治"侧重于命令式的行政手段，而"治理"则包括行政工具、财政性工具、管制性工具、诱致性工具等，在具体操作上表现为多元主体的参与、谈判和协调。

政策目标共赢化。虽然多元主体有多元的利益，多元利益会产生对抗，但"治理"是以共赢为根本目标的互动，共同的目标以及协商对话的行动方式，能确保多元主体为实现共赢而齐心努力。

六　利益相关者理论

委托代理理论无法解决治理结构的所有问题，一方面其假定了代理人的道德风险，另一方面却忽视了委托人的道德风险。根据委托代理理论设计的约束和激励制度均是基于避免代理人投机行为而产生，对委托人道德风险的完全忽视，是委托代理理论存在缺陷的根本所在。委托代理理论的不足使利益相关者理论应运而生。

20世纪60年代，美国斯坦福研究院研究小组认为利益相关者是支持企业生存的利益群体。之后，学者们从多个角度对利益相关者做出了不同的界定，其中代表人物是纳斯、布莱尔和弗里曼。纳斯认为利益相关者是与组织有关系的人，这些人使组织能够运营。布莱尔指出利益相关者是所有向组织贡献了专用性资产，并且该资产已经处于组织风险投资状况的人或团体。弗里曼则认为利益相关者是能够影响组织目标实现或者能够受到组织目标实现过程影响的任何个人和群体。总结三位学者的观点，可以发现：狭义上，利益相关者指与组织有直接联系的自然人或团体；广义上，泛指所有受组织经营活动影响或者影响组织经营活动的自然人或社会团体。基于以上条件进行不同组合，产生不同类型的利益相关者，该界定对利益相关者的权重大小进行细分具有重要意义。由此可见，利益相关者涉及组织内外的多种角色，如资产所有者、投资者、员工、顾客、供应商、政府、公共组织等。利益相关者理论发展中的三个阶段如表1－2所示。

表1－2　利益相关者理论发展中的三个阶段

发展阶段	代表性观点及其出现时间	理论背景与现实基础	理论特征与理论贡献
第一阶段：从股东至上主义迈向利益相关者影响	首次提出并界定概念，认为认识利益相关者团体的需要及其所关切的事情为制定有效的公司目标所必需（Freeman，1984：48）	动荡时代的外部变化导致不确定性及内部变化的出现，而现有的理论不能再给我们合理的答案（Freeman，1984：13）	利用"利益相关者"概念扫描外部变化并收集相关信息为应对环境挑战、提高组织绩效服务；利益相关者问题被作为外部环境因素加以对待和处理；对传统的股东至上观念形成初次攻击
第二阶段：从利益相关者影响到利益相关者参与	变化已经表明我们今天正从利益相关者影响迈向利益相关者参与（Dill，1975）	参与式民主管理与实践的兴起；以劳动管理型企业理论为基础的员工治理观的兴起（Vanek，1970）	利益相关者被吸收进入组织决策与管理过程，但参与的范围、程度等诸多方面都受到管理层的权衡和限制，总体上仍处于被管理和从属的地位；开始对传统股权至上的决策与控制格局的破冰之旅
第三阶段：从利益相关者参与到利益相关者共同治理	所有的利益相关者都应该参与公司治理（Blair，1995：195－203）利益相关者共同拥有剩余索取权与控制权（杨瑞安、周业安，2000：308）	人力资本的兴起；1997年亚洲金融危机；具有广泛分权特征的多元社会的出现（Carroll and Buchholtz，2003）	利益相关者权益与股东权益受到同等对待；利益相关者作为平等主体与股东一道遵循平等合作的逻辑，共同对公司实施治理，分享决策权力和控制权力；传统的股东至上主义观念遭到彻底颠覆和超越

注：本表中参考文献，请见王身余原文。
资料来源：王身余（2008）。

以上可见，企业管理理论经历了从"股东至上主义"到"利益相关者影响""利益相关者参与"，再到"利益相关者共同治理"的道路，这条道路与政治学、政策学中从"统治"到"治理"的道路如出一辙。

持"利益相关者共同治理"观的学者认为，凡是在公司中投入了专用性人力资本或其他关系专用性资产并承担该资产失效风险的利益相关者，都应该分享剩余收益并承担剩余风险，公司治理应该设计一定的契约安排和治理制度来分配给所有的利益相关者一定的企业控制权，通过吸收所有的利益相关者参与公司治理来实现共同治理（王身余，2008）。也就是说，全体利益相关者都应该参与公司治理，通过控制权的分配相互制约，达到长期稳定合作的目的。

利益相关者理论的发展实际是有关利益相关者责任的发展变化，体现了承认组织对利益相关者的责任从"无"到"有"，从承认组织对利益相关者"有"责任到组织对股东和利益相关者责任"同等"。法理上，权力由权利产生，权力服务于权利，但本质上，权力是一种支配能力，权利必须依赖权力，利益相关者从无权到赋予基本权利，再到授予治理权力，这是利益相关者理论发展的重大标志。

因此，非营利组织的治理不仅应注重内部利益相关者的利益，也应关注组织外部利益相关者的利益，治理是诸多利益主体的博弈过程。利益相关者理论要求组织中多方利益主体共同治理，形成组织中相互监督、制约的机制。

第二章 文献综述与思路、方法

第一节 文献综述

一 我国民间体育组织的发展变迁与多维研究视角

（一） 我国民间组织发展溯源

中国古代民间组织又称结社，其"社"字又引申出两种意思（李玉栓，2012）。第一种意思是作为祭祀社神的节日（又称为社日）。宋代的梅尧臣在《送韩子华归许昌》中曰："社后清明前，燕与人归来。"第二种意思为社稷、国家。在私社兴起之前，由于祭祀具有重要的地位，所以朝廷设立了国社，让国民共同祭祀，此时人们往往将国家和朝廷视同社稷，并简称为"社"，这种意思一直沿用到今天。

在我国古代，结社先后经历了五个时期：魏晋南北朝的萌芽期、隋唐的形成期、宋元的繁荣期、清代的衰落期、近代的重新兴起。结社一直作为文人士子的重要活动形式。"社"字的含义在每个朝代都有着不同的意义，它的演变经历了一个绵长的过程，直到晋代出现了"集体性组织""团体"等义项，之后"社"的这一义项被传承下来，并逐渐成为主要的义项。之后，无论是举行祭祀活动，还是建立行政单位，都具有一个共同的特征，即人口的聚集，导致后来发展为只要是人们聚集起来，不论组织性质如何，均称之为"社"，如弓箭社、茶社、扁担社、棋社等。

与世界其他国家尤其是欧美国家相比，中国的民间组织发展有其特殊性。中国的民间组织源远流长，比西方非营利组织起源更早。如从先秦时期开始，中国就有了"社会""会当"等概念。汉代出现的"黄巾起义"就始于结社。到了宋元时期，民间组织就更多了。在晚清时期，中国各地出现了"自治风潮"，各地的精英利用地方自治，赋予他们合法地位，获得了比较广阔的活动空间，因此，以绅士为中心、以商会为主体的社团组织，开始在中国出现。与欧美及世界其他国家相比，中国早期的民间组织在活动特点、组织形式等方面也存在许多不同之处。如古代中国是一个王权发达、高度中央集权、政府管理相对严格的社会，所谓"普天之下，莫非王土"，说明了中国政府管理的发达程度。与此同时，中国也没有西方式的发达的市民社会。但是，中国有"天高皇帝远""王权不下县"等理念，体现出王权的权限范围。而在文化、宗法方面，不论中国王朝如何更替，政治如何动荡，但中国的宗族制、地域聚居习惯以及忠孝节义等文化传统，都对维持社会稳定和社会正常运转起到基础作用。实质上这种宗教制度以及农耕民族稳定的地域聚居制，在一定程度上起到了民间组织抑制"政府暴力"和"市场暴力"的作用，弥补了政府和市场部分功能"缺失"。

综合起来看，新中国成立前，中国的民间组织主要可分为六大类（见表2-1）；新中国成立后，为了适应中国的政治、经济、文化不同于西方的特点，中国的民间组织在调整的基础上，形成了中国式的独特发展模式。一方面，清理、取缔了一批具有封建色彩、黑社会色彩的传统帮会等民间组织，如青帮会、洪门、哥老会、红枪会等组织；另一方面，又把一些拥护社会主义制度的政治团体定义为民主党派，如九三学社、民主同盟等。参政议政的工、青、妇、工商联等8个团体，则被认为具有民间组织的特征（中国现代国际关系研究院课题组，2009），近代社会最有影响力的当属商会。商会这一新式社团组织的出现，改变了中国以个人或行帮割裂分散为主要形式的落后社会（黄亚玲，2004）。

表2-1 新中国成立前中国民间组织分类

类 型	典型组织代表
行业协会	会馆、行会、同乡会、同学会等，是由传统的手工业者、工商业者为维护行业与行业秩序而建立的组织
互助与慈善组织	如各种互助会、合作社、协会、育婴堂、积善堂等
学术类组织	学会、研究会、学社、协会等
政治性组织	学联、工会、青年会、救国会（"三青团"及"义和团"）、抗敌社等反侵略组织
文艺类组织	剧团、剧社、棋会、画社等
会党及其他秘密结社组织	哥老会、青帮、红帮、洪门、红枪会等

我国古代最具代表性的民间组织实属结社，与社会生活的联系极为密切，其从本质上是一种社会组织。在整个社会发展中，依据结社的活动内容基本上可划分为政治、经济、军事和文化四个方面，也以立社目的、活动内容以及社事功能的不同，划分为政治型结社、经济型结社、军事型结社和文化型结社四种类型（见表2-2）。

表2-2 我国民间组织——结社的类型划分

类 型	定 义	表现形式	典型代表
政治型结社	以参与政治或影响政府施政行为为目的的结社	与专制主义的君主制不相包容。因古代的朋党即属此类，所以古代的封建社会中，中国虽有很多的朋党、幕僚，却没有形成真正的政党	东汉的党人，唐代的牛党、李党，宋代的新、旧党，明代的阉党、东林党、浙党等
经济型结社	指为保障或获取共同经济利益而结成的社	围绕金钱开展互助合作和赈济活动，中国古代的行会、商帮、会馆等皆属此类；以源自民间的合会和善会为主	唐代的磨行、染行等手工业行会，马行、鱼行、丝行、药行等商业行会，亦有金银行、秤行等商业兼手工业行会；善会如用以"鼓善缘、施赈济"的一命浮图会、钱会等
军事型结社	用武装斗争的方式以达到军事目的的结社	一般都是临时性的，一旦形势不再需要就会逐渐解散，中国古代的义社、义会、民团、保甲等均属此类	宋代勇武自愿习弓箭者，自为之社；明末李自成设义勇大社
文化型结社	以文化类活动为主要集会内容的结社	主要是在特有的文化背景下产生的，其形式最为复杂、内容最为广泛、名目最为繁多。又分为两类，分别是民俗型结社和精英型结社	民俗型：祭祀活动的私设、宗教的斋会、赏春踏青的岁时之会；精英型：诗社、讲会、香社、私设、画社、怡老会等

资料来源：李玉栓（2012：174~182）。

（二）我国民间体育组织的历史演进过程

1. 古代民间体育组织的发展

古代最具代表性的民间体育组织是体育结社。古代民间体育组织，从夏商周时期初步形成的体育活动开始，主要有射箭、技击、赛车、游泳、奔跑、摔跤、体操、球戏、棋类活动以及各种体育思想，到魏晋南北朝时期出现体育结社的萌芽，先后又经历了隋唐体育结社的形成期、宋元体育结社的繁荣期、清代体育结社的衰落期。

（1）魏晋南北朝体育结社的萌芽期

魏晋南北朝体育结社最具代表性的射社，其可居于当时体育活动的首位，从小孩到妇女，从平民到贵族，从娱乐到军事射箭已经成了人们体育活动中不可缺少的一项。因此，其也为后代体育结社的发展奠定了一定基础（房玄龄等，1974）。

魏晋南北朝经历了四百多年的分裂时期，为了争夺统治地位或扩大统治范围，各种力量展开了激烈的斗争。在这一时期，政权更迭频繁，社会动荡不安。但是这一时期各民族的文化交流却十分频繁，是一个文化大融合时期。长期的封建割据加之连绵不断的战争，使人们的生活痛苦不堪，人口的大量丧生，使人们进行大规模的人口迁徙，伴随着迁移活动，具有鲜明民族体育特色的射箭活动也随之得到更加广泛的传播。

在魏晋南北朝时期，随着妇女射箭活动的普及与射箭技术的提高，妇女的社会地位也随之提高。在那时，不论男女都喜欢射箭，并都认为挽射光荣，不拉射耻辱，认为射箭不仅具有实用价值，而且具有娱乐价值。

马爱民在论两晋南北朝的射箭文化兼与《中国武术史》《体育史》作者商榷中第一次提及魏晋南北朝时期的赌射活动（马爱民，2008）。北魏文成帝和平二年（461），"其年冬，诏出内库绫绵布帛二十万匹，令内外百官分曹赌射"（魏收，1974）。这是目前所知在文献中最早出现的"赌射"一词。在此时期，参加赌射的人都是射艺精湛的文臣武将，有时候皇帝也亲自执弓射箭与臣属进行赌射。

到魏晋南北朝后期，出现了专业的射箭比赛，它是我国武术史上最早的射箭银杯赛。《北史·魏宗室常山王遵传》中记载，"初，孝武在洛，于华林园戏射，以银酒厄容二升许。悬于百步外，命善射者十余人共射，中者即以赐之。顺发矢即中，帝大悦，并赏金帛。顺乃于箭孔处铸一银童，足蹈金莲，手持划炙，遂勒背上序其射工。"在这个时期的比赛中，得胜者获银杯，银杯上刻有获胜者的名字并加以装饰记载，以作永久纪念，这就是中国体育史上最早的奖杯赛。

此时期还举行过多次赌射形式的射箭比赛，射箭的难度越来越大，而且赌射活动相当精彩和隆重，射箭比赛作为具有特殊竞技观赏性的活动，受到了国人的广泛追捧，并因此发展成熟。

（2）隋唐体育结社的形成期

隋唐时期，儒学独尊的地位受到了震撼，特别是民族迁徙、融合的发展，佛道教的广泛兴起，给隋唐社会带来了结构上的变化，传统思想有所弛禁，为体育娱乐等文化事业的发展创造了灿烂的前景。特别是唐代时期我国政治鼎盛，经济繁荣，文化发达，是威名远播异域的强大帝国（张元，1979）。与其强大的国力相适应，体育项目增多，体育组织也发展到了中国封建社会的顶峰，例如角抵社、蹴鞠社、围棋社等结社的出现，都足以促进当时结社的形成并发展成当代的特色。

（3）宋元体育结社的繁荣期

我国古代的民间体育社团，虽然不是宋代首次创立，但真正能称得上"体育社团"的民间结社，却是在宋代才得到一定的发展的（秦海生，2012）。王俊奇（2000）、林伯原（1987）、秦海生（2012）等学者对宋代民间体育组织做出了进一步的研究。王俊奇认为：南宋临安"体育社团"并非官府组织，而是市民自发形成的，其人数众多、种类繁多，都为历史少见，并对南宋临安民间体育社团兴盛的主要原因做了四方面的归纳。林伯原对两宋时期农村结社组织和城市结社组织分别进行研究得出：两宋时期，民间具有体育性质的结社组织的建立，与中国封建社会政治、经济、文化发展变化的进程有着密切的关联。秦海生认为：宋代体育组织，其类型主要有官方与民间两种，组织种类较多，活动形式多样。宋代体育组织具有制定礼仪、休闲娱乐、专业化和职业化发展以及保家卫国的价值；组织兴盛的原因主要有朝廷重视、经济繁荣、闲暇时间出现和瓦舍的兴盛。这三位学者的研究中出现的民间体育结社有：踢足球的"齐云社"、"圆社"、"蹴鞠社"，争交的"角抵社"、"相扑社"，射铸的"锦标社"、"川弓社"、"射水弩社"，射弓弩的"川弩射弓社"、"射弓踏弩社"、"蹴鞠打球社"，使棒的"英略社"，打球的"打球社"，走马的"马社"等。两宋体育活动内容和方式的丰富多彩，促使民间体育组织大量出现，是我国体育发展史上的一大进步，它对后世体育的发展有着十分重要的影响。

（4）清代体育结社的衰落期

清代的燕赵地域中，民间宗教和秘密结社组织的武术活动比较久远，各种官方档案中就有记载，如"金钟罩与大刀会""演习拳棒的红阳教、八卦教""天理教文武弟子"等相关的武术社团，其中以京津地区为中心的"义和团"运动更是把武术与民间秘密结社活动的联系展现得更为透彻（张笑莉，2010）。在清代初期，民间宗教教派兴起，活动踪迹遍及中国十余个省份，直入了京师及其府县，并与农民的反清斗争紧密结合。在这个时期，由于民族矛盾与阶级矛盾的影响，一些不满清朝统治的明朝遗民，建立了以"反清复明"为宗旨的天地会等秘密结社组织。到清朝末期的义和团运动，更是将"以农民为主、以传统文化（特别是民间宗教和拳术）为主要武器的反帝爱国斗争"推向高潮，同时也将民间宗教和秘密结社组织的武术活动推向了历史的顶点（卞利，2005）。

2. 近代民间体育组织的发展

商会的出现，为近代中国经济的发展提供了国家以外的"公民社会"的实践尝试，它的出现不仅扩展了非官方独立社会活动的领域，而且使众多新型的民间体育组织更加合法化，并开始建立体育社团。随着地方自治的逐渐兴起，体育社会活动的区域也得到相应的拓展。

古代中国作为一个封建社会，一个远离西方文明的国家，在欧洲列强用武力征战，用利炮打开国门的过程中，作为"副产品"的体育，也随之传到了中国。在19世纪末期，西方的现代体育运动（融合了欧洲体操和英国户外运动）借助奥运会的力量向世界传播开来。在当时的中国，结社活动是较为普遍的，但以现代体育为名的结社却比较少，传统体育用它独特的价值和魅力占据了社团的大部分空间，习武之风也随之盛起，促进了武术结社运动的兴盛，到现代，中国地方性武术结社也经久不衰（见表2－3）。

表2－3　近代民间代表性体育社团的发展

时　期	典型体育社团	特　点
19世纪末期	精武会、中华武术会、忠义拳术社、得胜武术社等不计其数的社团	传统体育以它特有的价值和魅力占据了社团这一领域的绝大部分空间，习武之风因结社盛起，又进一步促进了武术结社运动的兴盛
1915~1919年	1910年7月在上海成立的精武体育会	近代史上最为著名的民间体育团体，主要代表人物有陈公哲、卢炜昌等人；这一时期群众体育社团的数量也随着体育在中国的普及而增加，主要集中在上海、广东、四川、南京
1924年	中华全国体育协进会	中国第一个全国性体育社团，主要代表人物有张伯苓、王正廷等人，在上海成立

1901 年，旧中国组织召开了历史上的第一届全运会，其中有体操、田径、游泳、篮球等现代体育项目，并且首次以比赛的形式，出现在了国人的视野里，群众体育社团的数量也随着体育在中国的普及而增加，例如1915～1919 年，上海、广东、四川、南京等大城市成立的体育社团就有 12个。由于 1915 年第二届、1921 年第五届和 1927 年第八届远东运动会在中国上海举行，大众对体育的认知程度进一步加深与提高，体育得到了较快的普及和发展，其中包括体育社团的发展，无论是社团的管理，还是社团的数量，上海均走在全国的前列，这为地方体育社团的建立和运作起到了示范带头作用。

近代史上最为著名的民间体育团体——精武体育会，之所以能够不断发展壮大，与其先进的理念和科学的组织结构有着极为密切的联系。精武体育会同传统武术门派大相径庭，它是采用西方式的参事执行制，设立正、副会长且都由董事会领导。起初精武体育会主要是教授人们传统武术，而在 1915 年后，开始引入西方体育项目中的文事、体育、兵操、游艺、女子等项目，从而形成了系统性的体育教育体制（刘全明，2013）。精武体育会所倡导的"我之拳头不许加在同胞身上"的精神，充分体现了抵御外侮、武术强国的思想，并提出"国术科学化、传习百万人"的口号，不仅有效地传播了中国传统武术文化，同时也为近代武术体育发展提供了重要的思想资源。

1924 年 8 月，中国历史上成立了第一个全国性体育社团——中华全国体育协进会。这一时期的体育社团具有鲜明的特点：自上而下式的组织较多，成立之初由社会知名人士发动。例如，1927 年在冯玉祥的帮助下成立的"中央国术馆"、1928 年由吴蕴瑞发起的"中央提议研究会"，有很多热爱体育的名流捧场参与，一些社团，除了教授体育的技术技能、组织体育竞赛，还定期出版体育刊物。

20 世纪 40 年代，体育社团在国内外有着非常重要的作用，主要表现在体育赛事的组织、经费的筹措等方面。例如，1948 年中国组团参加第十四届奥运会，就是由民间体育组织——中华全国体育协进会全权负责的。在这一时期，革命根据地体育活动开展得如火如荼，一批有影响力的体育社团，如列宁体育会、延安体育会、赤色体育会、延安新体育学会积极有效地组织了各种活动及比赛。

体育社团与其他社会民间团体有相似之处，在发展过程中，积极向社会生活的各个层面渗透。伴随着社会的需要，体育社团已经从传统的武会组织发展成具有多种类型的社团形式，包括：民间联合组织，如体育联合会；发展组织，如体育促进会、体育协进会等；单项协会，如网球协会、足球协会等；研究性组织，如学校体育研究会等多种类型。至此，体育社团发展有了一个新的飞跃。

3. 现代民间体育组织的发展

民间体育组织从古代（结社）到近代（体育社团）再到现代（体育社会组织）经历了一个漫长的蜕变过程。说到现代民间体育组织的发展，还应当从非营利组织（NPO）进入我国开始，NPO 一词正式进入中国始于1995 年在北京怀柔召开的第四届世界妇女大会论坛上。1998 年，民政部正式成立了民间组织管理局，这个政府部门主要是加强对民间组织的管理与研究。"民间组织"属于我国官方的固定称呼，在 2008 年以后，官方逐步用"社会组织"的概念来取代民间组织用语的倾向，虽然在称呼上有所不同，但其同属于一类范畴。

现代民间体育组织的发展主要划分为两个阶段（见图 2 - 1）：第一阶段是中华人民共和国成立初期到改革开放前；第二阶段是改革开放后至今。

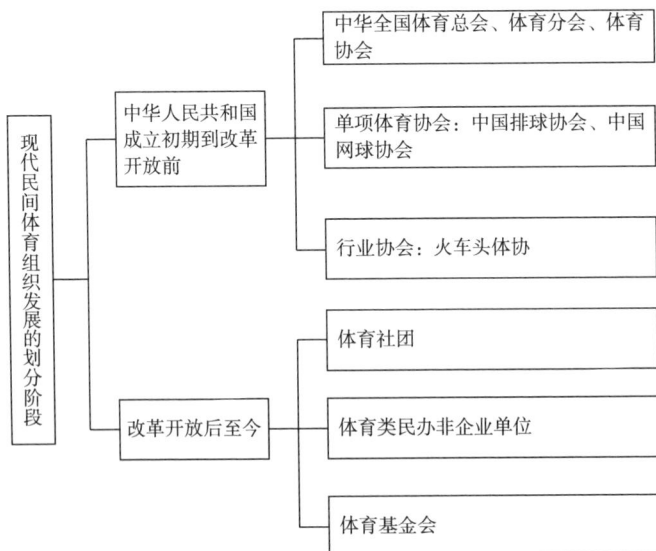

图 2 - 1 现代民间体育组织发展的划分阶段

资料来源：汪流、王凯珍等（2008：22～26）。

在中华人民共和国成立初期到改革开放前，从类型上看，体育类民间组织表现为体育社团的生成与发展（汪流、王凯珍、李勇，2008）。新中国成立之后，三种类型的体育社团以自上而下的方式成立起来：一是中华全国体育总会及相关分会、体育协会的相继建立；二是应国际体育之间的交流的需要，单项体育协会也随之建立；三是为发展各行业的职工体育活动，行业协会也开始成立（汪流、王凯珍、李勇，2008）。改革开放后，民间体育组织，从最初简单的数量增长转变为结构布局合理的方向，主要包括体育社团、体育类民办非企业单位、体育基金会。《社会服务发展统计报告》表明，民间体育组织总体规模的发展速度很快，截至2015年底全国共有社会组织66.2万个，比上年增长9.9%；社会团体32.9万个，比上年增长6.1%；民办非企业单位32.9万个，比上年增长12.7%（民政部，2016）。民间体育组织逐步成为促进体育事业发展和全民健身的重要力量。

综上所述，我国民间体育组织的发展从中国古代的结社先后经历了魏晋南北朝的萌芽期、隋唐的形成期、宋元的繁荣期和清代的衰落期，直至近代重新兴起。民间体育组织由初期的地方会馆发展到成立全国性体育社团；由性质比较单一的武术馆（会），发展成具有现代竞技体育性质的单项体育协会、行业性协会、研究性学会、联合型组织等类型的体育社团，这些为以后我国民间体育组织的发展奠定了基础。

（三）民间体育组织研究的多维视角

近年来，国内民间体育组织理论研究呈现多维理论视角，主要有市民社会理论、治理理论、新制度主义理论、自组织理论等。

1. 市民社会理论视角

马志和、张林（2003）的《非营利体育组织发展前瞻》从当代市民社会理论的视角提出在政府失灵和市场失灵情况下，非营利体育组织中，国家与社会、政府与公民应是正和博弈关系，而不是零和博弈关系。发展非营利体育组织，不仅可以充分调动社会办体育的积极性，推进体育的社会化进程；同时非营利体育组织还可以代行政府机构改革所转让出来的部分职能，有利于体育管理体制改革的深入。

《我国市民社会对非营利性体育组织发展的影响》和《我国市民社会发展滞后与非营利性体育组织异化的相关性》中提及，由于我国市民社会还处于发展的初级阶段，发育滞后不健全，政府－经济－非营利体育组织间关系混乱、界限不清，民间体育组织对政府的"体制依赖"相当明显，民间体育组织中政府的痕迹与影子较为深厚，因"行政化"而缺乏独立性，导致民间体育组织在特征、自身属性、功能等方面发展的畸形化。因此，只有市民社会发育成熟，民间体育组织才能得到良性发展、"共生共强"（高力翔、孙国友、王步，2007；高力翔、陆森召、孙国友、王步，2008）。

运用市民社会理论研究民间体育组织，学界的关注点主要集中在中国市民社会发育与民间体育组织发展的相互作用上，并指出，由于市民社会发展滞后，尽管我国体育组织数量大有增长，但很不成熟，发展面临很多问题。

2. 治理理论视角

刘次琴等人（2007）的《治理理论视角下的中国体育管理体制改革》一文认为，当前制约体育事业发展的根本还在于行政化的体育管理体制，必须改变政府一元式管理方式，充分发挥体育社团和体育中介组织等多元社会主体的作用，实现行政管理向公共治理的转变，打破政府对公共产品与服务的垄断，实现政府与社会的合作、政府与私人的合作，才能加快我国体育事业的发展。

范成文（2008）在《治理理论与中国体育行政管理体制改革研究》一文中指出：治理理论对于中国体育行政管理体制改革有很强的指导意义和作用。我国的体育事业应该是由政府、社会、个人以及第三部门机构等多元管理力量共同参与管理和调节的，而不仅仅是政府一家管理的事情。政府与社会、个人以及第三部门机构的关系并非权威式的尊者或上级，而应是"同辈中的长者"，承担着建立共同准则、确立主要行为主体的大方向和行为准则的重任。

杨桦（2015）在《深化体育改革推进体育治理体系和治理能力现代化》中指出，在推进我国体育治理变革的进程中，必须支持体育社会组织发展，发挥其在体育治理体系和治理能力现代化过程中的基础性作用。必须高度重视社会组织的发展，落实"限期实现行业协会、商会与行政机关真正脱钩"的要求，推进"管办分离"，发挥示范与牵引作用，形成枢纽型体育社会组织治理体系，带动更多体育社会组织的发展，为我国体育的社会治理提供社会组织支撑，夯实体育治理体系和治理能力现代化的社会基础。

在全球化政府管理方式已经由"划桨型"向"掌舵型"转变的今天，我国政府也已经将治理能力和治理体系现代化纳入了行政管理改革的行列，合作、治理、善治已经成了共识。正如杨桦所讲，将"治理"概念引用到体育管理中，使相互冲突或不同的利益得以调和并且长久采取联合行动，更多的是强调各种机构之间的自愿平等合作，高度重视和大力支持民间体育组织的发展是体育事业全面协调可持续的根基所在，只有这样才能最终达到体育管理改革领域中的善治，推进体育强国建设，实现中华民族体育梦。

3. 新制度主义理论视角

冯晓丽、董国珍（2014）的《从身份认同到规制、规范：我国民间体育组织评估政策变迁》一文从斯科特的新制度主义"规制性、规范性、文化－认知"三要素理论与制度变迁的角度出发，分析当前我国民间体育组织评估政策的演进与发展，探讨民间体育组织评估经历的身份认同—规制—规范三个发展阶段，解析国家在不同阶段对民间体育组织评估的政策倾向和政策要求，认为我国民间体育组织评估经历了从身份认同到规制再到规范治理这三个阶段。冯晓丽、盖甜甜（2014）的《我国民间体育组织发展的制度困境与路径选择》依据新制度主义中的规制性、规范性和文化认知三要素理论，对我国民间体育组织建设中存在的双重管理体制的制度困境、草根民间体育组织的合法性制度困境、社会监督与评估的制度困境进行了分析。提出民间体育组织发展应按照由管制性制度转向规范性制度、由权威治理转向契约治理、以"文化－认知"引领民间体育组织特色发展的路径前进。制度一直是社会科学研究的核心概念和重要主题，从新制度主义理论研究组织发展是当前组织社会学研究的热点。在影响民间体育组织发展的诸多要素中，制度是一个非常重要的变量，在我国当前社会背景下，民间体育组织具有鲜明的制度烙印。制度环境、制度变迁背后反映的是权力的变迁和管理方式的变迁，制度影响着多元利益相关者的行为。Hall 和 Taylor（1996）认为新制度主义理论主要关注的问题就是：制度是如何影响组织行为、制度是如何形成与变迁。因此，从制度的视角去研究民间体育组织是非常适切的。

4. 自组织理论视角

张红坚、段黔冰（2009）的《农村体育组织方式选择与农村体育组织建设——基于自组织理论视角》认为，根据我国农村体育组织演化的历史，自组织演进是当前农村体育组织发展的历史性必然抉择。政府应明确自己的角色定位，认识到其主要职能是提供政策支持，而在组织体系中政府则应担当配角。吴卅（2013）的博士论文《美国残疾人体育组织研究——基于自组织理论视角》，借用"自组织"的理论视角，对美国残疾人体育组织系统的自组织演化过程、内部协同、演化中存在的问题和发展趋势进行了实证性研究。

蔡佳宏（2014）的硕士论文《自组织理论视角下晋江市群众篮球运动开展现状与影响因素研究》，作为一篇实证研究文章，认为晋江市篮球运动开展现状具有自组织理论中耗散结构中体现的开放性、非平衡性、非线性等特征，运用自组织的相关成果探讨晋江地区的群众篮球发展，归纳与总结了晋江市篮球运动的进步经验。许延威（2014）的《自组织理论视角下的中国体育社团研究》指出：自组织是内部成员通过反馈互动，自发建立的整个组织体系，随时进行自我调节，有自适应的进化机制。我国的民间体育组织大部分属于自组织性的群众体育社团。研究者概括出自组织体育社团的基本内涵、类型与特征，揭示民间体育组织发展的动力和在现代社会中的价值，认为应该从促使民间体育组织地位合法化、理顺政府体育行政部门与民间体育组织关系、为民间体育组织提供多元资金支持、加强自身组织制度建设方面促进民间体育组织健康有序的发展。

理论对于社会科学研究起着重要的导向作用，因为理论一方面可以指导研究问题、研究方法，另一方面可以揭示社会现象的根本所在。任何科学的社会观察都有理论的支持和驱动。阿特斯兰德指出：没有理论，经验型的社会研究工具的使用就是经验主义。社会科学作为一种对客观世界的主观建构，在探讨社会活动的过程中使用的理念型概念必须具有科学性的知识脉络作为背景。奥地利学者舒茨说过，关于世界的所有思想结果都必须被放入科学经验的整体脉络中，社会科学中所使用的诠释基模必须与世界的科学经验之整体脉络相一致。

5. 民间体育组织发展现状的实证研究

相对于理论视域下的民间体育组织经验研究数量来说，对民间体育组织发展现状的实证研究的数量更为庞大，主要包括省市县等地区民间体育组织的调研、基于不同类别民间体育组织的个案调研、全国性的民间体育组织调研等（见表 2-4、表 2-5、表 2-6）。

表 2-4　区域性民间体育组织的实证研究

研究者	研究类型	研究内容	出处
王美、魏纯镭	苏州市城市社区体育组织	发展现状	《哈尔滨体育学院学报》2006年第6期
郑文海、杨建设、黄瑞	西北地区乡镇社会体育组织	发展现状	《西安体育学院学报》2006年第3期
谢军等	台湾民间体育组织	缘起与现状	《体育学刊》2007年第6期
张有	兰州市城市社区体育组织	发展现状	北京体育大学2008年硕士学位论文
布仁巴图、杜全	内蒙古城市社区体育组织	发展现状	《内蒙古师范大学学报》(哲学社会科学版)2009年第5期
汪流、李捷	北京市体育社会组织	组织数量、成立方式、管理机制等制约因素	《体育文化导刊》2010年第8期
杨伟林	长沙市市区体育非营利组织	发展现状、影响因素及发展对策	湖南师范大学2010年硕士学位论文
许月云、许红峰、王海飞	福建省民间体育组织	发展现状与困境	《北京体育大学学报》2010年第9期
马晶晶	吉林省体育社团	现状、存在问题及可持续发展对策	华北师范大学2012年硕士学位论文
谭朝春	金华市民间体育组织	成员动机和行为分析、组织能力	浙江师范大学2012年硕士学位论文
赖齐花	广州市草根类民间体育组织	发展现状	《广州体育学院学报》2013年第6期

表 2-5　基于不同类别民间体育组织的个案调研

研究者	研究类型	研究内容	出处
王伟平、林立、刘贤辉	福建业余足球联盟	民间非营利体育组织发展的要素	《闽江学报》2009年第5期
郝亮等	回龙观地区足球协会	城市社区体育草根组织的运行机制	《体育科技》2011年第1期
邓桂丽	河南省桐柏县民间体育俱乐部	组织发展现状	广东海洋大学2011年硕士学位论文
郑文卿	浙江省乒乓球非正式组织	运行现状及发展现状	浙江师范大学2012年硕士学位论文
冯晓丽、畅欣	山西省老年体协	发展历史与组织运行机制	《体育学刊》2014年第6期
冯晓丽、李秀云	黎明脚步组织	组织发展困境与路径选择	《上海体育学院学报》2015年第2期

表 2 - 6　全国性民间体育组织调研

研究者	研究类型	研究内容	出处
崔丽丽、叶加宝、苏连勇	全国性体育社团	类型、发起成立方式、负责人概况、兴办经营实体情况、章程建设、媒体报道、经费来源、财务制度	《天津体育学院学报》2002 年第 4 期
黄亚玲	全国和省级的 97 个体育社团	对国家和社会关系转变下的中国体育社团改革提出了具体步骤和路径	北京体育大学 2003 年博士学位论文
肖嵘	全国省区市的体育社团	管理队伍情况、体育社团经费来源渠道、体育社团兴办经济实体情况的分析，以及省区市体育社团与全国性体育社团之间的管理关系	《武汉体育学院学报》2005 年第 3 期

针对民间体育组织的实证调研，范围以黄亚玲的全国性调研最广，其余调研成果均以省份、地区和城市、农村以及典型个案为主线。在调研内容上，各个学者则从所调研民间体育组织的基本状况、存在问题、制约其发展因素、组织能力等方面出发，旨在探索出民间体育组织发展的合理对策和特色路径。

从以上关于民间体育组织的理论与实践研究可见，民间体育组织的研究呈现三个明显特点：一是研究步伐紧跟国家政策演进；二是借鉴西方普适性经验研究；三是研究中注重理论导向，运用社会学、经济学、政治学等学科的中观理论解释我国特有的问题。

二　域外非营利组织实践经验的借鉴研究

（一）美国非营利组织的实践经验

1. 美国非营利组织的概况

西方发达国家的非营利组织起步较早，英国的民间公益组织兴起于中世纪末期，美国在殖民地时期就产生了民间结社组织，早在 20 世纪 60 年代，美国联邦政府就开始强调政府通过合同的方式向非政府组织购买社会服务，并用以解决社区居民的实际需求。里根政府时期对社会福利体系进行改革，鼓励非营利组织承担社会职能，政府通过多种形式向非营利组织提供帮助，如政府赠款、税收优惠、捐款便利等。此时英国政府也调整了政府与非营利组织之间的关系。英国保守党 1979 年的竞选纲领把非营利组织视为政府服务的补充，到了 1987 年则修改为"这一政策不仅是政府政策的补充，也是政府除政策以外的另一种选择"（中国现代国际关系研究院课题组，2009）。

美国形形色色的非营利组织是最能体现、揭示"美国特色"的领域之一（潘小松，2003）。社会文化的多样性、民间力量的强大以及普通民众参与社会事务的公然热心等都能得到较为充分的体现。经过 300 多年的发展，美国的非营利组织已成为其综合国力的重要体现，在数量、规模、社会影响及作用等方面也具有"超强"特征（中国现代国际关系研究院课题组，2009）。在全球化的大背景下，美国有些非营利组织从最初服务于国内社会到积极走上国际舞台，在国际关系中发挥着举足轻重的作用。

在美国，为了区分与政府和企业之外的"第三部门"，人们往往更倾向于使用"非营利组织"这一概念。非营利组织，始于美国，并向全世界范围进行推广。最初是指，私人个体为了实现自己的非经济性的愿望或目标，而发起的社会机构或组织，既包括基金会、慈善筹款会等公益类组织，也包括社交联谊、互助合作等互益类组织，还包括私人设立的学校、医院、社会福利服务机构、艺术团体、博物馆、研究机构等服务类组织。

而如何界定美国的非营利组织，即使是在美国学术界，对本国的非营利组织也没有统一的定义。因为非营利组织涵盖面极广，洛克菲勒三世曾将非营利组织称为"看不见的部门"，"因为它不像政府和市场那样容易辨认"（中国现代国际关系研究院课题组，2009）。美国学术界目前比较公认的对非营利组织的界定，是美国约翰·霍普金斯大学萨拉蒙教授提出的有关非营利组织的六大特征：正式组建；非政府性；非营利性；自治性；自愿性；公共利益性。基于以上特点，可以给"非营利组织"一个大体上的概念，即独立于政府之外，不以营利为目的的志愿性的社会组织。其关注的大多是社会公共性和人类共通性的问题，例如贫民救助、贸易公平、环保、反战、反核等，是致力于解决各种社会性问题的社会组织。

2. 美国非营利组织的管理

美国对民间组织的管理较为松散。仅从专门针对非营利组织的法律机构来看，管理并没有耗费太多的人力、物力和财力。但是，除政府管理之外的政府、社会和非营利组织同业组织的监管，却给非营利组织活动的开展戴上了许多"紧箍咒"。笔者分别从以下两方面进行阐述（见图 2 - 2）。

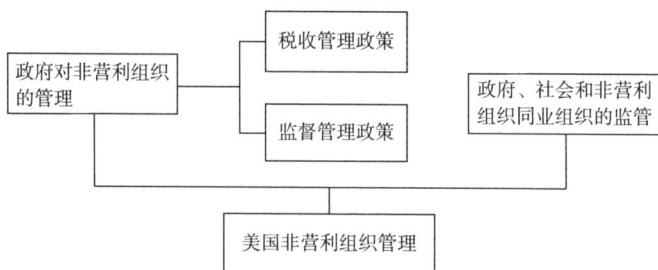

图 2 - 2　美国非营利组织的管理政策

（1）税收管理政策

美国政府通过收取税收来管理非营利组织，通过采用这一手段（见图 2 - 3），以及金额减免和税收激励的办法，直接或间接地支持和促进着非政府组织的发展。

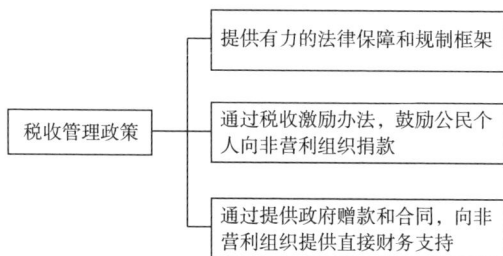

图 2 - 3　美国非营利组织的税收制度管理政策

在美国，有关非营利组织的法律法规较少，相关的政府机构也寥寥无几。相关法律主要有联邦税收法，相关政府机构主要是美国国内税务局。在各大洲中很少有政府对非营利组织进行指导（丁元竹，2005）。在美国 501（c）条款中有 20 多种不同类型的条款条规均可以免税。例如，支持教育、卫生、消除贫困、宗教、科学发展、促进社会福利等方面的慈善组织都是在享受减免税的范围内的。利用税收激励法，鼓励公民向非营利组织捐款。美国对其税收的优惠政策表现在以下两方面：一是对非营利组织自身的优惠政策；二是对非营利组织捐款方的优惠政策。

通过政府的赠款和合同向非营利组织提供财务支持。

（2）监督管理政策

政府监督管理。美国政府对非营利组织的监督管理体现在审查及财务监督上，其主要目的是防止骗取免税资格或公众捐款。美国非营利组织的监督政策如图 2 - 4 所示。

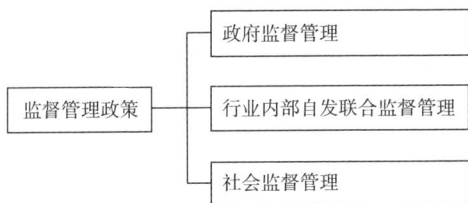

图 2-4 美国非营利组织的监督政策

对非营利组织的监督管理而言，税务机关的职责是对具有免税资格的非营利组织进行资格审查。进行资格审查需要每年向联邦税务机关报送年度报告、财务状况和经营活动；司法部有权对非营利组织的财产进行监督管理，并进行仲裁、处罚和起诉，以确保其行为规范。此外，美国政府还制定了相应的管理标准，用以评估、监督非营利组织的运营状况（李勇，2010）。

行业内部联合，对其进行监督管理。各行业内部自发联合，组成各种国家性机构，例如"美国基金会理事会"和"国家基金筹集协会"。另外一些机构是专门对非营利组织进行评估，并免费向社会公布评估结果，如美国"全国慈善信息局"和"慈善导航"（杨岳、许昀，2013）。

在美国还有许多非营利组织的同业组织，它们既能帮助非营利组织维护其合法的权益，也能为非营利组织所服务，同时还能帮助政府监督和管理非营利组织。例如，美国华盛顿非政府组织研究与咨询机构，它就是一个非常典型的非营利组织的同业组织。

社会监督管理。在美国，非营利组织通过一定形式将其相关资料和信息向社会公开，任何人均可通过信函、传真、互联网、电子邮件、实地调查等方式，对其进行监督。另外，媒体也是一种有效的监督手段，具有强效的导向和威慑作用。

（二）澳大利亚非营利组织的实践经验

世界上各个国家都有各自的用来描述非营利组织的术语，当然澳大利亚也不例外。在澳大利亚，澳大利亚统计局（官方统计机构）对于非营利组织的定义是："他们是这样一些组织，性质是非营利性的，不进行利润分配，在机构上独立于政府，进行自我管理，具有非强制性。"（廖鸿、石国亮，2011）根据此定义，在谈到澳大利亚的非营利性部门时，只要不分配利润的组织大部分可以看成非营利组织，包括体育俱乐部、冲浪救生协会、福利机构、慈善团体、教堂、社团组织等。

1. 澳大利亚非营利组织的数量

在当前的所有非营利组织中，有限担保公司类型的在联邦政府登记，公司和合作社类型的在州政府登记。通过其他方式组建的组织包括根据工业法规组建的组织以及国会的具体法令成立的组织。非社团法人由于没有登记，其信息是少之又少，数据主要是根据调查结果而预测的，因此非营利部门合计的总数 60 万家不是所有组织数量的简单汇总，是在对非社团法人预测数据进行调整后再汇总的约值。

另外，除了通过组建公司的形式登记成为合法实体之外，一些非营利组织也出于纳税意图而在澳大利亚税务局进行登记。一个组织开展活动不以其个人成员的利润或收益为目的，澳大利亚税务局就会将其分类为非营利组织。如果非营利组织雇用了员工、接受可免税的捐赠、被要求缴纳所得税、寻求附加利益税的减税或优惠投入税收待遇或受到商品服务税规定的限制，那么出于纳税的目的，他们也必须进行登记。这就是说那些没有雇员以及收入较低的小型组织通常不会被包含在澳大利亚税务局信息收集的范围内。截至 2009 年 6 月底，澳大利亚 177109 家有着活跃纳税状态的组织被澳大利亚税务局归类为非营利组织，包括所有纳税注册实体，即信用社、建筑协会、多次登记实体以及小型无雇员非营利组织。在澳大利亚税务局信息基础上，澳大利亚统计局根据国际统计惯例排除了法人团体、建筑协会和信用社，统计了有重大经济贡献的组织，有 58779 家（廖鸿，2011）。

2. 澳大利亚政府与非营利组织的关系——从对抗走向合作

非营利组织的发展与政府密切相关，非营利组织要想取得良好的发展，离不开政府的资助，必须与政府形成良好的合作和互补关系。20 世纪 70 年代全球"社团革命"之后，澳大利亚的非营利组织开始蓬勃发展。政府开始向社会中的少数人团体或者边缘化团体提供资助，随着资助的不断进行，非营利组织的作用也不断扩大。它们不再是单纯的服务提供者，而是开始发挥政策倡导作用。

20 世纪 80 年代，随着非营利组织数量的增多，政府相应地提高了对非营利组织的拨款。在增加资助的同时，政府自然而然地增加了管理力量，包括拨款的分配技巧等。政府对非营利组织资金的使用进行过多的干预，影响了非营利组织的独立性。政府在提供资助的同时设定的要求会严重妨碍非营利组织有效开展其核心工作。

到了 2007 年，保守党政府下台，新的工党执政。总理陆克文废除了
"保密条款"，恢复了非营利组织的言论自由，政府还加强了对非营利组织
的资助，使政府和非营利组织之间的关系得到显著改善。2010 年 3 月 17
日，正式签署了"全国性协议"，政府与非营利组织之间建立了一种新型
的战略合作伙伴关系。

3. 全国性协议——携手合作发展

在全国性协议签署之前，澳大利亚的各州和地方政府已经开始了政府
与非营利组织合作的试点工作。新南威尔士州政府和南澳大利亚州政府是
最早提出的。1997 年，新南威尔士州社会服务理事会，建议在政府与本州
非营利公共服务组织之间建立合作关系，倡议迅速得到了积极的响应。
1999 年 3 月，新南威尔士州政府，决定与社会和志愿者组织达成共识，并
进行合作，将其作为"家庭和社区发展促进战略"的一部分。在这之后，
政府又颁发了一系列相关导向性文件，旨在与非营利组织共建一个更加平
等、稳定、包容的社会。2006 年，新南威尔士州政府与该州的非营利组织
正式签署了《共同建设新南威尔士州协议》。

2010 年 3 月 17 日，在地方试点的基础上，澳大利亚总理陆克文在事
务部部长麦克林、议会社会与志愿部门秘书长斯蒂芬斯等政府要员和非营
利组织负责人的陪同下，在议会正式签署 National Compact – working togeth-
er（简称"全国性协议"）。此后，政府与非营利组织将在此协议框架内建
立多方面、多领域、多角度的全面合作关系。澳大利亚也成为继英国、加
拿大之后第三个签署全国性协议的国家（石国亮，2012）。

澳大利亚政府与非营利组织之间签署的"全国性协议"，主要是由以
下四个方面构成（见表 2 - 7）：共同的使命、目标、原则和目的（共同的
志向）。这些共同的内容，明确了政府和非营利组织之间相关合作的关系，
并规定了双方的责任。这个协议，提出了二者的共同目的、指导双方开展
工作的基本理念及工作思路（见表 2 - 8）。

使命宣言是政府和非营利组织对未来的憧憬，双方确立了共同的使
命，为了实现使命宣言，就必须制定共同目标，也就是行动计划。"共同
的目标"为两者的合作与共同的使命提供了理论依据，也为进一步提升非
营利组织的服务能力、巩固和增强双方的合作关系、制定更为实际的政策、
提供更加完善的社会服务奠定了充实的基础。就如何取得进步，二者有着共
同的目的，进而达成了一些基本共识和原则。双方的合作将会有助于建设一

个更加包容、稳定的社会，将携手共同努力，全面推进社会、文化、公民、经济和环境的发展，大大提升澳大利亚公民的幸福感和生活质量。

表 2-7　澳大利亚"全国性协议"的构成要素

	主要内容
共同的使命	社会的，共同的生活方式及经历的共享；文化的，共同的价值观及信仰的生活方式；公民的，澳大利亚公民的基本生活方式；经济的，管理经济和财务的方式；环境的，关心周边国家的方式
共同的目标	改进与非营利组织的合作方式，帮助非营利组织完成工作使命，制定更加合理的政策法规
共同的原则	给每个人一个公平的机会；互相信任，互相尊敬；听取彼此的意见；倡导多样化；伸出援手；尊重文化；策划与决策；有效工作；顾及未来；衡量成功
共同的目的	共同合作；实现良好的沟通；更好的工作方式；顾及未来

资料来源：石国亮、廖鸿主编（2011：68~71）。

表 2-8　澳大利亚"全国性协议"中携手合作发展的主要内容

	主要内容
构成要素	共同的使命、共同的目标、共同的原则和共同的目的四个方面
目的	使政府与非营利组织双方形成一种全新的、更加紧密的合作关系，从而向澳大利亚人民提供更好的社会服务
基本理念	认识到非营利组织工作的重要性以及价值所在；长期关注社会中的弱势群体以及边缘化人群的生活经济状况；政府与非营利组织两者共同努力，打造一个创新的、独立的、稳定的"第三部门"
工作思路	记录并宣传非营利组织的价值及对社会的贡献；政府要保护非营利组织的自由倡导权，保护非营利组织在咨询协商过程中的多样性及发起新倡议的主动性；提高信息分享度，包括政府资助的研究和项目；杜绝官僚主义，简化行政管理程序；简化和改善财务的一致性；改善工作的薪酬问题；优化政府资助与服务购买的程序

资料来源：石国亮、廖鸿主编（2011：67~70）。

"全国性协议"的实施有着一整套运行机制，分别从国家、辅助部门、多方会谈、地方四个层面进行阐述（见表 2-9）。

表 2-9　澳大利亚"全国性协议"的运行机制

	特　点
国家层面	"全国性协议"由总理代表政府部门与非营利组织代表共同签署，由家庭、住房、社区服务及原住民事务部负责执行工作，向外界传递信息，起着纽带的作用

续表

	特　点
辅助部门层面	跨政府工作组和专家顾问组负责"全国性协议"的辅助工作，跨政府工作组由政府各部门的高级代表组成，专家顾问组由各领域的专家组成，两者职责是向政府和其他执行机构提供一定的咨询信息和建议，并为协议的成功开展提供智力支持
多方会谈	政府、辅助机构和非营利组织，定期召开由政府部门部长、地方政府代表、跨政府工作组和专家顾问组的成员以及非营利组织法人共同参与的会议，会议主题是回顾"全国性协议"的执行情况、反馈问题、提出建议并制定未来的发展战略
地方层面	"全国性协议"提供双方合作的原则以及组织框架，在这个基础上，各州、各地区再自己制定地方性协议作为地方的具体实施准则

资料来源：石国亮、廖鸿主编（2011：77～78）。

作为政府和非营利组织合作的产物，"全国性协议"没有任何的法律约束力，但它适用于联邦境内的一切国家政府部门及一切非营利组织。"全国性协议"并不是直接适用于地方，因为在此之前各州已经签署了各自的合作协议（南澳大利亚州、首都特区、维多利亚州、新南威尔士州、昆士兰州、塔斯马尼亚州）。但是，中央政府可以将"全国性协议"在全国范围内推广，作为一种政府与非营利组织关系的原则。

（三）英国非营利组织的实践经验

1.　英国非营利组织概述

在英国，不同的历史时期和语境下，对非营利组织的叙述有着不同的界定。官方和大众媒体较少使用"非营利组织"（NPO）这个术语，使用最多的是"慈善组织"（Charity Organization），其次是"志愿和社区组织"（Voluntary and Community Organization），再次是"非营利组织"（Non - Profit Organization）。主要区别在于：非营利组织，除了民间公益性组织外，还包括各种形式的互益性组织，其中慈善组织属于公益性组织（中国现代国际关系研究院课题组，2009）。其涵盖面比较广，只要"不是家庭，不是企业，也不是这功夫的一部分"都可纳入其中。"志愿和社区组织"一词，是最近几年才提出来的，但是它只包括"志愿的""自愿的""自发的""非官方的"等含义，其范围远小于非营利组织。而对于慈善组织是英国非政府组织的主要组成部分，它同时包含"慈善"、"慈善事业"和"慈善组织"的含义，主要是指从事公益活动且在慈善委员会登记的组织。但必须指出，慈善组织是英国非营利组织中得到法律界定的一个类型，其他 NGO 的法律地位就很少有法律来给予明确界定了（吴忠泽、李勇、邢军，2001）。由于对"志愿和社区组织"这个概念缺乏可操作性的界定，英国志愿组织联合会（NCVO）使用"一般慈善组织"（general charities）这个概念，它是慈善组织的核心。而在涉及法律地位时则沿用"慈善组织"的概念，在本研究中主要是指"非营利组织"或"志愿及社区组织"，更多的是一种统称而不是一种严谨的定义。

需要注意的是，在英国，慈善组织和志愿组织不包括规模小、非正式且不适于注册的组织，而且"志愿组织"被称为社区组织或草根组织。英国的非营利组织具有非政府性、非营利性或公益性、志愿性三个属性。

2. 英国非营利组织的发展现状

自 20 世纪 80 年代，非营利组织在提供公共基础服务、弥补政府和市场的不足、维护社会公平公正等方面发挥着重要的作用，并在世界范围内得到了快速的发展。英国是十分注重慈善和志愿的国家，非营利部门在国民的生活中占有举足轻重的位置，特别是在布莱尔政府执政后。之后，2010 年新组阁的联合政府，对于非营利组织在社会公共服务中的作用也是十分重视的，并在此基础上提出了"小政府、大社会"的概念。

"小政府、大社会"的提出，使英国政府把更多的公共服务功能下放，包括教育、医疗、交通、安全、信息技术、环境保护等。英国志愿组织联合会（NCVO）颁发的《2010 年公民社会年鉴》中统计，英国有90 万名公民社会组织家，共收入 1570 亿英镑，其中 160 万人为带薪雇员。根据相关资料可知，在英国每年有 2040 万人参加志愿服务者服务，提供的工作量相当于 120 万名专职人员的工作，节省了 215 亿英镑。

英国志愿组织的收入来源可以按照以下两种方式进行划分（见图 2 - 5）。英国志愿组织收入来源占总收入的比例如图 2 - 6 所示。

3. 英国非营利组织体系下的体育自治

英国体育自治发源于英国上流社会的休闲活动，与贵族群体的休闲俱乐部发展息息相关，最早可追溯到工业革命之前出现的"第三领域"。近百年来，这些组织与英国政府保持着若即若离的关系，两者很难统一。虽然他们都以自治为主，但是在国家和民族利益面前又能快速团结，以整体为上、以国家为重。至今为止，英国的体育发展还是依赖于这类组织的自治，组织动力源自组织内部成员具有相同的价值观，以及各成员之间互信、互惠和互助的精神。

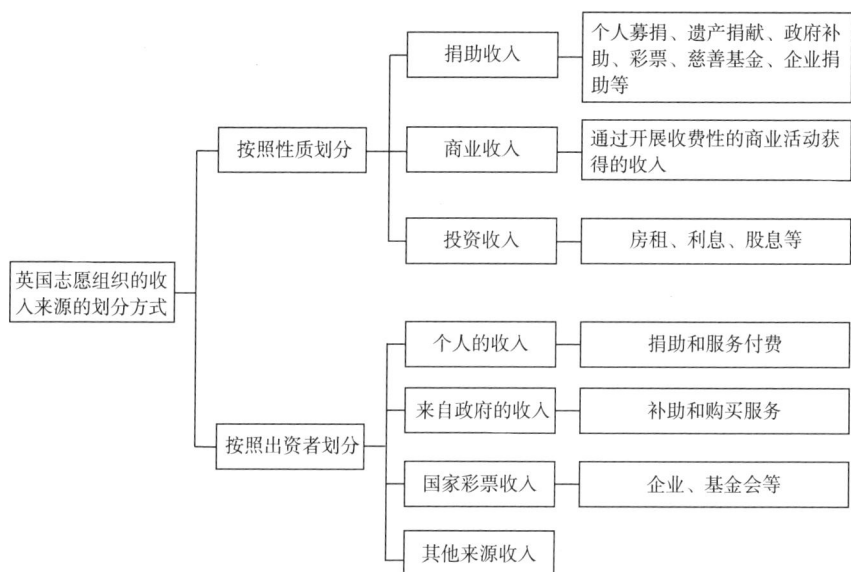

图 2 - 5　英国志愿组织收入来源的划分方式

资料来源：王名、李勇、黄浩明（2009）。

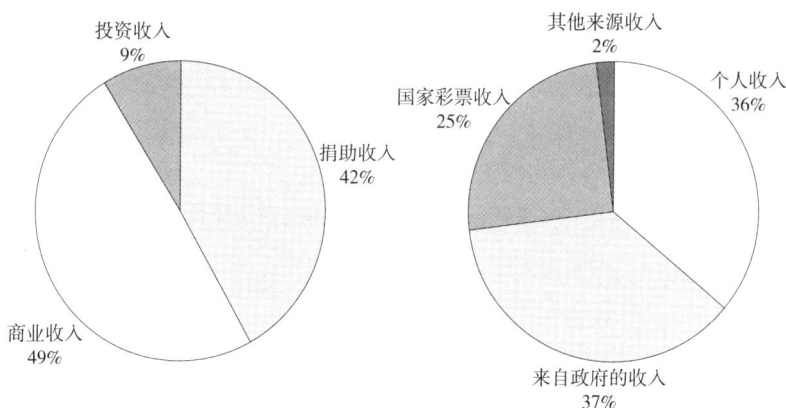

图 2 - 6　英国志愿组织收入来源占总收入的比例

资料来源：英国志愿组织联合会（2011）。

（1）志愿者：英国非营利组织的"细胞"

英国非营利组织最基本的组成单位是志愿者，英国可谓现代公民社会志愿者文化的发祥地。志愿者不仅是重要的社会资源，而且在体育自治过程中扮演着极为重要的角色，不仅保障了各种体育培训和赛事的顺利开展，而且推动了社区体育的进步。

20世纪以来，英国非营利组织中最具代表性的包括英国志愿组织联合会（NCVO）、苏格兰志愿组织理事会（SCVO）、威尔士志愿行动理事会（WCVA）、北爱尔兰志愿行动理事会（NICVA）等，这些组织在管理、服务以及志愿者参与上起到了核心作用（丁开杰，2009）。

2009年，英国首相布朗提出，"每一个英国年轻人在成长过程中都应该进行社区服务，19岁以下的年轻人，至少做到50个小时的志愿工作"（吕思培，2009）。每年有1/10的英国人口参加志愿者活动，有2/3的成年人参加各种形式的非营利组织。

（2）国家与地方层面：英国体育自治构架及发展

目前，在国家层面上，与体育活动发展有关的非营利组织主要有：运动与娱乐联盟（CCSR）、运动委员会（Sport Council）、英国运动部（UK Sport）等（见图2-7）。这些非营利组织主要是依靠领导者的专业组织能力和威望维持整个组织框架的稳定运行。

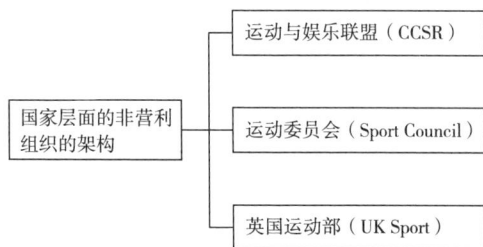

图2-7 英国国家层面的体育非营利组织构架

——国家体育整体发展的组织：CCPR（CCSR）和Sport Council

运动与娱乐联盟是英国最早且最大的体育非营利组织，是一些热爱体育、娱乐的人士于1935年成立的一个典型的志愿者组织。1937年，CCPR列入政府管理中，它不仅具有政府机构的身份又有体育专业组织的身份。1944年，教育改革和娱乐活动走进校园，使体育在学校得以普及，CCPR的半政府角色逐渐消退，只是以论坛的形式出现。

CCPR 组织的具体结构（Barrie，1991）如图 2 – 8 所示。该组织对于顶尖体育运动队（相当于我国的国家队和省队）的作用主要表现在：提供资金、对教练员进行培训、协助体育组织的教练员培训、向国家信息中心提供公共信息等。2010 年底，为了适应时代的发展需求，英国以投票的形式，把"CCPR"改为"CCSR"（Sport and Recreation Allian，运动与娱乐联盟）。在改为 CCSR 后，其组织结构基本没有变化，仍是作为中央与地方体育管理机构的纽带，并参与体育相关政策的制定，确定发展方向，为体育、娱乐方面的发展提供理论与技术支持。

图 2 – 8　英国志愿者机构运动与娱乐联盟（CCPR）的框架

1965 年，运动委员会作为政府的一个智囊团而成立，同时也作为一个类似艺术委员会（Art Council）的延伸机构被写入皇家宪章（Royal Charter）。在运动委员会成为正式组织机构前，CCPR 是它的智囊团，并对其进行实际操作。1972 年，运动委员会成为正式组织机构后，CCPR 又恢复了它以前的角色，即协助政府考量体育政策的必要性和可行性。目前，在英国有 4 个独立的运动委员会、13 个国家体育运动中心。

——国家竞技体育发展的组织：UK Sport

体育赛事作为一种提高国家知名度、民族声望和增强民族向心力的有效手段，越来越受到人们的重视。与我国相比，英国体育赛事最大的特点是，社区体育及国家体育运动队的管理都是志愿者代理完成的。国家运动部（National – Governing Bodies of Sport，NGBS）代理培养和发展精英运动队，对外称作英国运动部（UK Sport）。

英国运动部作为独立的部门，属于政府代理机构，它在竞技体育发展方面，职责与我国的国家体育总局极为相似。功能主要包括：负责举办重大体育竞赛，制定国内体育发展方针，代表英国在海外的体育利益，提升英国在国际体坛上的影响力。其直接目标是在世界锦标赛（World Championship）、奥运会（Olympic Games）、残奥会（Paralympic Games）上取得好的竞技成绩。

——地方非营利组织架构及功能

"在英国，全国性非营利组织约有 200 个，地方性组织更是普遍，这些组织的活动范围广、种类多，覆盖了休闲领域的各个方面。"（布尔，2006）其中，CCSR 下设 270 个二级组织，有 8.7 万个地方运动俱乐部，分为 6 个功能与发展方向，同时它也提供其他相关服务（见图2 – 9）。

地方运动部（CSPS）也属于非营利组织的一种，是由志愿者组成的。它属于国家运动部（NGBS）的一部分，不仅可以组织独立的运动队参加英联邦运动会，也可以推荐高水平的运动员代表国家参与国际赛事。在英格兰、威尔士、苏格兰等地都有地方性的运动部组织支持国家运动部项目。例如，英格兰有 49 个 CSPS 组织和 9 个地区队（regional teams）持续支持 9~14 个 NGBS 项目。

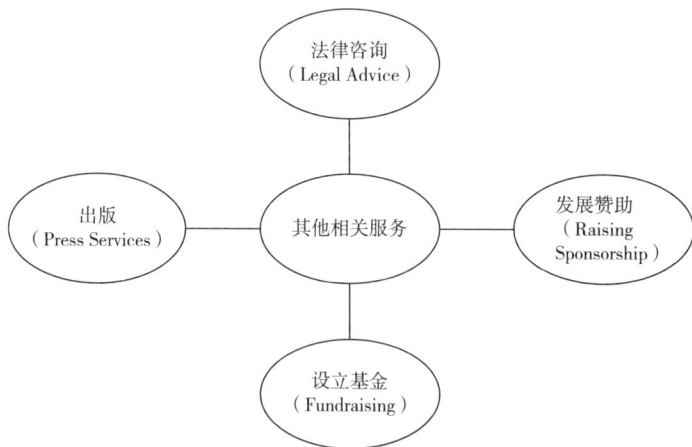

图 2 – 9　英国地方非营利组织其他相关服务

4. 英国体育自治的原则、经费使用和政策倡导

（1）体育工作原则：合作与普及化

在 2000 年，英国颁布了非营利组织新的工作原则，即体育自治（见表 2-10），工作原则主要是针对社区体育、体育培训和赛事，筹备和管理资金，促进组织间合作，还有增加青少年体育发展的规划。

表 2-10　英国体育自治原则一览

层　　次	表现形式
特点	合作与普及化并存
运行方式	运行方式采用合作式，主要是针对社区体育、体育培训和赛事，筹备和管理资金，促进组织间合作等
体育自治原则	增强体育设备的便民性；培养更好的教练员；开展强身健体的体育活动，提高成绩；创造体育财富，增加人口就业
未来发展前景	为青少年提供体育发展机会，如开设体育学校（或学院），为有体育潜力的学生提供设备与训练

（2）体育经费来源与使用：项目消费透明化

在 CCSR（CCPR）中 2/3 的经费源自运动委员会。政府也是按照运动委员会的报告（provision for sport）来进行拨款的。而运动委员会的经费来源是中央政府（见表 2-11）。

表 2-11　英国体育自治的经费来源与使用表现形式

	表现形式
经费来源	起初费用主要来源于上级政府拨款、企业赞助、体育彩票、出版、版权费、募捐等；之后经费来源于商业赞助、自主经营、出版书籍等，具体包括两部分：一是由国会经文体部门拨发，二是 9.2% 的经费来自体育彩票
经费使用	开展世界级竞赛和世界级事务，如 2012 年伦敦奥运会的举办、培养世界级体育赛事的教练员、工作者、管理者和运动队
消费监督	款项专款专用，经多个部门审核，对外公开并接受监督
消费评估	从 1976 年开始，英国政府对体育休闲娱乐进行评估，并出版年度统计评估报告，报告包括各地方的体育支出

（3）体育政策倡导：体育活动空间的扩展

虽然参加体育组织的人数众多，但是有规律性地参与体育活动的人数却较少。体育发展空间不足，影响人民的体育活动，是人民体育参与率较低的原因。根据相关资料得出：1/3 的英国家庭参加社区的体育活动；在过去的 1 年里，约 1/5 的人不进行任何形式的体力活动（室内办公人员与

家务除外）（Kris，2004）。为此，英国政府发出倡议，要求非营利体育组织和慈善组织积极响应，参与其中，协助政府解决体育发展空间不足的问题。英国曼彻斯特城市大学也对体育发展的问题进行了研究，呼吁大家关注并拓展公众休闲空间。针对社区体育，巴克莱银行投入3000万英镑对社区的基础设施进行改进建设，目的是在英国建立300多个社区体育场所，以此改善社区体育现状，促进社区体育发展。目前，巴克莱银行正在商讨选取可信度较高的慈善机构承担此项目。该项目为篮球、网球、滑板运动和徒步旅行等体育活动提供了广阔的活动空间。

20世纪80年代，一场全球性的结社革命兴起，各界重视发展政府与市场之外的"第三领域"（主要是指非营利组织）。目前，我国非营利组织体系发展尚处在初级阶段，体育自治之路漫长，英国的体育自治实践可为我国提供借鉴。

（四）国外非营利组织实践经验评述

1. "小政府、大社会"背景下的"放手式"宏观管理模式

在美国，"小政府、大社会"的管理背景模式有着很长的历史，政府与非营利组织的关系具有复杂、多面的特点，如非营利组织自身的类型、关注和服务的领域、政府和非营利组织各自的目标及实现的手段等都对两者的关系起着重要的作用（中国现代国际关系研究院课题组，2009）。

美国前总统克林顿说过：现在的非营利组织发展迅速，它们的出现并不是要反对政府，而是一种新型的社会治理模式，作为对政府职能的补充。这些非营利组织与政府互相合作，共同去解决一些实际的公共问题，为社会公众提供便捷的服务。而政府却较少干预公民的公众生活，在很大程度上是因为美国的政治传统要求公民注重个人自由发展。在处理社会事务上，政府管控的不是"过死过严"，而是将部分职能转交给非营利组织，这克服了政府直接操办所致的效率不高，同样也能缓解政府的部分压力（中国现代国际关系研究院课题组，2009）。非营利组织与政府形成良好的合作关系，以创造更好的社会环境。

美国的非营利组织，充分利用了媒介的优势和力量，加大了民主宣传的力度和广度。在美国，大多数的非营利组织都有自己独立的网站，它们经常在网上发布与组织相关的信息，并且出版相关的报告等，通过不同途径来公布相关的问题，并引起政府部门的关注（中国现代国际关系研究院

课题组，2009）。例如，在国际上影响较大的非营利组织，针对人权观察、大赦国际、自由之家等问题，每年都会分别发布《世界自由》、《人权观察世界报告》，以及《大赦国际年度报告》，对世界各国的人权状况予以评估等（中国现代国际关系研究院课题组，2009）。

2. 以法律为保障的三级政府立法模式

（1）较为完备的非营利组织三级法律体系

澳大利亚属于普通法体系，法律制度深受英国影响，法律体系较为完备。澳大利亚的政府分为三级：联邦政府、州政府及地方政府。虽然这三个层级对于非营利组织的创建和管理都有明确的规定，但是并没有一部统一的联邦法律规制对其进行管理。

在澳大利亚，有三种最常见的非营利组织形式：社团法人、慈善信托和担保有限公司。此外，还有许多其他类型的非营利组织，包括合作社、原住民公司、宗教组织及根据英国皇家宪章或者国会特别成立的组织，还有以其他形式成立的组织等。这些组织都具有法律地位，拥有法人资格，政府每年还向这些组织提供拨款。合作社正在逐渐减少，它正以历史遗留形式而存在，而同样大规模存在的还有非社团法人，这类组织没有法律地位，通常是小型组织，非正式且仅在小区域内活动。因它们不具备法人资格，在签订合同时，可以用全体成员的名义，但要由个人承担法律责任。

澳大利亚有着完善的联邦法体系，在联邦、州及地方层面都有法律来规制非营利组织的创建和管理。除此之外，大多数州和地区已有立法规制非营利组织的资金筹集，每一位首席检察官都有监督慈善信托的职责。表2－12是目前澳大利亚有关非营利组织的主要法律。

表 2－12　澳大利亚有关非营利组织的主要法律

分　类	主要法律
联邦法律	1918 年《联邦选举法》；1936 年《家庭税评估法》；1975 年《种族歧视法》；1997 年《家庭税评估法》；1999 年《新税务制度法》；2001 年《公司法》
州和地区法律	澳大利亚首都直辖区：1985 年《永久权与累积法》；1991 年《歧视法》；1991 年《社团法人设立法》；2003 年《慈善募集法》 新南威尔士州：1925 年《信托人法》；1977 年《反歧视法》；1984 年《永久权法》；1984 年《社团法人设立法》；1991 年《慈善募集法》；1993 年《慈善信托法》；1998 年《慈善募集条例》；2009 年《社团法人设立法》 昆士兰州：1958 年《慈善基金法》；1966 年《募集法》；1973 年《信托法》；1981 年《社团法人设立法》；1989 年《教育（基本条款）法》；1991 年《反歧视法》；1998 年《募集条例》；2006 年《教育（基本条款）法》

分　类	主要法律
州和地区法律	南澳大利亚州：1922 年《慈善信托程序法》；1935 年《公共慈善基金法》；1936 年《信托人法》；1939 年《慈善募集法》；1985 年《社团法人设立法》 塔斯曼尼亚州：1898 年《信托人法》；1964 年《社团法人设立法》；1992 年《永久权与累积法》；1994 年《信托种类条例》；1994 年《信托种类法》；2001 年《慈善募集法》；2004 年《信托种类条例》 西澳大利亚州：1946 年《慈善募集法》；1962 年《信托人法》；1962 年《慈善信托法》；1987 年《社团法人设立法》；1996 年《职业教育和培训法》 维多利亚州：1958 年《信托人法》；1958 年《教育法》；1968 年《永久权与累积法》；1978 年《慈善法》；1981 年《社团法人设立法》

资料来源：石国亮、廖鸿主编（2011：80~81）。

尽管澳大利亚各司法辖区的立法略有不同，但对于社团设立的要求是一致的，只能因合法目的而成立，不能为其会员谋取金钱利益。社团法人禁止以股本或股票方式向会员分红，并且禁止会员对社团的财产拥有自由处分权，无论是直接的还是间接的。根据普通法，慈善信托不能分红或者分发类似形式的收益。在澳大利亚大多数地区，信托受托人不能寻求报酬，除非信托行为授予其这样的权力，且报酬仍要经过法院的审查。普通法还规定：当利益冲突时，要严格依照信托法律进行处理。受托人可以因信托目的从事财产信托。而且，受托人如果与受托财产有任何利益瓜葛，则违反其信任职责。在澳大利亚，有很多规制社团解散后财产分割的法律条文。虽然目前澳大利亚没有一部联邦法律禁止在私人学校出现种族和民族歧视现象，但是各州均有校园反歧视的明文立法。

税法是澳大利亚非营利组织法律制度的重要组成部分。澳大利亚有很多税种（见图 2-10），税制分为中央税和地方税。非营利组织在每一级政府处享受不同程度的税收减免政策，另外，澳大利亚税务署近年来发布了大量关于非营利组织和慈善事业的税收政策，用以保护非营利组织和慈善事业，并且建立了相关的综合性网站。

（2）通过立法以规制非营利组织的活动

在英国，对非营利组织的管理有严格的法律法规制度。英国长期以来一直鼓励非营利组织的发展，并通过明文法律法规来进行约束。在慈善事业上，英国政府与志愿机构既保持共生关系，又相互独立。16 世纪，政府就针对慈善组织规范了法律、律法，同时政府也参与到了志愿活动中来。

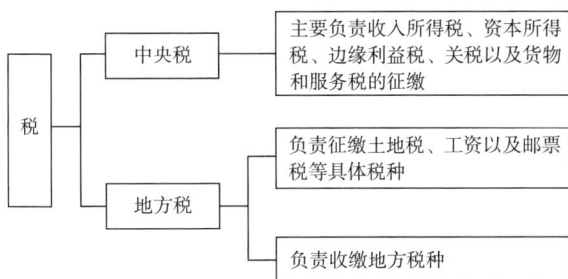

图 2 - 10　澳大利亚非营利组织的税种及职责
资料来源：廖鸿、石国亮主编（2011：123～129）。

随后，英国议会整合了《1872 年慈善受托人社团法》、《1960 年慈善法》和《1992 年慈善法》（第一章），制定出了《1993 年慈善法》，并于 2006 年 11 月 8 日签署生效。《1993 年慈善法》是规范英国非营利组织的活动及处理两者关系的法律。在律法中，禁止慈善性组织参与同慈善无关的政治性活动，以此来限制非营利组织的政治性。由于董事必须负责组织的运营和法律责任，《1993 年慈善法》中明确，董事须年满 18 岁、未被判处重罪或宣告破产、非精神病患者等。《1993 年慈善法》及《1993 年彩票法》中，制定了慈善募捐行为的许可证制度。未经地方主管机关（募捐行为局限在某一地区）或慈善委员会的许可（募捐行为在英格兰及威尔士全境），在该地公开进行慈善募捐是违法的（蔡磊，2004）。

英国政府把推进非营利组织的发展作为政府工作的一项基本职能，每年都会提供大量的财政资金来支持。资金来源的主要途径有：面向非营利组织的政府采购和委托；政府基金（文化部下设的全国博彩运作委员会经营博彩事业，每年博彩收益的 16.7% 通过文化部下设的两个政府基金分配给全国的各类慈善事业）；面向公益活动的财政资金。

英国为了鼓励公民从事公益性事业，在税收上也给予了优惠政策，但是只限于慈善组织。减免办法有：其一税前优惠，即国家对捐款的款项不征所得税；其二税后返还，即正常交税后，慈善组织再从国家获得的税金中进行返还。由于税前优惠计算简便，手续简单，所以目前使用最多的是第一种办法。

3. 注重激励与强制手段的登记监督模式

（1）激励型的非营利组织登记监管制度

非营利组织在澳大利亚起着举足轻重的作用。澳大利亚仅有 2100 万人口，却有约 70 万个非营利组织（靳东升，2008）。澳大利亚的非营利组织数量众多，形式多样，它们为澳大利亚公民的生活提供了丰富的社会福利及文化、体育、社区服务。澳大利亚政府法律没有规定非营利组织都要登记，只是作为有限公司的组织形式需要法律登记，非公益性社会团体、民众团体、市民协会和工会等可以不用登记。未登记的社会团体也可以享有法律赋予的自主开展活动的权利。但是出于对非营利组织自身利益的思量，国家建议非营利组织进行登记注册。登记之后，取得法人资格，即便组织破产，其成员和董事会也不必承担经济上的无限责任；登记后可享受国家的税收优惠政策；受法律保护，在很大程度上降低了运行的风险。

澳大利亚联邦政府与州政府都对非营利组织做出了最基本的规定，然而澳大利亚联邦和地方政府的要求并不相同。澳大利亚宪法规定，在宪法范围内联邦与地方都拥有立法权。澳大利亚联邦政府制定有全国统一的非营利组织登记注册法规，具体到每个州都会制定自己的非营利组织登记注册法规，这些法规有的内容相同，有的则截然不同。澳大利亚联邦和各州法规都规定，非营利组织不得以非法目的成立，有些地方还规定不得以政治为目的成立。同时，也不得以营利为目的，严令禁止私分资产，其收益必须全部用于与组织宗旨相符的事业，个别地区还规定非营利组织不得参加任何经营活动，以此来保证其公益性。

澳大利亚联邦和各州法规规定，申请登记注册的非营利组织，其内部需设立董事会，董事会成员由股东大会选举产生。董事会成员的任期为一年，特殊时期可延期担任，且非营利组织要明确董事会和全体大会的次数、时间和形式，以及选举办法。董事会成员人事变动须在一个月之内进行汇报备案。联邦和地方法规都规定非营利组织每年要向政府有关部门报送财务审计报告。非营利组织可以按照规定自行解散，财产清算办法参照《公司法》的规定执行。登记注册的非营利组织在注销或兼并前，都要由指定的注册会计师进行财务审计，剩余资产由法院判决移交同类非营利组织，然后收回已注销的法人证书。如果资不抵债，则由注册会计师向法院起诉，进行判决。如果非营利组织被营利组织兼并，那么非营利组织的资产不得私分，需用于与其组织宗旨相同的公益事业，或存入银行。

结社自由是公民的基本权利。澳大利亚宪法中虽然没有提到结社自由，但这一精神在澳大利亚颁布的其他法律和签署的国际公约中得到体现，如澳大利亚签署的《关于结社自由及保护组织权的公约》。通过一定的政府管理活动来规范非营利组织的行为是十分必要的，特别是在当前全球化大背景下，非营利组织对社会生活的深层次介入，使政府对非营利组织的监管尤为重要。政府的监管活动本身有一定的局限性，如果监管不当会威胁到非营利组织独立自由的地位，危害公民结社的自由。

当前，澳大利亚对非营利组织的监管方式有：政府监管、同业组织监督和社会监督。在澳大利亚，非营利组织要获得资金以维持正常的运转，就要从政府和社会获得资金。这就需要非营利组织遵循澳大利亚相关法律法规，主要是《公司法》，到指定部门登记注册，进而得到政府和社会的认可。非营利组织被要求定期上交业务和财务报告，并接受有关部门的核查。一旦非营利组织被查出有任何违法违规的行为，就会被取消免税优惠，失去社会信任，甚至被政府强行终止活动。政府正是通过这一系列过程，实现对非营利组织的监管。在澳大利亚，还存在非营利组织的同业组织，它们主要是帮助非营利组织维护合法权益，协助非营利组织开展工作，协助政府管理非营利组织。

（2）强制性的非营利组织登记注册制度

在英国，成立志愿者组织就比较简单，只要该组织成员不少于3人，并有自己的章程，且不需政府拨款，均可以成立志愿者组织。但是慈善组织一旦成立，就必须到政府部门登记，获得批准后，才能开展活动。英国的登记制度开始于《1960年慈善法》的规定。

慈善委员会是对全国慈善组织进行登记和监督的主管部门，于1860年设立用以专门监督和管理慈善组织。慈善委员会具有准司法的权利，由英国财政全额拨款，属于公务员体制，工作人员六百余人，工作由议会负责，是一个依法设立、依法行使职能的独立机构。例如，在英格兰和威尔士地区的慈善委员会设有四个办事处，每个办事处的办公室都设有三个部门，分别管理登记、行政和调查事项。其登记程序也很简单：凡每年收入在1000英镑以上的慈善组织都要进行登记，并且已经登记的慈善组织必须每年定期寄送会计记录和年度报告，告知慈善委员相关信息，而慈善委员会给予建议或进行必要的协助。

（3）公益举报与政府监管相结合的"行政监督模式"

英国采用"行政监督模式"对慈善组织进行管理（盛洪生、贺兵等，2004）。由于慈善组织数量较多，所以只能对超大型的慈善组织进行重点监督，通过建立公益举报和受理机制来监管，而不是派人直接进行监督，它的监督方式主要包括五个方面，分别是：检查宗旨、目的；管理是否混乱；是否参加政治活动；是否滥用筹集来的款项；是否正确使用免税的款项（吴忠泽、李勇等，2001）。

在英国，任何一位公民不论其地位的高低和时间、地点的限制，都可以对慈善组织进行监督举报。此外，英国慈善事业的原则是公开透明，可以向任何人提供慈善机构财务方面的任何数据。

《1993年慈善法》授予慈善委员会更大的权力，该机构可以主动调查慈善组织的财务运作（特别是募捐所得经费），并对违规操作或违法行为进行处决。

综上所述，通过借鉴美国"放手式"的宏观管理模式、建立政府和组织之间的补充与合作的关系，澳大利亚三级法律体系和激励型登记监管制度，英国以立法规制活动、强制性的登记注册制度、公益举报与政府监管相结合的"行政监督模式"以及政府的财政支持与税收优惠等非营利组织发展的制度经验，并进行归纳总结，为我国民间体育组织的可持续发展提供了一定的经验借鉴。

第二节　研究思路与研究方法

一　研究思路

首先是文献与理论研究。文献与理论研究包括中国民间体育组织研究的文献综述和西方非营利组织实践经验文献述评。一方面以史实为线索，对我国民间体育组织从古至今的出现、发展、演进进行历史描述，同时对其多维研究视角进行分类归纳总结。另一方面主要通过文献研究，对美国、英国、澳大利亚等国的西方非营利组织实践经验进行系统梳理。

其次是通过"解剖麻雀"的微观办法，依据相关理论对我国不同地区、类型的民间体育组织发展现状进行个案剖析，对不同地区和类型的民间体育组织的特征、运行机制、治理结构、经费来源、主要活动、法律地位与管理机制、监督与评估机制等方面进行分区域、分类别的实证调研和个案研究，这是本书区别于同类"高大全"宏观研究的一大特色。因为"麻雀虽小，五脏俱全"，只有主要通过个案研究，才能真正对其发展现状和存在问题形成详细、深入、客观的判断。

再次是在借鉴西方非营利组织的理论和实践的基础上，运用社会学、政治学、经济学、管理学等相关理论对我国体育社团、体育非企业社会组织、草根体育组织等民间体育组织的内涵、特征、层次和结构、逻辑关系等中国特色进行理论研究。

最后是在以上实证研究基础上，总结本土经验，思考和探索具有中国特色的民间体育组织制度、体制、机制，提出促进我国民间体育组织规范发展的制度与机制新路径。

二　研究方法

文献分析方法。目前西方文献中很多领域都有非营利组织发展问题的讨论，需要对已有文献进行分析整理，筛选出与本课题相关的研究文献和主要观点结论。文献分析和基于文献的逻辑推理论证，是本课题的主要研究分析方法。

非参与式观察法和深度结构式访谈方法。非参与式观察即对民间体育组织进行实地考察，搜集更多的相关材料；从被访者的组织层面到被访者个体、访谈内容进行深度结构式访谈。

案例研究方法。案例的选取力争涵盖不同类型、不同区域的民间体育组织，每个调查案例都包括组织的类型、自身的结构、经费的来源情况、开展的主要活动与频率、成员参与的情况等。

问卷调查与统计分析方法。自编《我国民间体育组织发展现状的调查问卷》，采用描述性统计、相关性检验等方法，来分析我国民间体育组织发展现状、特点和存在的问题。

第三节　研究内容

从研究思路出发，本书共设计了七个篇章，下面将每一篇章的研究内容简述如下。

第一章：导论。导论部分包括问题提出、概念界定和理论基础三个部分。问题提出部分首先围绕社会组织体制改革和民间体育组织发展的实际，阐述了当前社会组织体制改革已经成为我国社会转型期的国家战略，民间体育组织已经日益成为我国体育事业全面持续发展的中坚力量，然后以民间体育组织自身内部和外部环境面临的新问题为导向，对我国民间体育组织研究与实践中的问题进行了综合分析。概念界定中，对本书的重要概念——社会转型期、民间组织、民间体育组织进行了文献梳理和规范界定。理论基础中，对本研究中所依据和借鉴的社会学、经济学、管理学等学科中的中观理论进行了描述。

第二章：文献与思路、方法。文献综述是本章的重点部分，本部分从纵向和横向两个维度、国内和国外两个方面对民间体育组织的历史演进、变迁路径、多维研究视角进行了文献梳理和评述。民间体育组织与社会组织相伴相生，其在我国有着漫长而悠久的历史，同时作为非营利组织的形态其在现代西方发达国家的实践和理论方面已经先行一步。研究思路遵循从文献到实证再到理论归纳的研究路径，研究方法注重问卷调查与案例挖掘相结合、文献与实证相结合的方法。

第三章：体育社团发展研究。本章我们选取了山西省杨氏太极拳协会、枣庄市篮球协会、山西省老年人体育协会三个典型性体育社团，采用文献资料法、访谈法、个案研究法进行实证研究，分别从组织文化理论、资源依赖理论、制度变迁理论的视角对其发展变迁、现实状况进行了理论解析，提出了"商民二重性"和"官民二重性"等本土概念。

第四章：体育类民办非企业单位发展研究。本章我们选取青少年体育俱乐部这个具有代表性的体育类民办非企业单位为案例进行深入剖析。从山西省青少年体育俱乐部现状调查入手，针对山西省青少年体育俱乐部的分布情况、会员现状、教练员现状、场地设施、训练情况、比赛现状以及经费来源等方面进行调查研究，发现存在的问题，分析其影响因素，探讨山西省青少年体育俱乐部的发展前景及可行路径，从而为我国青少年体育俱乐部的改革发展提供依据和现实参考。

第五章：草根体育组织发展研究。本章立足于对草根体育组织的典型代表——"黎明脚步组织"的实证研究，研究发现在社会转型期，新媒体的应用也是"黎明脚步组织"的鲜明特点之一，而制约网络体育组织发展的影响因素主要包括：网络体育组织制度建设有待完善，组织管理模式存在漏洞，组织内部资金来源主要由成员缴纳和企业赞助，政府基本上不给予资金支持。

第六章：民间体育组织治理的政策实践研究。本章主要围绕民间体育组织治理的政策进行政策执行研究，我们选取了上海市政府购买公共体育服务政策、体育社会组织承接购买服务政策、山西省体育社团评估政策等案例。研究发现，通过民间体育组织承接政府职能，参与社会管理和公共服务，政府从之前公共服务的直接提供者逐步转变为公共服务的政策制定者、购买者和监督者，重新定位了角色，进而实现了社会权力回归和政府角色转换的同时也增强了社会组织自我发展的能力；当前急需建立健全第三方评估制度，通过较为完善的第三方评估制度来规范组织发展，实现民间体育组织治理目标。

第七章："金字塔"式民间体育组织治理模式的理论构建。本章是建立在第三至第六章实践研究基础上的理论升华，目的是通过分析民间体育组织的治理现状和在政府、市场、自身三个层面存在的问题，构建符合我国转型期国情的民间体育组织本土治理的理论模式。本研究将模式命名为"以法治为基础的'金字塔'式民间体育组织共建共享治理模式"，共包括四个层面。第一层（最底层）是集《社会组织基本法》《体育法》等与宪法相衔接的社会团体基本法和与基本法相适应的集行政法规、地方性法规和各种具体的规章制度于一体的法律体系。第二层是草根体育组织等民间体育组织的自我管理、自我服务模式。第三层是社会主导和政府支持下成立的体育社团、体育基金会、体育民办非企业等民办公助的各类民间体育组织治理模式。第四层是政府主导和社会协助下成立的体育社团、体育基金会、体育民办非企业等公办民助的各类民间体育组织治理模式。"金字塔"式民间体育组织共建共享治理模式是扬弃西方理论、立足现实国情的再创造，可以实现由"强政府、弱社会"向"强政府、强社会"的转变。

第三章 体育社团发展研究

"以奥运奖牌和大型赛事简单愉悦公众的时代已经远去，以服务体系建设和亲民活动直接服务公众的时代已经到来。"（钟文，2014）目前，大力兴办群众体育，使"嗷嗷待哺"的群众体育跟上竞技体育强劲的"步伐"成为实现"体育强国梦"的关键之举，而大力振兴民间体育社团成为发展群众体育的必行之路和有效武器。体育社团在社会转型期也得到前所未有的发展，承担了越来越多的社会功能和职责，发挥着越来越重要的作用。但是，应当看到，在社会转型的背景下，体育社团在快速发展的同时也面临日趋严重的危机，体育社团能否适应新的环境成了其生存发展亟待解决的问题。

第一节 组织文化视角下的山西省杨氏太极拳协会人力资源管理

长期以来，大部分的体育社团都没有充分认识到人力资源管理的重要性，由于体育社团不以营利为目的的特性，很多社团管理者常常以为凭借着人们的奉献精神就可以支撑组织的运作。事实上，由于人们对体育社团的高期望，缺少内部经济压力和动力，且体育社团的工作人员多数是志愿者，如果管理不善，不仅会影响体育社团自身的发展，而且会造成社会资源的浪费。组织文化的视角有助于解释组织中一些难以理解的现象，可以使我们理解组织为什么会这样运作，帮助我们找到体育社团人力资源管理出现困境的原因。研究将理论与实践紧密结合，选取山西省杨氏太极拳协会为个案进行研究，从组织文化的视角探寻造成协会人力资源管理困境的诱因，提出基于协会组织文化的人力资源管理变革建议，寻求协会人力资源管理优化的新途径。

一 山西省杨氏太极拳协会发展历程

1982年4月4日，山西省杨氏太极拳协会在太原成立，初始会员274人，是全国第一个省级群众性业余武术团体。在协会创始人杨振铎先生的带领下，协会迅速发展壮大，在太原市各单位、公园、社区建立直属辅导站，义务传授太极拳。在全省范围内逐步建立各地区的分会，影响力不断扩大。杨振铎先生是国家武术院首批专家，中国武术九段，毕生从事太极拳的推广普及工作。杨振铎先生是杨氏太极拳嫡传人，其曾祖父是杨氏太极拳创始人杨露禅先生，其父是杨氏太极拳宗师杨澄浦先生。

2007年，山西省杨氏太极拳协会召开第七届理事大会，进行了领导换届，协会创始人杨振铎先生退居二线担任荣誉会长，杨氏太极拳第六代嫡孙杨振铎先生次子杨斌接任会长。经过多年发展，协会已由初期的274名会员发展到如今拥有4000余名个人会员、45家单位会员，组织、带动着全省近20万名太极拳爱好者习拳健身。

二 山西省杨氏太极拳协会组织文化特点

(一) 沙因组织文化层次分析模型

沙因的组织文化层次分析模型（见图3-1）是研究组织文化的定性分析模型，它将组织文化分为外显物、外显价值观、内隐价值观三个层次。

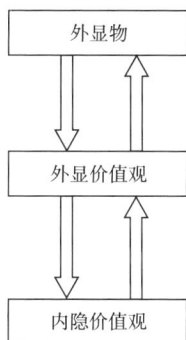

图3-1 沙因组织文化层次模型

资料来源：沙因（2014）。

外显物是组织文化中最明显的层次，主要包括符号、故事与英雄人物、语言、仪式、可见的体系和过程。沙因认为这一层次的组织文化虽便于观察，但是很难理解。如果仅仅描述外显物，而不对内在的深层次价值观进行剖析，就难以理解外显物所代表的意义，常常会感到迷惑，甚至被引入错误的方向。沙因提出可以用一种"符号学"的方法对组织文化加以分析。如果观察者在群体中有足够长的经历，外显物的含义就会渐渐变得清晰。如果研究者希望更快达到这种效果，就必须和内部人员进行交流，这种探究可带你进入组织文化分析的第二个层次。

外显价值观是组织文化的第二个层次，它是组织的理想目标，也是组织希望呈现给公众的形象，常常由创始人或者领导者提出，这些价值观作为日常行为准则供组织成员指导自己的行为。这一层次的组织文化同样较为容易辨识，但有时会出现组织意识形态、理想与潜在的深层次价值观不一致的情况。有些价值观仅仅是关乎未来的理想化的信念，就好比有些公司宣传顾客至上，要保证高质量的同时，面对激烈的竞争却不得不压缩成本，甚至出现欺诈消费者的行为，所以研究者必须谨慎辨别。为了达到更深层次的理解，正确地辨识文化模式，就必须更加深入地研究，花更多的时间，去进一步挖掘更深层次的内隐价值观。

内隐价值观是存在于组织更深层次处理环境的正确方式，是组织文化的本质与核心，是外显物和外显价值观的终极来源（见表3-1）。内隐价值观被认为是理所当然的，是无意识的。外显价值观是可以公开讨论的，可以持赞成或者反对意见，但内隐价值观则被认为是不可挑战和无需争论的，假如有人没有持这种价值观就会被视为"局外人"或者"疯子"。所以对于内隐价值观的变革来说是困难的、耗时的，并且是令人焦虑的，需要持之以恒，付出极大的努力。内隐价值观不像外显物一样易于观察，要发现它的基本元素，要么必须直接探究群体成员的认知和思维背后的潜在价值观和假设，要么就得花大量时间观察他们的行为，包括无意识行为。

沙因认为可以采用高度介入的"临床式的研究"来解读或评估组织文化。具体的解读方式有：访问与观察；识别那些让你困惑的组织文化外显物层；询问组织内部人员"为何要那样做事"；识别组织所信奉的价值观，并且询问在组织中这些价值观如何落实；寻找不一致之处，并就此进行问询；从你已经掌握的所有信息中了解，哪些深层次内隐价值观实际决定了你所观察到的行为。沙因强调对于组织文化内容的最初思考，应当来源于那些让你困惑的事情。当你与内部人交流时，通过他们与你交流的方式，组织文化就会自我显现出来，交流是显现文化最好的方式。并且，研究者的当务之急是要进入组织。研究者的出现对于组织是一种干扰，你可能会得到防御性的数据，或者被夸大的事实，抑或情绪宣泄式的描述，而研究者的目标应该是使这种干扰化为裨益。要试图去帮助组织，与组织成员发展起一种互助的关系，这样组织就会接受你，使你有可能了解到组织更深层次的问题，并确保数据收集的信度和效度。

表 3-1　沙因组织文化层次模型

分　层	解　析
外显物	存在于组织表面的行为和物质表象，常难以解码
外显价值观	理想、目标和意识形态，组织希望呈现的形象
内隐价值观	潜意识的，视为理所当然的，信仰、感知、思想和情感，组织文化的本质与核心，价值与行为的终极来源

（二）山西省杨氏太极拳协会组织文化分析

2014 年 7~9 月以及 2015 年 7~8 月两次对协会的实地调查，使辨识协会组织文化、发掘组织文化的深层次要素成为可能。沙因认为，虽不能真正完整地描述整个文化，但通过深入的调查，描述足够多的要素，就能使人们理解这些组织文化中的一些重要现象。

1. 外显物

符号是组织文化最明显的显示工具。例如，组织的标志、口号、办公室装修、服饰等都是传递组织文化的方式。作为组织标志的山西省杨氏太极拳协会的会徽，最外层是协会的中英文名称与创立时间和地点，核心由太极标志、中国和地球组成，传递出协会立志弘扬太极，立足中国放眼全球的战略目标。

山西省杨氏太极拳协会的地址位于太原市的核心地带——迎泽大街上。但办公地点并不显眼，要进到街边的窄巷里。协会租赁了一幢楼里的两间办公室，楼下没有醒目的招牌，外人其实并不容易找到这里。协会办公室的陈设相对简单，只有几张办公桌和几组柜子。从走廊一直到办公室，墙上挂满了各种字画和匾额，人们还未进门就可以感受到这里的文化气息，其中的一幅字是前任会长杨振铎先生送给现任会长杨斌的。办公室的柜子里陈列有很多奖状和证书，包括山西省文化厅颁发的省级非物质文化遗产证书。办公室的墙上悬挂有"弘扬太极，正脉传承"的标语。服饰方面，协会有专门定制的"太极服"。协会还依据杨氏太极拳的技击特点，遵照家族传统的制法，专门定制杨氏太极剑。

故事与英雄人物是描述和理解组织文化的重要指标。故事可以证实组织重要的价值观与行为规范，英雄人物是组织的象征，是员工心目中的精神支柱。山西省杨氏太极拳协会内流传最广的，也是最重要的故事无疑是"杨露禅偷师陈家沟"，几乎每一位新进协会的成员都会第一时间听到这个故事。杨氏太极拳的创始人杨露禅是协会的英雄人物。杨露禅早年在陈家沟"偷学"太极拳，后被陈长兴发现，见其是可造之材，正式收其为徒。杨露禅学成之后，摈弃门户之见，将太极拳广传天下。太极拳也从过去的只在少数人中流传，发展到如今成了人们最为熟悉的武术之一。

语言和行为是传递组织文化的重要工具。山西省杨氏太极拳协会的成员互相之间都很友好，注重礼仪，对长辈极为尊敬，协会领导待人也都很谦和。人们在日常讲话时声音比较柔和，很少高声喧哗。对于习武之人来说，礼仪与自身的武功修为同样重要，协会的很多成员之间会以师兄弟来相称，老师给学生上课时，都会互敬"抱拳礼"，抱拳礼是中国传统的一种武术礼节。武林人士长年奔走于江湖，请远道而来的客人喝茶是最基本的礼仪。山西省杨氏太极拳协会的办公室内有一套茶具，在进门最显眼的位置，客人们常会被邀请来这里品茶。

2. 外显价值观

（1）义务授拳

山西省杨氏太极拳协会从创立之初到现在，一直都是免费为大家授拳。前任会长杨振铎先生，每周日都会在迎泽公园亲自带领大家习练杨氏太极拳，现任会长杨斌先生也继承了这一传统。协会在全省各地的分会，以及公园、社区等设立的辅导站，也都义务向大家传授杨氏太极拳。凭借着义务授拳，协会的人数在创立初期便快速增长，如今已经发展成了山西省内影响力极大的体育社团。"义务授拳"是协会多年来所一直宣扬的，也是协会希望呈现给公众的一种形态，属于协会的外显价值观。

"义务授拳"是杨振铎先生在创建山西省杨氏太极拳协会时便提出的。这与计划经济体制的残留以及当时人们的思想观念不无关系。随着社会的不断发展、协会间竞争的日益加剧以及人们思想观念的逐渐转变，以协会新一代领导人为代表的年轻力量已经发出了不同的声音，希望通过有偿服务来获得更多资源，提升协会服务质量。

（2）志愿奉献

山西省杨氏太极拳协会绝大部分的员工都是志愿者。协会在举办各种活动及赛事时，都大量依靠志愿者的服务。协会经常通过内部刊物、网站、文件等号召广大会员，积极响应并支持协会的各项工作。志愿奉献是协会极力倡导，并不得不倚靠的重要价值观。

协会的员工都有很强的奉献精神，绝大部分的员工都是义务为协会工作，其中很多人多年来一直勤勤恳恳，为协会付出了大量的时间和精力。协会成员经常会提到"奉献"这个词，他们是这样倡导的，也是这样做的。这种精神当然值得敬佩，但与协会成员的交谈中也可以感受到他们的艰辛。他们希望能得到政府与社会更多的帮助，以便更好地为社会服务。

（3）关注员工成长

协会较为关注员工的成长，例如经常对员工进行杨氏太极拳培训，组织并支持员工参加各种太极拳比赛，鼓励员工考取武术和太极拳裁判员证书等。协会很重视团队协作，强调发挥每个人的特长，在工作中、生活中都鼓励大家互相帮助，互相学习。

3. 内隐价值观

（1）正脉传承，弘扬太极

山西省杨氏太极拳协会的创始人杨振铎先生，其曾祖父是杨氏太极拳创始人杨露禅先生，其父是太极拳宗师杨澄浦先生。协会的很多成员也都是杨振铎先生的徒弟，因此协会一直视自身为"正脉传承"。正脉传承思想是协会一个重要的组织文化要素，极大地影响着协会的运作，同时也引申出了其他一些组织文化要素。

杨露禅先生使太极拳从不为人知到广传天下，是协会的英雄人物，也是每一位协会成员的榜样。协会将"弘扬太极"视为重要的目标与责任。山西省杨氏太极拳协会经常举办各种太极拳比赛，包括大型的国际邀请赛，积极推广杨氏太极拳。协会近年来开展了太极拳的"六进"工作，常深入机关、厂矿、企业、学校、社区等进行杨氏太极拳的指导。协会积极推进并开展了"杨氏太极拳进学校活动"（见图3-2），活动不仅增强了学生体质，也让更多年轻人有机会接触杨氏太极拳，为杨氏太极拳的传承开阔了新渠道与新思路。

（2）太极思想

组织文化存在于一定的背景之下，在一种或多种宏观文化中运行，例

图 3-2 "杨氏太极拳进学校活动"及举办大型赛事

如民族文化和其他较大的文化单元中，宏观文化会影响组织文化的发展。协会的组织文化也根植于民族文化土壤中。

太极思想，融合了儒、道两家以及佛教等众多传统文化思想。西方文化强调要征服自然，而太极思想则认为人要在顺应自然规律的基础上，达到天人合一、和谐通泰的理想状态。道家思想重视阴阳和合，守中处和。山西省杨氏太极拳协会同样讲求"居中致和"，"中和"思想一方面使协会处理问题时全盘考虑顾全大局，化解矛盾和冲突时不偏不倚兼顾两端；但另一方面也使协会趋于保守，不思变革、进取，怠于创新。

太极拳作为三大内家拳之一，以中国传统儒、道哲学中的太极、阴阳辩证理念为核心思想，是一种内外兼修的传统拳术。太极拳提倡"中和"为上的思维方式，武术技击特征为"以静制动，以弱胜强"。协会成员在日常交谈中时常会提到太极中的相关思想，以此作为自己的行为准则，指导自己的工作、生活。正是有了这样的文化积淀，协会成员会时常显得温文尔雅、不急不躁，凡事三思而后行。太极思想作为世界观和方法论，潜移默化地影响着每一位山西省杨氏太极拳协会的成员。

（3）家族制

马克斯·韦伯认为，中国的政治组织和社会组织从上到下都打上了父系家族制的烙印（苏国勋，1988）。中国家族主义的内向功能之一，就是利用血缘关系区分自己人和外人，确立家族利益至上的地位，从而增强家庭的凝聚力和向心力，全家齐上阵。由于山西省杨氏太极拳协会的很多成员都有血缘关系，或者师出同门，所以协会就像一个大家庭一样，人们潜意识里都会把协会成员当作"自己人"，为人处世都会受到这一思想的影响，互相关心，互相帮助。

家族制以血缘关系为基础，按尊卑长幼关系制定伦理体制，而非规章制度成为人们的行为准则，造成"人治大于法治"。明显的血缘或地缘关系，以强烈的排他主义等形式表现出来，极大地影响着山西省杨氏太极拳协会的权力结构和管理决策。

（4）注重传统、礼仪

山西省杨氏太极拳协会十分崇尚传统，尊师重道，孝悌为先，注重礼仪。这一方面是受中国传统文化的影响，另一方面也是希望把先辈们遗留下来的宝贵遗产保护好。协会的一位领导人曾说："现在全国普及的简易24式太极拳，就是在杨氏太极拳的基础上去掉繁难和重复的动作后编成的。这么做虽进一步使太极拳更加易学、流行，却也删掉了杨氏太极拳中很多精华的东西。我们希望将老祖宗流传下来的宝贵财富，那些纯正的东西传承下去。"但过于注重传统会造成协会因循守旧，求稳慎变。本研究在前文介绍协会外显价值观时曾提到，协会新一届领导人表露过想要变革的意愿，并一直在努力去做。但在实际做的过程中，却遇到了极大的压力和阻力，坦言："要想做通那些前辈们的工作太难了。"

山西省杨氏太极拳协会经常宣传的，如讲礼节、尊者长辈等都带有很浓的传统思想，存在强烈的上下等级关系，如长与幼、师与徒、兄与弟之间等。人天生就有欲望，"礼"一方面可以满足个人正常的需求，另一方面也用来节制因利益纷争而产生的冲突，并以达到和谐为最终目的。道家强调"尊天重人"，即重视人的道德，把人的道德性看作人存在价值的主要标识，是立人之道。受儒、道思想的影响，习武之人提倡以"礼与德"为上的思维方式。"未曾学艺先学礼，未曾习武先习德"；强调"拳打人不知，出手不伤人"，"胜固可喜，败亦欣然"；强调练武者之间进行武艺交流时，要"以和为贵，以武会友，以德服人"，习武者与人交手时，双方都要互敬抱拳礼。

山西省杨氏太极拳协会有两个基本的组织文化要素，一个是太极思想，另一个是"正脉传承，弘扬太极"的思想。这两种价值观引申出"家族制"、"注重传统、礼仪"和"中和、保守"三个组织文化要素，以上均为协会组织文化中深层次的内隐价值观，它们之间又是相互联系、相互影响的，最后发展出"义务授拳"、"志愿奉献"和"关注员工成长"三个组织文化外显价值观。

山西省杨氏太极拳协会，其组织文化积淀厚重、影响深远，是协会宝

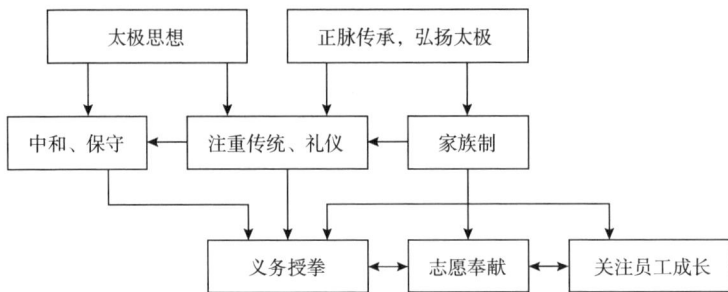

图 3 - 3　山西省杨氏太极拳协会组织文化范式

贵的精神财富，见证着协会从一个成立初期只有 274 人的小协会发展到如今拥有 4000 余名个人会员、45 家单位会员、数十万支持者的庞大团体，长期以来支撑着协会克服了种种困难。但随着社会的进步，协会不断发展壮大，其组织文化并没有得到适时的调整与变革，到了今天在某些方面已显得有些落伍，渐渐成为协会发展的束缚，对协会的人力资源管理也有了越来越多的负面影响。

三　山西省杨氏太极拳协会人力资源管理分析

（一）山西省杨氏太极拳协会人力资源管理概况

体育社团的人力资源通常包含正式员工（付薪）和志愿者两类（尉俊东、赵文红，2005）。志愿者可划分为三种类型（王名，2002）：一是管理型志愿者，参与组织的决策与治理；二是日常型志愿者，参加组织日常工作并担任一定的角色，每天或每周定时工作；三是项目型志愿者，主要参加各种项目或活动。山西省杨氏太极拳协会共有专职人员 2 人、兼职人员36 人。包括秘书长等管理者在内的兼职人员协会均不提供报酬，因此本研究将其归类为管理型志愿者。志愿者的存在，是包括体育社团在内的各种社会团体区别于企业的本质特征之一。据统计，我国省级体育社团中，没有专职人员的约占 44.2%，专职人员不足 4 人的约占 4.9%，专职人员数超过 5 人的只占 10.9%（侯沛伟，2008）。志愿者是体育社团中绝大多数工作的完成者，山西省杨氏太极拳协会同样依靠志愿者的服务来维持日常运作。

山西省杨氏太极拳协会设置有秘书处、组织部、宣传部和培训竞赛部，在全省范围内拥有 200 余个辅导站，工作人员 500 余人，这些辅导站中的工作人员都是志愿为协会工作，义务传授杨氏太极拳。在协会举办各种赛事及活动时，这些辅导站的工作人员也会成为志愿服务的中坚力量。

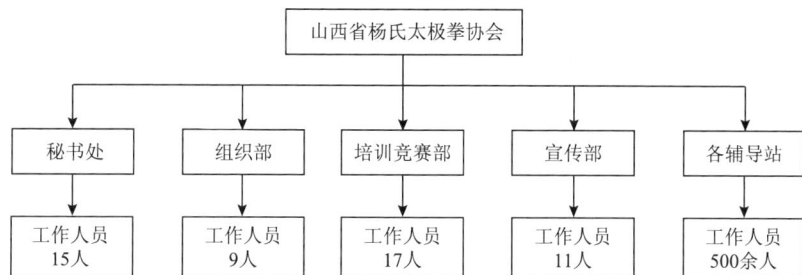

图 3-4 山西省杨氏太极拳协会机构设置及工作人员

对山西省杨氏太极拳协会人力资源基本情况的问卷调查结果显示：就志愿者而言，协会的志愿者男性占 31.9%，女性占 68.1%，女性明显多于男性；协会志愿者中年龄在 30 岁及以下的占 4.6%，31~40 岁的占 17.5%，41~50 岁的占 37.6%，51 岁及以上的志愿者占 40.3%，人员呈现较严重的老龄化迹象；协会志愿者中受教育程度为初中及以下的占 4.2%，高中或中专的占 33.1%，受教育程度为大专的占 45.6%，本科及以上的占 17.1%，协会的志愿者整体学历偏低。

（二）山西省杨氏太极拳协会人力资源指数分析

"人力资源指数分析法"由管理学教授弗雷德里克·舒斯特（Frederick E. Schuster, 1985）开发而成，它是测定组织人力资源管理实际状况的量化指标体系，从整体上对人力资源管理进行评估。其效用在许多组织得到了证明，能反映出组织人力资源管理的优势和弱点。研究者在美国、日本、中国、墨西哥等众多国家或地区使用人力资源指数分析法进行调查，并在此基础上建立了地区和国际标准。

1. 人力资源指数总体均值分析

首先对山西省杨氏太极拳协会人力资源指数问卷调查的 9 个因素 35 个题项计算平均分，其总体平均分值是 3.21 分，低于国际标准分值 3.31 分，与我国国有企业、民营企业相比也有一定的差距，见表 3-2。这说明目前山西省杨氏太极拳协会的人力资源管理还有待全面提高。从人力资源指数的极差来看，山西省杨氏太极拳协会处于两极分化的状态，发展极不均衡，在合作、工作群体、内在满意度上得分较高，在组织效率、组织结构和管理质量上得分明显低于民营企业甚至国有企业。

表 3 - 2　国有企业、民营企业与山西省杨氏太极拳协会人力资源指数均值

研究对象	激励制度	组织目标	组织效率	关心志愿者	合作	内在满意度	组织结构	工作群体	管理质量	总均值	极差
国有企业	3.23	3.39	3.17	3.38	3.35	3.27	3.06	3.30	3.24	3.25	0.33
民营企业	3.14	3.51	3.32	3.27	3.35	3.38	3.04	3.36	3.40	3.30	0.47
山西省杨氏太极拳协会	3.23	3.48	2.91	3.29	3.55	3.73	2.56	3.58	2.63	3.21	1.17
协会与民企差值	0.09	- 0.03	- 0.41	0.02	0.20	0.35	- 0.48	0.22	- 0.77	- 0.09	

资料来源：赵曙明（2001）。

2. 人力资源指数 9 个因素的详细分析

按 9 个因素的平均值从高到低排序，见表 3 - 3。山西省杨氏太极拳协会人力资源指数各因素平均值主要有以下特征。

表 3 - 3　人力资源指数 9 个因素平均分排序

序　号	因　素	平均值
1	内在满意度	3.73
2	工作群体	3.58
3	合　作	3.55
4	组织目标	3.48
5	关心志愿者	3.29
6	激励制度	3.23
7	组织效率	2.91
8	管理质量	2.63
9	组织结构	2.56

第一，人力资源指数各因素具有较大的不均衡性。总体来看，9 个因素表现为 3 个层次，内在满意度、工作群体、合作三个因素的分值都在 3.50 以上，处于较高的水平；组织目标、关心志愿者、激励制度三个因素

的分值介于 3.00~3.50，处于中等水平；而组织效率、管理质量、组织结构三个因素的分值都在 3.00 以下，处于分布的最底层，且与最高层的分值差距较大。这说明山西省杨氏太极拳协会人力资源管理发展较不均衡，在某些分类因素上存在较大欠缺，影响了人力资源管理的整体水平。

第二，在 9 个因素中内在满意度、工作群体、合作三项指标分值最高。这说明，山西省杨氏太极拳协会的广大志愿者积极合作，努力为协会奉献，并能从中得到满足。

第三，在 9 个因素中关心志愿者、激励制度分值偏低。其实在实地调查中可以发现，山西省杨氏太极拳协会的管理者是较为关心志愿者的，希望能为他们提供更好的工作环境与奖励措施，但无奈协会的资金较为匮乏，协会的经济来源并不足以支撑庞大的开支需求。协会在工作中只能是能省则省，在抛开必要的硬性开支后，能用在对志愿者进行奖励上的资金已所剩无几，但协会尽力通过非经济的手段对志愿者进行关心与激励，志愿者在精神激励方面能够得到较大的满足。对激励制度的感受一般与员工的期望值、资源分配的公平性和内部机会的公平性等因素直接相关。受家族制影响，协会领导在资源分配上就难以实现公平、公正，没有完善的激励制度的保障，员工利益就会受到不同程度的损害。综上，协会在这两项上的分值偏低，但总体还维持在中等水平。

第四，在 9 个因素中，分值排在最后的是组织效率、管理质量与组织结构。组织效率包括改革创新、专业决策、配置与选拔等方面。这一项的评分偏低，说明协会变革、创新的动力不足；缺乏专业的管理人才进行决策；资金及人力资源等配置不合理；人员的选拔与晋升不公正。组织结构包括政策的制定、规章制度的完善、组织决策等方面。这一项的分值最低说明协会的各项规章制度还很不健全，工作机制很不完善，没有一套完整的人力资源管理体系模式，管理质量有待全面提高。受家族制影响，非制度化的运行方式和非正式的领导行为，使组织结构的设计常常背离组织效率原则。山西省杨氏太极拳协会，虽设立了理事会等机构、部门，但大多形同虚设流于形式，协会由少数人主导机构的发展方向。大部分工作都靠少数几个领导者决策并完成。而领导者的精力毕竟是有限的，协会这架庞大的机器如果只靠少数几个人去操作，势必造成组织效率低下、制度缺失、管理质量下降等一系列问题。

3. 人口学资料对人力资源指数的影响

考察性别、年龄、受教育程度、职业四方面人口学因素，在人力资源指数的各因素上是否存在显著差异，结果见表3－4。

表3－4　人口学资料对人力资源指数的影响

	激励制度	组织目标	组织效率	关心志愿者	合作	内在满意度	组织结构	工作群体	管理质量
性别（t值）	1.389	1.729	0.746	0.351	0.988	0.412	0.486	0.546	0.486
年龄（F值）	3.323*	1.632	3.412*	0.849	1.709	2.954*	3.457*	1.157	0.384
受教育程度（F值）	0.531	1.095	2.802*	0.384	0.205	6.438**	4.157**	1.021	2.892*
职业（F值）	2.134	0.694	0.242	0.830	1.905	0.465	1.392	0.635	0.384

注：数据后标 * 表示 $p < 0.05$，标 ** 表示 $p < 0.01$。

由表3－4可知：由于年龄不同，人们在激励制度（F值为3.323）、组织效率（F值为3.412）、内在满意度（F值为2.954）、组织结构（F值为3.457）四个因素上差异显著。由于受教育程度不同，人们在组织效率（F值为2.802）、内在满意度（F值为6.438）、组织结构（F值为4.157）、管理质量（F值为2.892）上存在显著差异。研究结果显示，年龄越小对人力资源管理的评价越低；学历越高对人力资源管理的评价越低。究其原因主要是，协会长期以来一直受老一辈管理者控制，年轻人、高学历人才长期得不到重用，无法施展才华，且他们与老一辈管理者在协会的管理理念上也存在巨大的分歧。年轻人迫切希望改革，而老一辈管理者则大多思想僵化，怠于变革，最终导致了年轻人对协会管理的不满。

综上，山西省杨氏太极拳协会人力资源管理的主要问题是：组织结构松散，人力资源管理制度缺失；管理质量不高；组织效率低下，包括变革与创新的动力不足、缺乏专业的管理人才进行决策、人员的选拔与配置不合理；由于资金的缺乏，对志愿者的激励措施不够，关心较为不足；人员老龄化现象严重，高学历人才匮乏。

四　山西省杨氏太极拳协会人力资源管理困境及其组织文化探因

通过人力资源指数调查问卷与实地调查访谈对山西省杨氏太极拳协会的人力资源管理进行综合分析，总结出了协会现阶段人力资源管理的问题。而组织文化的视角可以帮助我们理解协会人力资源管理出现这些困境的原因。根据前文对协会组织文化的层次分析得出的结论，结合实际调查、访谈的情况，探讨造成协会人力资源管理困境的组织文化诱因。

（一）"传统、保守"造成协会现代人力资源管理理念缺失

通过对山西省杨氏太极拳协会进行的实地调查与深度访谈来看，协会的领导层普遍缺乏现代的人力资源管理理念，缺乏创新精神，也缺乏对志愿者进行科学化管理的理念，只注重对志愿者的使用，忽视了对志愿者的开发与管理工作。

"人力资源管理"本身就是一个较为新颖的概念，是近十几年在取代了传统的"人事管理"之后，才在我国流行起来的。山西省杨氏太极拳协会的管理者与工作人员同样大多是从中国以前企业或国家机关的传统的人事管理中走出来的，普遍缺乏对现代人力资源管理理念的了解。长期以来山西省杨氏太极拳协会都与政府有着较深的联系，较为依赖政府的帮助与支持（协会的创立就与当时一些老领导的喜爱和支持密不可分），协会的一些管理者也是政府的官员，这加重了传统人事管理对协会的影响。

山西省杨氏太极拳协会"注重传统、保守"的组织文化，导致了协会长期处在我国传统的"人事管理"阶段。当代社会已经进入了一个飞速发展的阶段，各种新技术、新思想都在对社会产生巨大的影响，尤其是互联网的出现更是大大改变了原有的传统经济结构。当国内外的人力资源管理理论研究不断取得突破，企事业单位广泛推行现代人力资源管理理念之后，山西省杨氏太极拳协会却没有跟上改革的脚步，缺乏创新精神，管理理念逐渐落后。

一方面，山西省杨氏太极拳协会崇尚"传统"，但也因此而趋于"保守"。太极"天人合一"的思想讲求"中和""中庸""和谐"，对变革谨小慎微，不愿轻易打破平衡。另一方面，由于协会成员的平均年龄较大，很多年长者喜欢遵循守旧，不少人抱有"不求有功，但求无过"的思想，对新的环境、新的形势没有深刻的认识，对协会变革的积极性不高。

山西省杨氏太极拳协会的组织文化经过多年的沉淀，缓慢建设形成，有较强的稳定性和较大的影响力，极容易形成一种思维和行为的定式和惯性。这种"传统、保守"的观念，会产生一种阻碍作用，束缚他们的思

想，使他们不敢或不愿进行变革与创新。这在协会环境面临急剧变化时表现得更为明显，危害也更大。当问题积累到一定程度并难以得到解决的时候，这种障碍可能会变成协会致命的打击。

（二）"家族制、志愿精神"造成协会人力资源制度缺失，管理松散

根据前文对山西省杨氏太极拳协会进行的人力资源指数分析与实地调查得出的结论，协会目前的组织结构松散，管理机构设置不到位，人力资源管理制度缺失，还没有建立起完备的招聘、培训、考核、激励等一系列现代人力资源管理制度，管理松散。在深度访谈时协会的管理者也表示，协会没有建立起相对完善的规章制度，使管理工作无章可循，管理随意性增大。造成以上问题的组织文化诱因主要是，家族制和广泛的志愿精神。

一方面，同我国众多的社会团体一样，山西省杨氏太极拳协会也是基于杨振铎老先生的个人魅力和号召力，汇集几位志同道合者，凭着信念和热情而创立起来的。协会成立初期的成员多为其家人、弟子及朋友，协会也从成立初期便打上了家族制的烙印。

协会受家族制以及我国传统的人事管理思想影响，制度化观念较为薄弱，人治的氛围比较浓厚，人情大于制度，彼此之间仅凭着一种理念和信任相互依托，忽视对于现代人力资源管理制度的建立。在人治的人事管理体制下，社团领导根据自己的感觉和经验确定人才选择、任用标准，导致标准缺乏统一性，且依据个人情感的变化而变化。同时协会的考核制度极为缺失，常常被关系的远近左右，杂糅了很多个人的情感，考核的结果缺乏公信力。绩效考核的不科学必然使协会运用激励手段时难以找到合理的依据，脱离客观标准。在家族制影响下，利益的分配倾向于自己的亲友，重视家族利益，导致激励缺乏公平性。在这种家族制组织文化的氛围下，协会人力资源管理的一系列聘用、选拔、考核、激励等机制就难以规范化。

在协会创立初期，人们崇尚志愿、奉献，凭着热情和爱心做公益事业，人尽所能。然而，当协会规模不断扩大，工作不断增多，人员不断增加，协会发展初始阶段单纯的精神激励便逐渐难以起到作用，领导人难以再只凭借个人魅力来管理一个复杂的组织，协会效率下降、管理松散，使

一部分人丧失积极性，人员开始流失。

另一方面，出于协会"志愿、奉献"组织文化的认识，协会极少雇用有酬的固定员工，而是主要使用志愿者和兼职人员，然而过多地任用志愿者开展活动也有风险和责任。志愿者与协会之间并没有明确的雇佣关系，协会对员工的约束力缺失，志愿者服务带有较大的松散性与随意性，经常出现"想来就来，不想来就不来"的情况，志愿服务不规范，更难以想象开展有效的绩效考核。作为协会的重要支柱力量，志愿者的随即流动性使协会的服务能力积累较少，影响了工作的连续性和持久性，进而也影响到组织活动的顺利开展，造成效率低下。

参与越是志愿，行动越是自由，组织的效率就越是建立在个体情感的基础之上，效率实现的条件就越苛刻。过度依赖志愿者对协会的人力资源管理提出了非常高的要求，对于志愿者而言不仅需要管理，而且必须以最好的方式来管理。如果忽视管理，或管理不善，不仅会影响协会自身的发展，而且会造成社会资源的浪费。根据前文对协会进行的人力资源指数分析得出的结论，协会目前的管理质量不高，难以对数量庞大的志愿者群体进行有效的管理。协会人力资源管理理念落后，认为志愿者既然是志愿者，不宜对其进行制度化的管理，导致志愿者行为的松散性与随意性，志愿服务不规范。没有针对志愿者建立起规范的制度体系，对志愿者的开发与利用不足，这进一步造成了协会管理松散，制度缺失，效率低下，不问绩效。

（三）"义务授拳"造成协会专业人才匮乏，老龄化严重

通过上文对山西省杨氏太极拳协会人力资源指数分析的结果显示，协会变革、创新的动力不足；缺乏专业的管理人才进行决策；人员的选拔与配置不合理。根据调查问卷及深度访谈的结果，协会人力资源匮乏主要表现在以下两方面。第一，高学历专业人才匮乏。开展活动主要依靠兼职人员和志愿者，但大多数人员缺乏专业技能，缺少相关的专业培训，整体学历偏低。高素质的管理人才则显得更加紧缺，很多都没有接受过现代正规的管理培训，习惯于按部就班，思想僵化保守，缺少创新思想意识。第二，人员呈现较严重的老龄化迹象，观念比较陈旧。工作人员好多是来自政府机构，也有许多是从一线退下来的离退休人员，思想比较僵化，缺乏创新精神。在与协会各级管理人员访谈时，他们感触最深的就是协会的人

力资源中，高层次的专业人才严重缺乏。协会的领导者与员工之间存在巨大的能力差距，造成了协会严重依赖少数几个负责人，其他人则难以担当起重任。如协会很多工作人员对电脑的使用都不熟练，很多基本的工作完成起来都相当困难，更不用说网页制作、App 软件开发等较为专业的工作，难以适应协会发展的需求。

山西省杨氏太极拳协会人员老龄化的现象较为严重，尤其是很多协会的管理者，年龄偏大，工作起来"力不从心"，再加上缺乏创新精神，对协会的变革也起到了阻碍作用。这种现象使协会人力资源整体素质难以进一步提高，员工难以保证有足够的精力去开展工作。随着协会的不断发展壮大，越来越多地参与到公共事务中并承接更多的政府职能，这样的年龄结构必然会呈现无法适应外界的变化，尤其是一些新思想、新理念，无法及时学习、贯彻，最终导致协会服务质量的降低。在观念上，人们趋向于工作环境稳定、薪酬福利好、职业路径可预期的工作。而对于体育社团的工作，往往很难从物质上得到保证，虽然参与者在一定程度上是基于组织的感召力和自身的价值追求，但当他们的激情被长时间高强度的工作磨灭后，人员的流失就难以避免，这就要求体育社团有一个相对合理的物质激励机制。由于体育社团所能提供的工作不稳定、报酬低，所以很难吸引到高素质的专业人才。因此，体育社团招到的很多都是兼职人员、离退休人员以及志愿者。

体育社团既要提供优质的公共服务，又要吸引优秀的专业人才，满足员工的各种需求，足够的资金是必不可少的。我国体育社团的资金来源主要有会费、服务性收费、社会捐赠和政府支持。就山西省杨氏太极拳协会来讲，政府支持、社会捐赠、服务性收费都极少，日常办公的开支都依赖于微薄的会费收入，举办大型比赛、活动等的开支主要依赖于报名费的收入。资金来源渠道的缺失导致协会的经费严重不足。

从目前来讲，山西省杨氏太极拳协会短期内都难以获得足够的政府支持及社会捐赠。在访谈时协会的管理者多次提到政府从来没给过他们一分钱，因为省里并没有这方面的专项资金，他们希望得到来自政府更多的支持，但也清楚这在短期内是无法实现的。我国缺乏慈善捐赠的氛围，再加上近年来不断出现的信任危机，来自社会的捐赠也微乎其微。即使是在未来增加政府支持及社会捐赠，服务性收费仍然会是体育社团最重要的资金来源。而山西省杨氏太极拳协会奉行的"义务授拳"的组织文化，则阻断了"服务性收费"这条重要的资金来源渠道。协会从成立之初就秉承弘扬太极的理念，为了使太极拳更好地传播，一直都是义务授拳。杨氏太极拳创始人杨露禅先生毕生都致力于太极拳的推广工作，被协会奉为"英雄人物"与"楷模"，这一传统也一直延续下来，成为协会重要的组织文化。义务授拳虽然使协会的规模在极短的时期内便快速壮大，但到了今天却也使协会陷入了严重的资金短缺困境。所以在服务性收费已经变成现代体育社团最重要的资金来源渠道时，决不能再自断其腕，使义务授拳成为协会继续发展壮大的桎梏。

五　基于协会组织文化的人力资源管理变革建议

山西省杨氏太极拳协会，其组织文化积淀厚重、影响深远，是协会宝贵的精神财富。要将其充分利用起来，优化协会的人力资源管理。同时随着科技的进步以及社会的不断发展，协会所面临的内外部环境迅速变化，协会组织文化中的某些要素已越来越成了协会发展的障碍，需要对其进行变革、调整，使其适应协会当前发展的需要，进而带动协会人力资源管理变革，解决协会目前遇到的人力资源管理困境。

（一）树立"变革、创新"的组织文化，带动人力资源管理理念更新

山西省杨氏太极拳协会若要切实转变传统的人事管理观念，就要首先树立起"变革、创新"的组织文化，带动人力资源管理理念的更新。倘若只是制定一些执行层面上的人力资源管理措施，而不从组织文化上、价值观念上进行转变，协会的人力资源管理变革将很难推进。要在协会中率先树立起"变革、创新"的组织文化，使协会成员接受变革、主动创新，使协会各项人力资源管理变革的措施、建议落到实处，不变成空中楼阁。

通过协会组织文化的变革、改造、建设，带动人力资源管理观念的转变。逆水行舟，不进则退。在当今竞争愈加激烈的情况下，协会应当与时俱进，摒弃传统保守思想，将"变革、创新"的组织文化灌输到每一位协会成员心中，鼓励协会成员改变固有思维模式及组织运行方式，进行组织和管理创新。要在协会内倡导并营造出一种集体创新的文化氛围。组织内部可以提供教育、培训等机会，鼓励员工参与学习新知识、新理念，培育创新思维，营造创新氛围，可以通过聘请教师、安排讲座、利用网络观看

视频的方法来实现。鼓励员工相互学习和交流，树立典型、模范，加大激励力度。

要抛弃协会固有的"传统、保守"的组织文化，树立起"变革、创新"的组织文化并不是一件容易的事，也不是一朝一夕的事。组织文化的变革往往需要有一段抛掉过去的成功经验和故步自封观念的时期，这在心理上是非常痛苦的。所以必须持之以恒，用试图解决的具体问题来清晰地定义变革目标，指明方向，而不是将其笼统地描述为文化变革。

（二）完善基于协会组织文化的人力资源管理制度

基于协会组织文化的人力资源管理制度化建设，就是要把协会倡导的组织文化价值观转化为具有可操作性的人力资源管理制度。从内容上看，制度建设包括塑造由组织文化价值观念引申出来的制度观念、系统的制度规范以及相应的机构所组成的一个整体。广大员工的自觉制度意识，保证制度实行的文化引导手段是制度建设的核心内容。

组织文化主要依靠组织倡导的精神、核心价值观、行为习惯等来维系，主要作用于人的思想，靠自律即内在的自觉来发挥作用，是"软"的力量，能弥补制度管理的缺陷。组织文化能使组织成员自觉自律地遵守各项人力资源管理制度，通过组织的价值观念和思维方式引导人力资源管理工作的定位和开展，给人力资源管理制度提供思想基础和文化支撑。从另一个角度来看，仅仅靠管理制度安排还是不行的，因为再完善的组织制度也会有漏洞。组织文化能够渗透到人的思想层面，弥补制度管理的不足，消除制度管理的负面影响，减少因内部不公平引起的"内耗"。因此，在人力资源管理制度建设时，应主动将组织文化思想、理论、方法导入人力资源管理的全过程，以组织文化为导向，提升协会人力资源管理的效能和质量。

（三）转变观念，实行会员分级制度

山西省杨氏太极拳协会应转变观念，引入市场化的理念，拓展资金来源渠道，激发员工积极性，有利于提高人力资源管理的效益。体育社团虽然不是直接的物质生产部门，但同样也存在于市场之中，就不可避免地存在相互间的竞争，体育社团提供的产品和服务也必然要满足社会公众不断变化和发展的需要。体育社团不应该完全排斥营利目的和商业行为。美国

体育社团发展的实践就已经证明，体育社团的有效经营和管理，恰恰需要引入营利目的和商业行为。

体育社团的营利行为和某些商业手段对拓宽资金来源渠道，提高服务质量和效率大有裨益，因此，它完全可用于针对特定人群的服务。对于山西省杨氏太极拳协会来说，完全放弃"义务授拳"的组织文化传统并不现实。对于部分协会成员尤其是很多老年人来说，他们已经习惯了免费学拳健身，并不愿意有更多的花费。在公园中简单练习一些太极动作，已经能够满足他们的需求。为满足这部分会员的需要，协会可以继续发扬义务授拳的传统，担当起应有的社会责任。而对于协会另一些希望得到更优质服务的会员，他们希望能有更好的习拳场地、较高水平的指导者、更加充足的学拳时间。为满足这一类会员的需求，协会可以收取一定的服务性费用，用这些资金，提高服务质量，满足协会成员的多样化需求。这样既保留了协会义务授拳的优良传统，又满足了会员的不同需求，拓宽了协会的资金来源，形成双赢的局面。

要在协会中树立起一种"区别对待，有偿服务"的组织文化。在前期做好充分的宣传，使协会成员理解支持协会的改革，相信协会能够兼顾各类会员的需求；在采取了服务性收费之后，能给会员们带来更优质的服务；更多地举办一些比赛、活动等，提高自身的服务质量。

（四）引进认同协会组织文化的专业人才及志愿者

山西省杨氏太极拳协会的整个招聘工作缺乏完整系统的规划，缺乏有效的工作分析，招聘工作没有开展的基础。协会不了解自己是否需要员工，需要多少员工，需要什么样的员工。体育社团在中国还是处于起步发展阶段，一些人凭着爱心和公益心加入体育社团。然而，从事体育社团的工作到底需要什么样的理念和价值观，需要达到什么样的职业素质，对于许多人来说还十分模糊。招聘是双向选择和匹配的过程，如果协会所引进的员工及志愿者对协会组织文化的认同度不高，无法融入组织，就不可避免地会造成人员的频繁流动，增加协会的人力资源管理成本。

基于组织文化的招聘管理，就是要用组织文化指导协会的招聘活动，以组织文化为导向，更多关注和考察应聘者的价值观是否与协会相契合，使更多认同协会组织文化的专业人才及志愿者能够加入协会。要将组织的核心价值观与用人标准结合起来，在人才测评和招聘政策中强调组织只会录用和提拔对本组织文化认同度较高的人员。

要做好基于组织文化的招聘宣传工作，如果忽视对协会价值观念的宣传，往往就会出现新进的员工对组织文化缺乏了解，难以适应协会的情况。所以在选择人才时，应主动向应聘者宣传协会的组织文化理念，让潜在的员工了解协会现阶段推崇的组织文化，看其是否认同协会的组织文化，是否愿意加入协会、融入协会。在信息化、网络化的今天，需要全方位、多渠道的宣传，需要新闻、报刊、人物专访、电视、电影、微博、微信、网站、App 软件等多种方式的展示，充分利用这些媒体形式，做好协会组织文化的宣传工作。

当组织生存、发展的客观条件发生重大变化，组织原有的文化体系难以适应新的环境而陷入困境时，就必须进行文化变革，创造新的组织文化。山西省杨氏太极拳协会应当重视组织文化的作用，根据自身所处的内外环境，适时地变革组织文化，利用好协会所拥有的宝贵文化资产，使组织文化成为推动协会发展的重要力量。我国体育社团的管理者也应当充分挖掘自身组织文化资源，并根据实际情况适时地调整与变革，使组织文化成为组织发展的助推剂。

第二节 资源依赖理论视域下的山东省枣庄市篮球协会发展

伴随着全球性社团革命的浪潮，体育社团在我国体育事业快速发展过程中发挥了中流砥柱的作用。但是从 20 世纪 90 年代末至今，体育社团面临的外部环境发生了深刻的变化，理顺体育社团与政府的关系成为体育社团进一步发展急需解决的问题，同时资源短缺也阻碍了体育社团的发展。本研究以山东省体育社团中最具代表性的枣庄市篮球协会为调查对象，以资源依赖理论为依据，主要采用文献资料法、访谈法、个案研究法，对该协会的发展历程与制度变迁、内部资源环境的发展及其与外部环境的关系等进行了理论实证分析，并在此基础上提出了发展策略和建议。

一 枣庄市篮球协会的发展历程和制度变迁分析

（一）枣庄市篮球协会成立的背景

从新中国成立到改革开放，近 30 年里，政府在主流意识形态建设、计划经济体制建设以及社会管理体制建设的过程中，有组织地将社会纳入了政府管控的范围，从某种程度上来说，社会逐步嵌入了国家的各个领域。一系列政策方针的实施，使整个社会都处于国家的严密掌控之中，社会中的一切流动资源和活动空间都受到严格的规制，自由流动资源变得极度匮乏。

以党的十一届三中全会为标志，我国开始了各领域的改革开放，随着改革的深入推进，市场的作用逐步增强，传统的政府直接管控的方式已不能满足多元化的利益需求，改革任务更加迫切。从 20 世纪 90 年代起，我国政府先后进行了四次改革，完成了两次转型。四次改革以转变政府职能为重点，将权力进行下放，以期形成政企分开、政事分开、政社分开的局面。两次转型对我国政府、市场和社会三者的关系进行了调适和构建，努力形成与市场经济相适应的管理体制和机制。政府职能的转变在社会领域尤为凸显，一方面，政府开始将部分职能交由体育社团等社会组织来承担，政府从这些职能中脱离开来，从而集中精力解决关乎民生的重大社会事务，节约了政府的社会管理成本；另一方面，职能的下放也促进了体育社团等社会组织的培育和发展，为社会组织的发展提供了优良土壤，伴随着社会组织的先天优势，政府社会管理和服务的质量也得到了增强，人民幸福指数提升。从这两方面来看，政府机构改革、职能转变与体育社团的培育发展有着同步性，二者相辅相成，政府职能的转变为体育社团发展带来了良机，释放了相关资源，提供了体育社团发展所必需的条件。一定程度上，体育社团成为政府机构改革、职能转变的必然产物。此后包括枣庄市篮球协会在内的体育社团便开始纷纷成立起来。

（二）枣庄市篮球协会成立的过程

枣庄市篮球协会秘书长 MKQ 说：

> 当时是体委，体委的领导想调动社会力量，集点资，减轻体委的负担，我呢是国家级裁判，搞裁判工作很多年了，从 1971 年开始接触裁判工作以后，复员回来，在市里、省里、全国参加了很多比赛，人脉比较广。这个时候呢，体委领导就找我谈话了，让我牵头成立一个枣庄市篮球协会，领导安排后，我呢就到各区进行协调，拟定章程，跟一些领导、篮球爱好者进行谈话，成立了第一届篮球协会，我呢也是体委竞赛科副科长，以篮球协会的名义去跑一些熟识的企业，搞赞

助费，进行比赛。

由此可以看出，枣庄市篮球协会是自上而下成立的一种非营利性的社会组织，是在体委领导下，由一些篮球爱好者、企事业单位领导人及其他政府领导人组建而成的。

（三）枣庄市篮球协会的发展变迁

枣庄市篮球协会自 1989 年成立到 2015 年，现已经过 27 年的发展历程。谈到协会的发展时，秘书长 MKQ 回忆说：

> 协会换届呢，4 年一届，4 年后换届，第四届呢协会秘书长 XJJ 因为生病就推迟换届了。说到协会发展呢，协会是在 1989 年成立的，但是注册的时间是 1993 年，第一届的时候就是由我来拉赞助、组织比赛，活动经费自筹，主要承办了五省市协作区的篮球比赛，哪五省呢，就是江苏、山西、山东、河南、河北这五个省。后来到了第二届，协会也扩大了，1992 年的时候呢，我调到了人民银行工作，没人组织比赛了，活动就少了。第三届完全处于一个停滞状态，作为一个社会团体总是一弱势群体，没法命令，单位不听，体委或教育部门下文件，单位听。以体委的名义组织比赛，承接一些省内比赛，属于行政命令和政府部门的一些命令，篮协只是负责拉赞助，并无实质性的作用。第四届主席调走了，无人管理篮球协会。第五届主席换成名企老总，爱好篮球，愿意投资，经常搞比赛，费用短缺，主席给补空。

根据协会现任秘书长所说的，笔者从枣庄市篮球协会的发展程度这个角度出发，将协会发展的历程大体分为三个阶段：第一、二届（1989~1999 年）为起步阶段；第三、四届（1999~2011 年）为停滞阶段；第五届（2011~2015 年）为发展阶段。由于前两个阶段并无实质性的材料，只能简单地总结一下每届协会的会员人数、内部组织结构及主席的身份背景，最后本研究着重分析协会 2011~2015 年第三阶段的发展情况。

1. 起步阶段与停滞阶段协会的情况

从表 3-5 可以看出，枣庄市篮球协会会员人数并没有因为它处于停滞阶段而减少,而是增多,主席也开始由政府部门领导人转变为企业领导人,协会的内部组织结构也随着外部环境的变化而做了调整。

表 3-5 1989~2011 年协会的内部结构

时间	会员人数	主席及其身份背景	组织结构
1989~1993	46	ZQF,枣庄市副局长	主席、名誉主席、副主席、秘书长、副秘书长、教练委员会主任/副主任、裁判委员会主任/副主任
1993~1999	45	ZJG,枣庄市副市长	主席、名誉主席、副主席、顾问、秘书长、副秘书长、教练委员会主任/副主任、裁判委员会主任/副主任
1999~2008	48	SCG,薛城燕山煤化总公司董事长	主席、名誉主席/副主席、执行主席/副主席、秘书长、教练委员会主任/副主任、竞赛裁判委员会主任/副主任、宣传策划委员会主任/副主任
2008~2011	60	HQH,太平洋保险公司枣庄中心支公司总经理	主席/副主席/第一副主席、名誉主席/副主席、顾问、秘书长/副秘书长、教练委员会主任/副主任、竞赛裁判委员会主任/副主任、篮球俱乐部委员会主任/副主任

2. 发展阶段协会的情况

从表 3-6 可以看出,枣庄市篮球协会在发展阶段的会员人数出现了量的飞跃,主席仍旧是由企业领导人担任,内部组织结构相比前两个阶段做了更细致的划分。从上述分析可以看出,枣庄市篮球协会的会员人数呈现上升的趋势,主席由政府领导人转变为由企业领导人来担任,组织结构随着时代的发展、自身的不断壮大也逐步变得规范化。

表 3-6 2011~2015 年协会的内部结构

时间	会员人数	主席及其身份背景	组织结构
2011~2015	97	YK,枣庄华厦建工有限公司董事长	主席/副主席、名誉主席/副主席、秘书长、副秘书长、宣传策划委员会主任/副主任/委员、网络信息委员会主任/网络监管/责任编辑、网络通信员、竞赛裁判委员会主任/副主任/委员、教练委员会主任/副主任/委员、俱乐部委员会主任/副主任/委员

二 枣庄市篮球协会内部资源环境的发展分析

由于协会成立较早，制度不规范，并未收集到前两个阶段更多的材料，所以本研究着重分析第三阶段协会的内部资源环境的发展，主要体现在以下几个方面。

（一） 篮协主席选举的"商民二重性"

枣庄市篮球协会主席虽从停滞阶段就开始选举企业领导人担任，但是篮球协会主席选举制度的转变是从发展阶段真正开始实施的，主要由"官民二重性"转变为"商民二重性"。2011 年协会选举枣庄市华夏建工有限公司董事长 YK 来担任主席，说到这个阶段的主席，秘书长 MKQ 很是欣慰，他说："YK 主席有自己的旅馆、酒店，运动员住店免费，每年投资几十万（元），建馆（花费）600 多万（元），有自己的俱乐部。"

"YK，43 岁，枣庄市篮协主席，当选并接触篮球才四五年，是台儿庄古城运河最大开发商，个人（有）封闭篮球馆两个，有自己的宾馆。"网络通信员 ZYS 说。

从访谈内容来看，让企业家在枣庄市篮球协会"当家"，不仅可以获取资金和场地资源，而且可以获得其他方面的一些赞助。

（二） 枣庄市篮球协会工作重点向青少年倾斜

青少年篮球人才是篮球竞技运动的生力军，加强对青少年篮球后备人才的关心和帮助，对枣庄市篮球运动的可持续发展有重要意义。访谈中，协会主席 YK 说："目前我市的篮球运动处于青黄不接的境地，技术好、意识强的篮球爱好者年龄都偏大，年轻人条件好也喜欢打，但技术不精，没有好的后备人才，枣庄的篮球水平就上不去，所以就把协会的工作重点转移到青少年，篮球运动从小抓起才有希望。"

"2012 年的时候呢，市中区公安局的 WY 同志（枣庄市篮球协会俱乐部委员会副主任）利用业余时间发挥自己的篮球特长，训练了一批有潜质的孩子。2013 年的时候，YK 主席还花钱给枣庄集团体育馆训练馆市中区少年队更换了新的篮球架，又派人按新规则要求重新画了篮球场地，为三中篮球队有前途的两个男孩资助生活费，每个人一年 5000 元，资助两年，直到高中毕业，其中一个男孩个子太高，脚太大，买不到鞋子，通过关系定做鞋子。凡有中学生参加的省中学生比赛，枣庄市篮球协会都会派人到赛区看望，为他们加油鼓劲。"协会秘书长 MKQ 说。

从以上谈话中可以得知青少年篮球运动得到了枣庄市篮球协会的高度重视，协会的工作重点也逐步转向青少年。

（三）媒体传播成为枣庄市篮球协会发展的有效助推器

2012 年 1 月，在 YK 主席的支持下，枣庄市篮球协会成立了自己的网站，网址为 http：//www.zzlqxh.com，是山东省第四个市级篮球协会网站，主要包括篮协简介、组织机构、俱乐部、裁判之窗、通知公告等栏目。枣庄市篮球协会利用网站发布各种项目活动动态、会议通知、工作总结等。访谈中，网络主管 WM 同志说："网站的开设得到省篮管中心的认可。在网站开通以来，他发布了枣庄篮球信息近百条，发布照片数百张，有力地宣传了篮球运动和枣庄开展篮球活动情况，网站图文并茂的形式受到了广大爱好篮球运动网迷的热捧，而且让外界可以更容易看到我市篮球协会近况及各种比赛的新闻稿件，点击量不断攀升。"

在整理收集到的资料时，发现了一个关于成立网络信息委员会决定的文件，如下：

枣庄市篮球协会文件

枣篮字〔2012〕5 号

关于成立网络信息委员会的决定

各区（市）篮球协会、企事业同类组织、各业余篮球俱乐部：

当今社会已进入高速发展的信息时代，为了更好地宣传枣庄，宣传我市篮球运动开展的现状，经枣庄篮协 YK 主席审批决定建立枣庄市篮球协会网站。经过筹备，网站已建好并开通，为了加强对网站的管理，有效地规范网站的各项工作，使网站发挥更大的效益，经 8 月 24 日枣庄篮协常务理事会研究决定成立网站信息委员会，在枣庄篮协领导下全面管理网站的运营。望全市各区（市）篮球协会、企事业同类组织、各业余篮球俱乐部、全市篮球爱好者积极点击、浏览网站并适时提出意见和建议，使网站办得更富有时代感、影响面更大。

2012 年 8 月 26 日

可见网站的设立对枣庄市篮球协会的重要性。另外，枣庄市篮球协会在 2012 年与枣庄市电视台进行了合作，这一次合作不仅是成功的，而且在全省是首创的。枣庄市电视台对协会举办的每一场赛事都进行了现场录播，这样可以让更多的人不用去现场，而是通过电视、手机等来观看直播比赛。枣庄市篮球协会正是积极发挥了媒体（如互联网、电视）在宣传方面的作用，才促使枣庄市篮球协会的影响力更广、知名度更高。

（四）裁判队伍建设促进枣庄市篮球协会发展

谈到枣庄市篮球裁判的建设，秘书长 MKQ 说：

> 裁判员大部分是教育部的，协会下文件调裁判员，教育部不认可，教育部门只承认体育局的文件，协会搞活动只能在星期六、星期日进行，为期 2~3 个月。近几年又由于很少有人注册篮球裁判，所以参加省级比赛的裁判人数更少。我们协会为了给我市篮球裁判争取更多的锻炼机会，2011 年年初，协会为 11 名一级裁判进行注册，共有 12 个人的一级裁判参加了省级比赛。2012 年呢，协会为我市篮球裁判骨干配发了入场服、裁判服、哨子、拉杆箱等装备，这样大家的工作热情也就提高了，这一年先后有 20 多个各级别裁判担任了省级及省级以上比赛的临场裁判工作，枣庄的篮球裁判员也就在省里占有了一席之地。2013 年的时候，我们协会为了培养和发展更多的骨干力量，提高他们的裁判业务水平，就举办了篮球教练员、裁判员学习班，还买了《篮球规则》小册子，免费分发到各区（市），这样那些没能参加学习班的教练员、裁判员也就可以学习到篮球裁判的新规则。另外呢，协会还推荐了 5 个人去参加省篮管中心举办的篮球裁判晋级学习班，而参加学习班的费用全部都是由主席 YK 担负。2014 年协会一级裁判又增加了 9 人，其中，省体育局批了 3 人，全国煤炭体协批了 5 人，大学毕业生 1 个人，参加省级及省级以上篮球赛的裁判人数越来越多了，这样我市篮球整体水平也就提高了，我们协会的影响力也就提高了，越来越多的人就会加入协会。

从访谈中得知枣庄市篮球协会越来越重视裁判队伍的建设，这不仅为枣庄市增加了更多的裁判，也促进了协会的发展。2015 年协会又不失时机地建立了枣庄篮球裁判微信群，这样篮球裁判就可以方便交流，传达篮球知识。正是枣庄市篮球协会积极努力地建设裁判员队伍，协会才会不断发展，自身的影响力才会提高。

三 枣庄市篮球协会与外部资源环境的关系分析

（一）枣庄市篮球协会与政府的资源依赖关系分析

如图 3 – 5 所示，在枣庄市篮球协会与政府的相互依赖关系中，对政府而言，主要有社会合法性依赖、公共服务依赖；对枣庄市篮球协会而言，主要有政治合法性依赖、行政合法性依赖、法律合法性依赖、财政依赖。

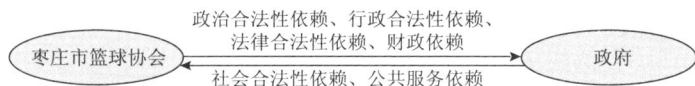

图 3 – 5 枣庄市篮球协会与政府的资源依赖关系

1. 枣庄市篮球协会对政府的资源依赖

（1）政治合法性依赖

对于枣庄市篮球协会来说，要想生存与发展必须要获得政治合法性。政治合法性主要是指代表国家政治的各级党委机构对体育社团的内在要求，如体育社团举办活动的目的、社团的宗旨等规定。在访谈中，协会主席 YK 说："我们协会的宗旨就是遵守国家的各项法律法规，遵守社会道德，与时俱进，锐意创新，贯彻落实科学发展观等。"可见协会符合政治规范，是通过赋予协会章程的政治意义来获得政治合法性的。另外，在我国每一个体育社团的成立必须经过政府机关的允许和批准才能获得合法地位。体育社团的登记需要登记机关执行管理，自身建设和业务活动由业务主管单位指导，这样一些体育社团不得不找挂靠单位来获得合法身份，否则就处于"有实无名"的状态。所以说政府的政治合法性对体育社团的前期发展起着至关重要的作用。枣庄市篮球协会是在民政部门登记注册的，其业务主管单位是枣庄市体育总会。访谈中，秘书长 MKQ 说："社团组织如果没有社团管理部门、没有体育主管单位、没有全市广大篮球爱好者的支持和协助，协会将一事无成。"由此可见，枣庄市篮球协会对政府的管理、拥有的政治合法性资源有着很强的依赖性。

（2）行政合法性依赖

行政合法性其实就是一种形式合法性。枣庄市篮球协会积极主动地与行政机关领导人建立联系，以此来获得行政机关形式上的认同，而这些形式主要包括颁奖仪式（如授予锦旗）、领导人的同意、机构的符号（如名称或标志）等。结合枣庄市篮球协会的发展实践，可以看出，协会公开举办的一切社会活动都必须经过政府的同意。访谈中，协会网络通信员 ZYS 说："政府实则是协会的行政上级、业务上的主管，协会在举办活动时需要经过政府点头同意才行，开幕、颁奖更是离不开政府领导出面，这样不仅彰显了政府对协会的重视，协会也能顺利地把活动举办成功。"

可见，行政合法性对协会的发展也很重要，它的这种行政合法性关键在于政府领导通过自身的行政合法性以允许、同意、支持等这些方式传递过来。所以，协会对政府拥有的行政合法性资源也有着一定的依赖性。

（3）法律合法性依赖

从实质而言，法律合法性是整合政治合法性、行政合法性、社会合法性三种合法性的核心。枣庄市篮球协会若想取得法律上的地位，必须听从业务主管部门的话，服从它的安排，多替政府办事，不给主管部门添麻烦等。协会的法律合法性受到国家对社会团体颁布的法律法规的影响，如 1998 年实施的《社会团体登记管理条例》，提出综合性的合法要求：社会团体要在登记管理机关登记，有自己的业务主管单位，得到社会的支持等。由此可见，协会要想获得法律合法性，就需要认真遵守国家对社会团体成立和活动等方面制定的法律法规。协会对政府的法律合法性也有着依赖性。

（4）财政依赖

对于体育社团这种社会组织来说，它生存和发展的前提就是获取资金资源。秘书长 MKQ 说："会费来之于社会，用之于社会，自筹经费，政府不支持，不给一分钱。"

从 2011 年度枣庄市篮球协会财务状况报告中可以看出，协会在资金方面并未依赖政府。报告如下：

枣庄市篮球协会文件

枣篮协〔2012〕1 号

关于 2011 年度财务状况报告

各位理事：

自 2011 年 5 月 20 日换届以来，枣庄篮协的各项工作在 YK 主席的督导下逐步走向规范，为创造品牌协会打下了坚实的基础，市篮协的财务工作也一改过去杂乱无章的状况逐步走向正轨，现将 2011 年 5 月以来的财务状况报告如下：

一、会费收入

按照第五届枣庄市篮球协会第一次理事会通过的《关于收取年度会费的决定》，市篮协自 2011 年第四季度开始收取会费。会费收取情况如下表所示：

单位：元

序 号	姓 名	单 位	数 额
1	YK	枣庄华厦建工有限公司	10000.00
2	LWL	市中区万科小额贷款有限公司	10000.00
3	ZLQ	枣庄裕鲁化轻公司	6000.00
4	LY	中国人寿财产保险枣庄中心支公司	6000.00
5	GJY	十里泉电厂工会	5000.00
6	BZL	山东农联社枣庄办事处	5000.00
7	YSJ	滕州民生药品公司	3000.00
8	SHT	枣矿集团工会	2000.00
合 计			47000.00

二、非会费收入

1. 由市教育局和市篮球协会联合下文举办了 2011 年枣庄市篮球教练员、裁判员学习班。聘请了我省著名篮球国际级裁判李平教授讲课，共收培训费 18750.00 元。学习班各项支出 14929.40 元，其支出内容为购置篮球规则、篮球裁判手册、学习用笔记本、碳素笔、李平讲课劳务费、差旅费、食宿费、纪念品、学习班学员合影冲印费等。学习班节余 3820.60 元。

2. 在滕州举办枣庄市首届业余篮球俱乐部精英赛，收取报名费 7200.00 元，比赛支出 2703.00 元，其支出内容为各参赛队照相洗印、比赛期间照片资料的洗印、非滕州裁判自驾车的汽油补贴等。比赛节余 4497.00 元。

3. 承办山东省肯德基三对三篮球比赛的裁判工作，省篮球管理中心拨发劳务费 3650.00 元，支出 3673.00 元，超支 23.00 元，用于给省篮管中心寄发票所发特快专递。

2011 年共计收入 29600.00 元，共支出 21305.40 元，节余 8294.60 元。

三、个人资助

2011年5月10日YK主席因市篮协无积蓄，个人垫资50000.00元，用于市篮球协会换届筹备、日常支出，截至2011年12月中旬，用于换届纪念品的购置，协会会议，民政及质检部门的年审、变更、资料汇编的印制，文件资料的打印、办公用品的添置，外地篮球协会领导来枣庄时的接待，交通费用、电话费用等各类支出共计50013.50元（各种票据已装订成册备查）。

四、2011年12月支出情况

在YK主席资助资金用完及2011年收取会费暂不动用的情况下，市篮协一些必要开支动用非会费收入的节余部分，用于账户管理费、劳务费、交通费等支出计4131.80元。

从2011年5月至12月底，市篮球协会各种收入126600.00元（含YK主席资助的50000.00元），各类支出75450.70元，结余资金51149.30元。

此报告当否，请指正。

二〇一二年二月十六日

从报告中可以看出，协会的资金主要来源于会费、非会费、个人赞助三种，而政府从未拨款，说明在资金方面协会不依赖于政府。

2. 政府对枣庄市篮球协会的资源依赖

（1）社会合法性依赖

社会合法性是以社会公众认可为标准，也就是它的某些行为规范能赢得一些群众和其他组织的承认和参与。枣庄市篮球协会的开展符合了特定群体的共同利益，他们普遍认同协会的存在。政府在开展大众体育的社会合法性方面对协会形成一定的依赖。政府的两个重要职能是大众体育和全民健身，它可以通过不同的渠道来实现这些职能。以往政府会以直接干预的方式调动大众参与活动，这样的方式只有在人们需求一致的情况下才可获得认可，但是现代社会人们的需求出现多元化，获得社会的认可不再那么简单，以至于失去社会合法性。而协会却是人们基于共同的兴趣爱好而组成的团体，是从人们的体育需求出发来提供服务和开展活动的，人们对它的公益性这个特殊性质表示认可。政府部门利用协会开展活动并获得社会的认可，增强了政府部门的社会公信力，提高了政府办事的效率。

（2）公共服务依赖

由于政府不能满足人们的多元化需求，这就需要政府依靠枣庄市篮球协会来为人们提供多元化的服务。政府向社会提供公共物品和服务主要依赖于协会，起到了一定的作用，主要体现在以下几个方面：第一，政府公共服务供给系统效率的提高和行政成本的节约；第二，社会公共服务需求得到满足，政府管理的合法性得到维护。从以上两点看出枣庄市篮球协会在公共服务方面为政府分担了职责，政府想要轻松地完成公共服务的任务取决于协会，协会越强大，任务越轻松，所以二者存在依赖关系。

（二）枣庄市篮球协会与学校的资源依赖关系分析

学校拥有协会急需的资源，如办公场地、人力资源等。协会拥有高校急需的资源，如具有丰富实践经验的教练员、裁判员等。根据资源依赖理论分析，协会与学校的这种依赖关系是可能的、稳定的（见图3-6）。

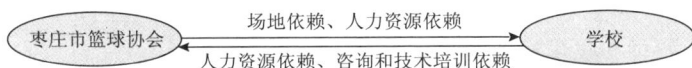

图 3-6　枣庄市篮球协会与学校的资源依赖关系

1. 枣庄市篮球协会对学校的资源依赖

（1）场地依赖

截至2013年底，我国人均体育场地面积仅为1.46平方米，严重制约着体育活动的开展。[①] 由此可见，场地设施是阻碍体育社团存在和发展的必要因素之一。群众对健身场地的需求随着生活质量的提高而增强。但是，我国的体育场地设施却出现了紧缺的问题，它不管从数量还是质量上，与群众对健身场地的要求相比，都存在很大的差距。枣庄市篮球协会从创立到现在并没有自己的办公场所、活动场地，只能从外界获取这些资源，但是政府为协会提供不了场地，枣庄市篮球协会则需选择另外一条途径来满足自身的需求，所以与学校合作，学校可以为其提供办公场所和活动场地。2014年，在市教育局的支持下，主席YK与枣庄三中达成意向，准备投资在枣庄三中西校修建枣庄市青少年篮球训练中心，枣庄市篮球协会届时工程竣工将拥有自主权20年的场馆。由此可见，协会依赖学校的这一资源优势。

---

① http://www.sport.gov.cn/n16/n33193/n33208/n33418/n33583/6123486.htm.

（2）人力资源依赖

青少年篮球人才是篮球竞技运动的生力军，也是枣庄市篮球协会不断发展、长盛不衰的重要保证。枣庄市篮球协会后继乏人，开展活动次数虽多，但是年龄结构偏大。协会要想维持其生存和发展，需要拥有一批技术好的青少年人才，以保证协会的良好发展。学校是培养青少年人才的地方，枣庄市篮球协会可以通过举办中小学篮球赛来发掘有潜质的好苗子，这就迫使枣庄市篮球协会与学校合作，并依赖这一资源，以更好地促进枣庄市篮球协会的持续发展。

2. 学校对枣庄市篮球协会的资源依赖

（1）人力资源依赖

枣庄市篮球协会委托"路扬俱乐部"每周一次免费为至善中学篮球队员进行培训，还有一些篮球会员利用业余时间免费培训一些有潜质的学生。学校与枣庄市篮球协会合作，枣庄市篮球协会可以为学校培养更多的篮球人才，可以让学生了解和掌握最新的篮球知识，获取更多的实践经验。

（2）咨询和技术培训依赖

学校可以向枣庄市篮球协会提供咨询建议，枣庄市篮球协会的工作人员可以利用学生的业余时间对其进行指导，提高学生的技战术能力，这样不仅培养了青少年篮球人才，促进了枣庄市篮球协会的可持续发展，更带动了学校体育的发展。如市体校教练孙梅香、有篮球事业的体育老师等，他们作为协会的成员训练了一批喜欢篮球运动的学生。

3. 枣庄市篮球协会与企业的资源依赖关系分析

《体育法》第四十二条规定："企业事业组织和社会团体自筹资金发展体育事业得到国家的支持，同时也支持组织和个人对体育事业的捐赠和赞助。"[1] 以上政策说明国家支持企业与社会组织筹集资金发展体育，所以，对枣庄市篮球协会而言与企业建立联系是筹集资金的一种新途径。它主要依赖的资源有资金依赖、产品和场地依赖；对于企业而言，主要依赖协会宣传其产品，提高企业知名度（见图3-7）。

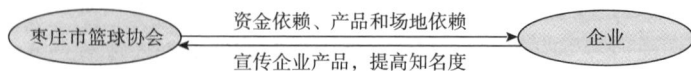

图3-7　枣庄市篮球协会与企业的资源依赖关系

---

[1]　http://www.sport.gov.cn/n16/n1092/n16819/312031.html.

（1）枣庄市篮球协会对企业的资源依赖

①资金依赖

原本政府的拨款是体育社团维持自身发展所获取资金的一个来源，但是随着社会环境的变化，体育社团越来越壮大，政府所提供的资金已出现供不应求的局面。体育社团为了满足自身的发展需求，必须从外界寻找新的途径来获取自身所需要的资源。但是枣庄市篮球协会从2011年到2015年，协会主席由企业领导人担任以后，协会主要依赖企业为其提供开展活动时所需要的资金。例如，协会主席YK分别在2012年和2013年为协会资助50000元及提供其他赞助，2013年申丰水泥集团企业为协会资助20000元。

②产品和场地依赖

企业为枣庄市篮球协会提供产品和场地，比如说枣庄市篮球协会在举办活动时，一些生产体育产品的企业会为协会提供它们生产的产品，比如运动服饰、运动护具、运动器材、运动饮料等，运动服饰和运动饮料可用于比赛中，其他产品可用作赛后奖品等。除了部分企业为其提供产品，还有的企业为其在开展活动时提供体育场馆，包括场地设施、场馆灯光、音响等。例如，2012年和2013年分别举办的枣庄市中老年篮球比赛和第二届业余篮球俱乐部联赛都是由枣矿集团企业提供体育馆，才使比赛顺利进行。

（2）企业对枣庄市篮球协会的资源依赖

基于枣庄市篮球协会的公益性质和它在社会公众心目中的地位，企业便可以利用这两个特点来获得更多的利润，宣传企业的产品，同时企业的知名度也会提高，自身的文化建设也随之得到了提升。在枣庄市篮球协会保持良好公信力的同时，企业赞助商也可获得更好的企业形象，获得更多的企业利润。企业对枣庄市篮球协会的这一资源有着一定的依赖。例如，2015年举办的"千隆杯"篮球联谊赛由河北千隆食品有限公司赞助、2016年1月举办的"金丰杯"篮球比赛由枣庄市金丰粮油供销有限公司赞助等，这些企业不仅宣传了产品，而且扩大了自身影响力。

四　资源依赖理论下枣庄市篮球协会应对外部环境的策略分析

枣庄市篮球协会根据资源依赖关系的不同，主要依靠适应环境和改变环境的策略来配置外部环境资源。在它的发展历程中，依赖于政府、学校、企业三个不同的外部环境，主要采用以协作、联合方式加强组织间联系和加强组织内部治理，适应外部资源环境两种方式来应对外部环境。

（一）以协作、联合方式加强组织间联系

协会依据外部环境的资源不仅可以调整自身的内部环境（如内部组织机构、协会目标等）来顺应外部环境，而且对外也可以探索更多的渠道，采用更多的策略来改善协会与外部环境的关系，以便降低对外部资源的依赖程度。对外采用的策略可以是协作、联合的方式，也可以将外部环境中有影响力的各界人士吸纳为本协会的成员。枣庄市篮球协会主要采用以下两种途径来应对外部环境。

1. 与其他组织建立联系

一个协会若想加快发展速度，就要有强的获取外部环境资源的能力。这就使枣庄市篮球协会的抉择行为必须由被动转变为主动，协会可以积极主动地与政府、学校、社会等其他组织进行联系，以便获得他们的支持来促进协会的发展并实现共赢。枣庄市篮球协会依据当地的经济状况，以及市政府和体育局等的政策变化来提高自身的能力，明确自身的宗旨意识，运用自身所处的外部环境的优点，把协会与当地的经济发展联系起来，积极培养青少年篮球人才和优秀的裁判员，逐渐扩大枣庄的影响力。

作为组织建立与环境联系的一种策略，我国体育社团可通过吸纳外部环境中有影响力的人物作为协会成员，以此来获取外部环境的支持和资源依赖。枣庄市篮球协会从成立开始就采用体委领导下的主席负责制，由枣庄市体委、枣庄市公安局、枣庄市总工会和一些企业的人员一起组成。协会将枣庄市体委、部分企业等重要人物吸纳为协会会员，这样不仅可以筹集一定的资金，而且对外部资源的依赖性也会减少。协会主席是体委聘任的，主要负责筹措协会发展过程中所需的经费和比赛活动所需的场地等，最初的枣庄市篮球协会各方面条件不足，举办活动的场地和资金需要从外部环境中获取。面对协会的这种情况，协会不得不采用这样一种组织结构，便于协会的发展获得一定的经费和资源。在访谈中，协会秘书长 MKQ 提到这种组织结构对协会获得资源还是有一定优势的，他谈道："当时政府拨款一部分，协会自己筹一部分经费，这样子把协会搞起来的。协会成员实际上是从政府、体委机构过来的，也是吸取各自的资源优势，政府提供资金和场地，体委提供人力资源，不同组织联系，是有一定的资源优势的。"

枣庄市篮球协会从 2011 年换届时，协会开始实施理事会领导下的主席负责制，协会聘任华厦建工有限公司董事长担任主席，并担任理事长，这种管理体制与之前的不同，理事会成员的背景发生了一些变化，理事会的成员不是政府领导干部，而是不同企业的负责人，之所以选择这些负责人，是因为协会当时面临的环境发生了变化，协会不断发展壮大，举办活动次数增加，资金的短缺阻碍了协会前进的步伐。因此，对于枣庄市篮球协会来说，只有将这些有经济实力的企业家吸纳到理事会当中，才能有利于协会更好地从这些企业中获取资源，减轻对外部资源的依赖性。

2. 与其他组织进行协作

枣庄市篮球协会在改善与外部环境的关系中，主要是通过与外部其他组织协作来实现的，它们之间有着彼此所需要的资源，协会积极与其他组织进行协作，通过与其他组织分享各自所需的资源，达成双方共赢。通过分析协会与学校之间的关系，发现二者之间存在一定的依赖关系，协会可以通过这样的关系来与学校协作，以获得各自所寻求的资源。

体育社团必须积极寻求其他渠道来满足自身的资源需求，促进其发展。在枣庄市篮球协会前进的道路上，对它来说，两个最重要的资源需求便是资金和场地，而当时的提供者只有政府，随着协会的发展，仅靠政府的资源是远远不够的，所以协会积极从外部环境中寻找可替代性资源。协会与学校协作是国家的一些法律法规所提倡的一种有效途径，例如，《全民健身条例》《公共文化体育设施条例》等条例中规定了社会群众可以在学校的场地进行活动，学校的场地要对外开放，从这些规定中可以看出它们明确了学校体育有责任和义务促进协会体育的发展。

枣庄市篮球协会通过与学校合作并产生共赢，不仅满足自身需求，促进自身的发展，同时也有助于学校体育的发展。就枣庄市篮球协会与学校合作而言，一方面，协会在适当的情况下选择与多所学校合作，可以解决办公场所、场地设施短缺的问题；另一方面，学校的体育资源（如人力资源）也可得到协会教练员、裁判员技术上的指导，提高学校体育的质量。在协会与学校的互动过程中，既满足了协会发展的需求，也扩大了学校在社会，特别是在地方的影响力，提升了学校的知名度，对学校的发展也起到积极的作用。由此看出，协会与学校协作不仅减轻了它对政府的依赖程度，而且成了一种固定的模式。

（二）加强组织内部治理，适应外部资源环境

枣庄市篮球协会通过依赖外部环境资源来维持自身的发展，它不断依据外部环境的变化，改变自身的发展目标，与此同时，只有协会的内部组织机构协调才能实现其发展的目标。所以，协会为了获得更多的外部资源，必须适应外部环境的变化。

1. 调整协会目标，适应外部环境

面临外部环境的持续发展变化，组织应该制定自己的发展目标来顺应外部环境，获得资源，以此发展壮大自己。此外，组织内部环境的调整可促成目标的实现。枣庄市篮球协会依据不同的阶段目标，适时地调整协会的内部环境，如内部组织结构、运行机制等，通过配合发展变化的目标，来实现目标，促进自身的发展。

枣庄市篮球协会在成立之初，立足枣庄市，面向全省，在各个阶段确立不同的目标来适应外部环境的变化。起步阶段积极推动篮球运动的普及和提高，明确了这一协会的成立是为人民群众而服务的；停滞阶段坚持普及篮球运动，壮大枣庄市篮球协会的队伍；发展阶段又提出"规范各项工作，争创品牌协会"的目标。

2. 调整协会内部组织结构，适应外部资源环境

在协会发展的不同阶段，协会的发展目标不仅有了变革，而且协会的内部组织结构也会随之发生变化。一个组织要实现目标，必须要得到内部结构的配合与改革。因此协会需要发展目标与内部结构配合才能促进目标的实现（见表3-7）。

表3-7 枣庄市篮球协会的内部组织结构

起步阶段	停滞阶段	发展阶段
主席、名誉主席、副主席、秘书长、副秘书长、教练委员会主任/副主任、裁判委员会主任/副主任、宣传委员会主任/副主任	主席/副主席/第一副主席、名誉主席/副主席、顾问、秘书长/副秘书长、教练委员会主任/副主任、竞赛裁判委员会主任/副主任、篮球俱乐部委员会主任/副主任	主席/副主席、名誉主席/副主席、秘书长、副秘书长、宣传策划委员会主任/副主任/委员、网络信息委员会主任/网络监管/责任编辑/网络通信员、竞赛裁判委员会主任/副主任/委员、教练委员会主任/副主任/委员、俱乐部委员会主任/副主任/委员

起步阶段协会以"推动篮球运动的普及和提高"为目标，根据需要设置了简单的组织结构，采用"统一管理，分别管理"模式，强化行政服务意识。停滞阶段协会坚持前一阶段的目标，并依据自身的发展需要，进一步完善了协会的内部管理机构，逐步提高协会的影响力。发展阶段协会通过确立"规范各项工作，争创品牌协会"的目标，围绕这个新的目标开展了各种级别的活动，调整了自身的内部组织结构，与协会的发展相适应。与此同时，协会也在这一阶段进一步寻求了自身发展的道路。

协会内部组织结构的变化不但要配合协会发展的目标和需要，而且要跟随高科技信息网络社会这个大环境的发展而做适当的调整。协会在发展过程中，自身的发展目标需要依据外部环境的变化来改变，而协会内部组织机构的配合与改变能促进目标的实现。协会既要适应外部环境，又要改变内部环境，这样才能使协会获得更多的资源，并合理配置资源，促进协会的稳定快速发展。

五 资源依赖理论下山东省体育社团应对外部环境的发展对策

枣庄市篮球协会运用不同的策略来处理不同的外部环境关系，这些策略虽可以供其他体育社团参考，但是并不完善，还存在一些缺陷。本研究运用资源依赖理论，就山东省体育社团与其外部环境（政府、学校、企业）的关系协调问题，做出了相关的分析并提出发展对策。

（一）体育社团与政府的关系

体育社团同政府都属于社会的一部分，扮演着不同的角色。体育社团为了生存和发展，光靠自身的条件是远远不够的，它必须借助外部环境的资源，特别是政府和企业的资源，这样就对外部资源有了一定的依赖。在此过程中，政府主要是治理社会、供应资金的扮演者，因此它的抉择行为便成了主动的，相应地，体育社团的抉择行为就成了被动的。从它们的抉择行为中可以看出，在体育社团同政府间的关系中，处在弱势一方的是体育社团。由此可见，体育社团要想均衡与政府间的关系，在呼吁政府政策的支持、顺应外部环境的时候，必须要主动探索更多的途径，来改变它同政府间非均衡的依赖关系。基于此，研究提出以下两个对策。

第一，运用市场机制，合理配置资源。在与政府的关系中，体育社团处于弱势的一方，政府为其提供稀缺资源。要改变它们之间的不均衡关系，体育社团必须要运用市场机制，加强与企业、学校、媒体等的协作，通过举办更多的公益活动来获得群众的认可，进而保持原有资源的前提下获取更多的资源，并合理配置这些资源，以此减少对政府的依赖。

第二，不断调整自身的内部环境。体育社团要不断吸纳各界人才，提高自身的组织管理水平，努力解决各种弊端。通过对自身能力和服务水平的提高，获取更高的社会公信力。只有体育社团自身强大，才能保持其独立性，以便减少对外部资源的依赖。由此可见，体育社团想要改善它与政府间不均衡的依赖关系，必须要不断调整自身的内部环境。

（二）体育社团与学校的关系

通过分析体育社团与学校的关系，可知二者也是彼此依赖的一种关系。体育社团与学校的这种协作关系虽是一种减轻资源依赖的好途径，但体育社团与学校协作时，应该注意下面两点。

第一，体育社团要保持自身自立，明确其发展的目标。篮球协会办公地点入驻至善中学体育馆，学校为其出资免费提供水、电、办公用品、场地等，但这并不代表学校专门为协会服务，而是彼此各有所需。所以，在体育社团与学校的协作关系中，必须保持自身自立，不要过度依赖学校资源，明确其发展的目标是培养青少年篮球人才。

第二，设立专门的问题协调机构。体育社团与学校之间的协作必然会有资金、场地等各种问题发生。所以，要想维持体育社团与学校的协作顺利进行，需要设立专门的问题协调机构，由此机构来解决二者之间的矛盾。机构的协调人员由体育社团和学校分别派出，就双方的利益、场地问题等商量对策，提出合理的解决方案，使双方保持稳定的协作关系。

（三）体育社团与企业的关系

体育社团最大的特点就是具有公共服务性，不以营利为目的，而企业是以营利为目的的，它们都属于社会，但从特征上来说完全是不同的两个社会组织。企业为体育社团赞助，体育社团举办活动由提供赞助的企业冠名，它们之间是一种相互依赖的关系，但它们彼此的选择并没有具体的要求。企业为体育社团赞助只能根据自身的经济情况来决定，具有不确定性，所以以营利为目的的企业在与体育社团协作时，体育社团举办活动会有一定的局限性。因此，体育社团与企业协作的过程中应注意以下几点。

第一，体育社团要加强自身的独立性。体育社团与企业协作只是为了获取更多的资金来举办公益活动，但体育社团并不能因此一直依赖于某个企业，这样不仅会丧失体育社团的主动性，而且会失去其他可提供赞助的企业。所以，体育社团必须加强自身的独立性，把主动权掌握到自己手中，这样体育社团才不会改变自身的公益性特征。

第二，建立体育组织与企业的协作机制。在互联网时代下，体育社团的负责人及体育爱好者应该利用各种高科技手段，建立体育组织与企业的协作机制，制定具体的内容，使这种协作网络化、制度化、长期化。加强体育社团与不同大型企业之间的联系，随时关注不同体育社团的发展动态。

本研究通过对枣庄市篮球协会的基本情况、创办背景、内部环境的发展动态等进行具体的解析，并针对出现的问题提出有关的建议，为此对山东省体育社团的发展提供一定的借鉴意义。但是研究还存在一些不完善的地方，例如，研究虽然可以对山东省其他体育社团的发展提供部分可参考的对策，但是这些对策可能会受到一些现实状况的影响；由于学术能力和时间有限，对影响山东省体育社团发展的外部资源依赖寻求得不够全面，可能并未发现一些隐性的外部资源依赖等。

第三节　制度变迁视野下的山西省老年人体育协会发展

目前我国大部分地区已经普遍建立起老年人体育组织。"据2007年底的不完全统计，全国的市、县（区）已普遍建立了老年人体育协会，近70%的城市社区、半数农村乡镇也有了老年人体育协会组织。一些地方的老年人体育协会组织还发展到城市社区、居委会和农村的行政村。初步形成了纵向到底、横向到边的老年人体育组织网络。"[①] 由此可见，老年人体育组织在我国众多体育社团中，是数量较多、覆盖面较广、模式较为固定、发展较成熟、较具有代表性的体育社团。

我国各省市级老年人体育协会无论在组织机构还是管理模式上均带有很强的相似性，均是通过政府自上而下建立起来的"体制内"的产物。管

---

① 中国老年人体育协会官方网站，2014－03－17，http：//chinalntx. sport. org. cn。

理层绝大部分由政府机关退休下来的老干部担任，官民两重性显著，并在组建方式与运行机制上处于同一种模式。

研究立足于社会转型期这一大的历史背景下，在"大政府、小社会"向"小政府、大社会"制度变迁的特殊历史转折期内，通过对山西省老年人体育协会（以下简称"山西老年体协"）这一"官民两重性"显著、"体制内"的典型体育社团的个案调研，并尝试使用诺思的制度变迁理论对其管理格局与产业化建设进行探索与分析，旨在以小见大、由此及彼，为该类型体育社团的发展提供可参考的案例与可借鉴的经验，进而推动体育社团承担起繁荣群众体育的神圣职责。

一　山西老年体协的组织结构与制度变迁

山西老年体协于 1984 年 3 月 29 日在太原成立。该协会经过山西省体育总局审查同意并在山西省民政厅进行了登记注册，符合相关条例的规定，是合法的体育社会团体。值得注意的是，山西老年体协是自上而下建立起来的体育社团，由山西省体委出面组建并由政府退休官员担任领导，从成立之初到发展壮大都与政府部门存在千丝万缕的关系，带有显著的"官民两重性"特征。

该协会具有以下四个方面的显著特征：服务对象以山西省老年人为主，老年体育特征明显，以"重在健康、重在快乐、重在参与"为活动宗旨；协会固定会员以市级老体协和省级行业老体协为主，采用市—区（县）—街道（乡镇）—社区（村）四级网状管理体制，实行逐层管理；历届管理人员绝大多数带有"政府背景"，"官民两重性"显著；协会自身拥有"地盘"并在政府帮助与自身努力下建立起较为成熟的实体经济，基本实现产业化经营模式。

（一）山西老年体协的组织结构：官办背景下的"小庙高僧"

按照体育社团生成途径的不同，我国体育社团大体可以分为两类——民办与官办，山西老年体协是根据政府部门机构改革和职能转变的需要，自上而下有计划地建立起来的体育社团，属于典型的官办性质。山西老年体协内外部组织结构均呈现明显的科层制特点，其设有财务科、办公科、后勤保障科、场地科、信息宣传科等。其对外的组织结构显示为领导组建了山西省各地、市老年体协。该协会的历史资料中记载，截至 1985 年，山西省各地、市全部成立老年体协组织。到 1987 年，全省当时 119 个县（市、区）都已经建立老年人体育协会，有的市县甚至提出在乡镇建立老年体育组织的要求。在此基础上，各行业老年人体育协会也纷纷建立起来。

山西老年体协的组织结构是按照 1998 年的《社会团体登记管理条例》当中的有关规定进行设置的。该协会的最高权力机关是会员代表大会。自成立以来，经过选举该协会先后产生了六届委员会，共选举产生了 WFQ、YYS、LGY 三位主席。这三位主席均是退休前在政府部门担任重要职务的省级领导干部（WFQ，曾担任山西省人民政府秘书长、山西省副省长等职务；YYS，曾担任山西省财政厅厅长、山西省人大常委会财经工作委员会主任等职务；LGY，曾担任山西省委副书记、山西省人大常委会副主任、党组副书记等职），他们均是在退休之后担任了山西老年体协的主席。

山西老年体协的管理人员中绝大部分带有政府工作背景，每届主席、副主席均由原省级领导担任，常委中 80% 以上的是省厅级干部，曾任职单位集中在山西省人大、山西省政协、山西省军区、山西省体育局、山西省体育总会等政府部门。第六届（当前这届）山西老年体协还选举了太原市钢铁集团有限公司原书记 WXC 担任协会副主席，将大型国有企业的原领导干部也吸收成为老体协的领导力量，这样更利于协会得到大型企业的资金赞助与社会资源。这种特殊的领导格局被老体协自己称为"小庙高僧"。从这一方面可以看出山西老年体协具有鲜明的官民两重性特征。

该协会现任秘书长 YYC 对笔者谈道："'小庙高僧'是说这里'庙'虽小，'僧人'的级别不小；'庙'虽小，'宝殿'的资产不少。"

让老领导干部在退休之后来老体协"当家"，利用他们的"余威""余热"来为协会谋求政府支持，这样的做法在当前中国体育社团中屡见不鲜，几乎成为一种固有的模式。这种现象体现出体育社团在自身发展过程中主动向政府部门靠近以寻求"靠山"的依赖心理。从山西老年体协的发展历程来看，这种"小庙高僧"的领导格局使其在发展过程当中较多、较为容易地获得了政府部门的资助，对该协会的发展，尤其是建立之初"一穷二白""举步维艰"的山西老年体协起到了至关重要的奠基作用。但是这样的格局也会使协会较多地依赖于政府，并形成浓厚的官方色彩，与群众拉开距离，在当前社会向"小政府、大社会"制度变迁的背景下，应早日得到改善，否则将阻碍协会的发展。

（二）山西老年体协的制度变迁：经费运作中的"家业变产业"

山西老年体协的制度变迁中比较显著的变迁包括活动经费制度、信息化建设、活动组织形式三方面。其中信息化网站建设、基层体育辅导站的活动组织形式与其他省份基本类似，而活动经费制度却与众不同。经费短缺长期以来是困扰多数体育社团的首要问题，成为制约社团发展的第一因素。而山西老年体协以其产业化的经营模式，获得了较为充足的资金，基本实现了自给自足，可以说是一个少有的、富裕的体育社团。

山西老年体协在制度变迁方面最突出之处在于经费制度方面，即"家业变成了产业"。该协会产业的形成共经历了创建"家业"、积累资金、引资建设、翻修扩建、改造完善五个阶段。目前山西老年体协已拥有一座老年体育健身中心、一个体育健身俱乐部和一个老年体育培训中心，基地总面积为 2 万多平方米，固定资产为 4000 多万元。山西老年体协办公、开会、组织培训和比赛，不出大院就能完成，形成了一个体育服务产业链。

1. 创建"家业"

1984~1988 年是其创建"家业"、为此后产业发展奠定基础的开始阶段。这一时期该协会的产业建设停留在起步阶段，首先解决的是自身办公场所和活动场地等基本问题。在有了"家"的基础上，受当时"经商""下海"等大的社会环境的影响，利用已有土地，尝试性开办了多种实体经济，并抓住山西省要举办全国第八届老年网球比赛这个历史机遇，建立起了山西省老年网球馆，拉开了实体经济的序幕，为今后产业化发展奠定了坚实的基础。

表 3-8　创建"家业"阶段山西老年体协建设情况

创建"家业"	
时间段	1984~1988 年
领导者	第一届、第二届委员会　主席：WFQ
设施建设	1985 年，为筹备建立山西老年体协办公场所的资金，该协会成立了"山西省老年体育基金会"； 1986 年，学习云南省老年体协建立体育服务公司的做法，山西老年体协成立了"康乐寿综合服务部"，开办"小卖部"； 1987 年，建立起了"山西老年体协会馆"，解决了办公场所的问题； 1987 年 9 月，建立起了山西省老年网球馆

由上述可见，山西老年体协自建立之初，其领导者便积极尝试通过创办实体经济来发展自身。关于这点问题，山西老年体协现任秘书长 YYC 谈道："我们协会历届领导都坚持这样的一个观点，老体协不能成为政府、社会的负担，不能老向政府要钱、要人、要编制，要想办法挣钱。"

2. 家业变产业

1989 年，利用山西老年体协下属经济实体的收入做投资，该协会在其老年网球馆大院西面建了一排二层楼做了招待所和门面商铺。1989 ～ 1992 年，老体协网球馆大院共收入 120 万元。1992 年，通过贷款投资、为企业解决铁路运输车皮等办法，基金会已经积累资金 100 万元。

表 3 - 9　家业变产业（引资建设）阶段山西老年体协建设情况

时间段	1993 ～ 1998 年
领导者	第三届、第四届委员会　主席：YYS
设施建设	1995 年开始，山西老年体协与山西省直机关老龄委合作，在网球馆大院北面建立起山西省老年人体育培训中心； 1997 年，山西老年体协与山西汇信房地产开发有限公司合作，在网球馆大院西南角建立起山西老年体协综合服务楼，该楼为三层写字楼，对外经营使用； 1998 年，山西老年体协又与山西汇信房地产开发有限公司签订协议，在老体协大院南面建立"体育健身活动中心"。解决资金的办法是：将建成后的综合服务楼转让给华夏银行，所得款项用于该活动中心的建设，其中包括建一个山西省唯一的真冰滑冰场

1993 ～ 1998 年，是山西老年体协产业化发展取得突破性进展的重要阶段。这一阶段山西老年体协着手考虑网球馆大院的开发和建设问题，实体经济取得了质的飞跃，实现了由"家业"到"产业"的转变。协会现任秘书长 YYC 讲道："山西老年体协拥有的 30 亩的网球馆大院是我们最大的一笔财富，如何利用好这块土地关系着老体协实体经济的兴衰。"

这一过程当中，山西老年体协以 150 万元的自有资金起步，通过引进资金、合作开发，建起了三栋产权属于山西老年体协、总建筑面积 14500 平方米的楼房和活动场所。加上原有的老年网球馆 4400 平方米的场地，共有近 19000 平方米的固定资产。这些资产的运用，可以长期、稳定地为山西老年体协提供资金。

2001 年 6 月，山西老年体协筹集资金对网球馆进行翻修和加层改造。翻修之后的山西老年网球馆增加了 3000 多平方米的活动场地，上层是五片网球场地，下层是羽毛球、台球和其他项目的综合馆。随着社会的发展，市场对老年网球馆的设施档次和服务水平提出了更高的要求。山西老年体协紧跟市场需求，从2007年开始，连续投入资金对网球馆的场地设施和大院的室外环境进行了改造和完善。改造内容涉及：室内卫生间和洗浴设备、供电系统、室外高档网球场、墙体粉刷、室内场地地面、供暖系统、保温系统、照明设施、餐饮设施等。

通过这样一系列的改造和完善，网球馆经营环境发生了巨大的变化。健身活动项目变多，硬件设备档次得到提高，服务质量进一步改善，价格定位在同行业中也比较低，并且特别注意给予老年人优惠。这些经营策略使山西老年体协网球馆的经营收入有了较大幅度的提高。到2008年底，网球馆收入首次突破100万元，成为该协会产业化经营的支柱。到2012年底，网球馆收入突破200万元。

至此，山西老年体协的经营收入上了一个新台阶，形成了较完整的产业服务链，实现了从"家业"到"产业"的质的飞跃，从经费上充分保证了各项活动的开展。

二　制度变迁理论对山西老年体协产业化建设的理论解析

（一）制度变迁理论概述

20世纪70年代初，以道格拉斯·诺思为代表的新制度主义经济学家把制度看成影响经济增长的主要因素和内在动因，他们认为制度的变迁是社会发展的根本源泉，进而形成了新制度主义制度变迁理论。制度变迁理论的基本观点是：由于资源的稀缺性、人类发展的阶段性与认识的局限性，在某一特定历史时期内，制度的供给和需求能够保持均衡状态。但是随着外界环境的变化和人类意识的提高，旧有的制度将无法满足主体的需求，出现制度供给无法满足制度需求的现象，此时制度均衡就要被打破，进而就会发生制度变迁。简单来说，制度变迁的诱发因素在于主体期望获取最大的潜在利润，而潜在利润在已有的制度结构中主体已经无法获取。"制度变迁其实就是新制度代替旧制度的过程，是制度供给和制度需求的非均衡状态。"（周咪咪，2013）

林毅夫根据"需求－供给"这一理论架构，将制度变迁的方式分为诱致性变迁与强制性变迁两种。诱致性变迁是指个人或一群人，受新制度获利机会的引诱与潜在利益的驱使，自发倡导、组织并实现的制度变迁，是自下而上的制度变迁，是自愿完成的制度变迁方式。而强制性变迁是自上而下的制度变迁，是由政府担当制度推行者，以政府命令、法律、规定等强制性制度手段引入并实施，是被动的强制性完成的制度变迁方式。

路径依赖理论是制度变迁理论中一种重要的分析方法，可以用来解释与分析社会事务中的多种现象。它是指某种制度一旦形成，会出现报酬递增和自我强化机制，不管是否有效，都会在一定时期内持续存在并对之后的制度选择产生深远影响，使其按照某一特定路径一直走下去。路径依赖的结果分为"自我强化"和"锁定"两种。前者是指初始制度确立后，报酬递增，形成良性循环的模式并激励制度创新，是一种正反馈作用；而后者则是指在对初始制度的依赖下，逐步滑向低效率的状态，甚至被"锁定"在某种无效率的制度模式下而不求改变，是一种负反馈作用力。总的来说，路径依赖理论强调的是"历史"制度的重要性，是"过去"对"现在"的影响，因为"路径依赖的研究主题就是过去的历史是如何和现在、将来相联系的。路径依赖与其说是一种'惯性'，还不如说是过去的历史经验施加给现在的选择的约束"（诺思，2008）。

（二）山西老年体协"家业变产业"过程中的制度变迁分析

1. "大政府、小社会"模式导致山西老年体协出现需求与制度供给不平衡

山西老年体协1983年建立"家业"时处于"大政府、小社会"模式管理下。当时政府只有通过行政手段"大包大揽"，才能做到"集中力量办大事"，才能在最短的时间内使我国体育事业迅速成长起来。这一时期内，社会主义市场经济体制虽已建立，但力量相当薄弱，政府占绝对领导地位。受原有体制惯性的影响和社会发展程度的局限，当时政府承担体育服务的全部职责和绝大部分的体育费用。山西老年体协就是在这样的制度环境中由政府出资建立起"家业"来的。但是随着社会的发展，"大政府、小社会"模式出现向服务型政府变迁的需求。

首先是社会主义市场经济体制的迫切需求。改革开放以来我国建立起的市场经济体制使市场成为资源配置的决定性力量。在经济活动中，市场成为主角，政府成为配角。自由竞争、优胜劣汰的市场规律迫使山西老年体协开始从过去的"政府包办"中脱离出来，开始重视市场、重视社会。

其次是政府对于减少财政负担的需求。"大政府、小社会"模式下，我国的体育事业由政府全权负责，无论是竞技体育还是群众体育的开销均由政府"买单"，久而久之，政府部门显得力不从心，并出现了竞技体育与群众体育发展严重失衡的态势。因而将一部分职能分散出去，实现体育社团自主经营、自给自足的状态也是政府部门减轻财政负担的必然选择。因而山西老年体协承担了一部分政府职能，也走上了自主经营的道路。

最后是公民观念转变的需求。改革的前提是观念的转变。改革开放使群众的思想观念也发生了根本性转变，由保守变得开放、由被动变得主动，开始注重社会事务中个人应享受的权利，并要求参与到社会事务的管理当中，"当家做主"的主人翁精神深入人心。山西老年体协作为一个体育社团，具有自主管理、自主经营的愿望与能力。

总体来说，山西老年体协在政府帮助下完成基础性建设，即"家业"的创建后，其自身发展开始寻求更多的资金与机遇，但政府不可能源源不断地满足该协会对资金的需求，这时便出现了制度需求与制度供给不平衡的状态，也就是说，原本"大政府、小社会"的制度模式已经不能满足山西老年体协的发展需求，这使该协会产生立足自身、立足市场、立足社会，走产业化发展道路的制度需求，由此产生了向"小政府、大社会"的制度变迁。

2. 强制性制度变迁是山西老年体协制度变迁的主要方式

山西老年体协"家业变产业"过程中的制度变迁是由国家行政机关自上而下推行的制度改革，因而属于强制性制度变迁。林毅夫指出，诱致性制度变迁不适合中国国情，因为中国长期以来是通过自上而下的集权管理模式来实现对社会的管理，几乎所有的制度安排都是由政府部门推动的（林毅夫，2003）。在我国，由于集权管理模式的惯性与政府的绝对权威，政府仍然是制度变迁最强有力的推动者与主导者。

在山西老年体协"家业变产业"的制度变迁过程中，政府始终占据主导地位。在制度变迁的过程中，会产生一系列由于"变动"而带来的成本。在该协会的制度变迁过程中，这部分成本是由政府"买单"的。一方面，政府为该协会批地、批钱，并要求协会进行注册、接受体育行政部门的业务指导，因而具有绝对"话语权"与权威性。另一方面，山西老年体协自身也积极向政府"靠拢"，其"小庙高僧"的领导格局本身就是对政府部门控制力与推动力的肯定与需求。因而其制度变迁归根于政府行政手段的强大力量。

3. 山西老年体协的主体利益的需求是制度变迁的主要诱因

根据诺思的制度变迁理论，没有潜在利润，就不可能发生制度变迁，制度变迁的诱发因素在于主体期望获取在现有制度中无法获取的更多的潜在利润。但即使有了潜在利润，制度变迁也不一定会发生。因为只有当制度创新可能获取的潜在利润大于为此需要付出的成本时，制度创新才可能发生。

从长远角度来看，政府转变职能，推行行政改革，为体育社团营造更宽松的生存环境，帮助山西老年体协走上产业化经营道路，这些行为的最终受益者无疑是政府。山西老年体协的发展与壮大一方面可以更好地帮助政府分担体育服务的职能，另一方面也可以为社会创造财富，减轻政府财政压力。

当然，制度变迁也给山西老年体协自身带来更多利益，即存在"报酬递增"的现实。在行政模式变迁下，政府将管理与经营的权力下放给社团，允许社团开展经营项目并将收益用于自身建设与发展，政府帮助该协会进行网球馆大院的开发与建设就是最好的证明，借此山西老年体协才走上了产业化发展道路。正是在制度变迁的带动下，山西老年体协依靠网球馆大院的经营收入基本做到了自给自足，由此带来了更多的机会与资金以用于自身发展，因而它也是制度变迁的最终受益者。

4. 山西老年体协的路径依赖与路径超越

山西老年体协"家业变产业"的过程始终与其"小庙高僧"的领导格局相伴随，二者就像一对密不可分的"兄弟"，相互影响、相互依赖，共同作用产生了该协会产业化的发展模式。

山西老年体协从建立"家业"到发展成为产业的过程中，始终得到政府部门各方面的大力资助。例如，该协会网球馆的翻修扩建工程共花费940万元，政府就资助了其490万元，占据总花费的一半以上。而这种支持在很大程度上与其"小庙高僧"的领导格局密切相关。老领导、老干部的特殊社会效应为该协会的发展带来政府部门的垂怜与偏爱，使其产业化建设较为顺畅地发展起来。因而自成立之初至今，该协会一直沿袭这样的制度，三十年未曾改变，在"家业变产业"过程中对"小庙高僧"的管理体制形成了显著的路径依赖现象。

随着行政改革趋势，社会与市场将成为决定"谁能生存下去"的"主考官"，政府将退居"二线"，因而"小庙高僧"的管理格局应当并必然会受到市场的冲击与考验。如果山西老年体协不能破除对已有路径的依赖，就必然会被市场淘汰，进而滑向一种低效的均衡状态，甚至被"锁定"在无效的制度里恶性循环。

该协会可以从以下两个方面尝试实现路径超越：首先，从制度供给者即政府部门来说，优化制度设计，加强法治建设，完善配套制度并坚持公平、公正的改革态度将会推进协会尽快实现路径超越，减轻对政府部门的依赖；其次，从制度需求者即山西老年体协自身来说，加强学习，提高思想觉悟与认识，打破固有的思维局限，开阔视野，放开手脚融入市场竞争中，克服"吃皇粮""铁饭碗"等依赖政府的心理。只有这样才能从"小庙高僧"的路径依赖中实现超越，摆脱"锁定"状态下的负效应，进而才能在制度变迁的过程中顺应时代潮流，将自身产业发展得更为壮大。

社会转型期内，山西老年体协这类官民两重性显著、"体制内"的社会团体的存在与发展具有历史的必然性与合理性。"大政府、小社会"向"服务型政府"变迁推动了山西老年体协由"家业"变为"产业"，减轻了对政府部门的依赖。从长远角度来看，政府与协会自身都是制度变迁的受益者。

山西老年体协在经费运作、活动开展以及信息化工作方面处于山西省体育社团的前列，运行较为规范、成熟，但仍旧存在行政色彩浓重、管理层老化、缺乏监督评估体制与严格的财务审计制度、缺乏社会体育指导员、与基层老年人接触较少等劣势。

社会转型期的特殊历史时期给山西老年体协的发展既带来了机遇也带来了挑战。机遇主要是：体制改革为该协会发展提供了宽松的政治环境；政府加大投入，为该协会发展提供了重要的物质保障；体育健身观念深入人心，为该协会发展提供了广阔的社会需求。挑战主要是：社会主义市场经济的竞争模式给该协会带来了更大的竞争压力；政府进一步放权给该协会带来了更高的业务要求；随着人民生活水平的不断提高，群众要求该协会提供更高水平的业务指导与服务质量。

第四节　小结与思考

我国体育社团理论研究呈现多维理论视角，涵盖了社会学、经济学、政治学、公共管理学等多学科领域，研究的理论视角有市民社会理论、法团主义理论、治理理论、公共服务理论、合法性理论等。马志和（2003）、黄亚玲（2004）等从市民社会理论角度论述了体育社团的重要性、存在问题、功能异化等问题；魏来（2005）、卢元镇（2008）等参照或依据法团主义理论，以中国现实社会为背景，分析了非营利体育组织和体育社团生存于国家法团主义式的制度环境中，缺乏自治性和自组织机制；刘次琴（2007）、肖林鹏（2008）运用治理理论解释我国体育管理体制改革的必然性和应然发展方向；肖林鹏（2007，2008）、俞琳（2008）从公共服务供给的主体、模式出发，认识到在"政府失效"和"市场失灵"下，非营利性体育组织可以有效解决供需矛盾；宛丽（2001）、汪流（2008，2009）、王凯珍等（2010）运用合法性理论，分析出有社会合法性的体育非营利组织却面临没有法律合法性的尴尬境地。上述成果为探讨社会转型期民间体育组织发展的中国特色奠定了理论基础。而本章内容在上述研究的基础上，通过组织文化、人力资源管理、资源依赖和制度变迁等理论视角来研究体育社团在发展过程中遇到的具体问题，采取宏观叙事与微观层面相结合的方法，尤其着重于对生动、复杂的经验事实的考察与分析的微观研究，从现实和案例分析出发，认识强政府背景下体育社团的独特发展过程与规律，提出扩展对中国现实问题的思考范围，对未来体育社会组织政策调整和相关改革具有借鉴意义。

一　中华优秀传统文化和传统体育道德应成为引领体育社团组织发展的核心内隐价值观

中共中央办公厅、国务院办公厅 2017 年 1 月印发的《关于实施中华优秀传统文化传承发展工程的意见》要求，中华优秀传统文化要融入生产生活。注重实践与养成、需求与供给、形式与内容相结合，把中华优秀传统文化内涵更好更多地融入生产生活各方面。体育社团组织作为满足人民日益增长的美好生活需要的重要载体，中华优秀传统文化和传统体育道德理应成为新时代引领其发展的核心内隐价值观。

文化是民族的血脉，是人民的精神家园。文化自信是更基本、更深层、更持久的力量。中华文化独一无二的理念、智慧、气度、神韵，增添了中国人民和中华民族内心深处的自信和自豪。中华文化源远流长、灿烂辉煌。在5000多年文明发展中孕育的中华优秀传统文化，积淀着中华民族最深沉的精神追求，代表着中华民族独特的精神标识，是中华民族生生不息、发展壮大的丰厚滋养，是中国特色社会主义植根的文化沃土，是当代中国发展的突出优势，对延续和发展中华文明、促进人类文明进步，发挥着重要作用。中华优秀传统文化对于传承中华文脉、全面提升人民群众文化素养、维护国家文化安全、增强国家文化软实力、推进国家治理体系和治理能力现代化，具有重要意义。

中华体育道德是中华优秀传统文化的重要组成部分。中华传统体育道德受中国传统文化、民族习俗和宗法思想的影响，在民族文化的总体氛围中孕育、产生、衍化发展，自然地融汇了哲学、伦理学美学、养生等多种文化思想和文化观念，逐渐形成了独具民族特色的体育文化体系。著名的体育教育家马约翰曾经这样说："从事运动者，道德为重……否则虽力大如牛，将如无羁之马，奔放逐斗，无往而非害事之母，如此影响其将来一生事业……"翟国范、张林学（1999）提出，中华体育道德是一份珍贵的传统文化遗产。它是随着中华体育在历史上的演进而形成和发展的，是从一个侧面集中反映着"身心性命之学"这一传统思想文化的主流。中华体育道德的核心是道德人本主义。中华体育道德的宗旨是塑造理想而健全的人格，中华体育道德的价值取向是实现"治国平天下"的社会理想。中华体育道德的理想境界是追求"天人合一"的大秩序。

组织文化本身并不具有好或坏的特性——好坏与否要视组织文化与组织需要是否相适应而定。随着时代的发展、社会的进步、组织内外环境的变化，组织文化也应当不断完善和更新，否则就会成为组织发展的障碍。应当重视组织文化的作用，根据自身所处的内外环境，适时地变革组织文化，利用好社团所拥有的宝贵文化资产，使组织文化成为推动协会发展的重要力量。我国体育社团的管理者也应当充分挖掘自身组织文化资源，并根据实际情况适时地调整与变革，使组织文化成为组织发展的助推剂。埃德加·沙因在其《组织文化与领导力》中认为，内隐价值观是存在于组织更深层次处理环境的正确方式，是组织文化的本质与核心。内隐价值观被认为是理所当然的，是无意识的，是不可挑战和无需争论的，假如有人没有持这种价值观就会被视为"局外人"或者"疯子"。体育社团组织中，组织成员若以中华优秀传统文化和中华体育道德为组织认同，就会寻求态度之间的一致性及态度和行为之间的一致性。这就意味着成员个体会以中华优秀传统文化和中华体育道德消除态度的分歧并保持态度和行为的协调一致，以使自己在组织活动中表现出理性和一致性。这样，体育社团在组织成员的共同文化认同下，在中华优秀传统文化和中华体育道德的引领下，必将为全面建成小康社会、实现中华民族伟大复兴做出自己的贡献。

二　体育社团与外部环境间应建立逐层对接、多元合作、互相依赖的资源互惠型可持续发展关系

体育社团发展中的外部环境一般包括政府、学校和企业三种类型。体育社团与政府间一般存在政治合法性依赖、行政合法性依赖、社会合法性依赖、公共服务与财政依赖关系，与学校间存在场地依赖、人力资源依赖关系，与企业间存在资金依赖、产品和场地依赖关系。

体育社团同政府都属于社会的一部分，扮演着不同的角色。体育社团为了生存和发展，光靠自身的条件是远远不够的，它必须借助外部环境的资源，特别是政府、学校和企业的资源。同时，体育社团是靠使命驱动的、围绕使命积极服务于社会，但不应该有过多的道德优越感和使命崇高感，更不能有怨妇心态，不能因为外部环境不顺和资源不足充满牢骚和怨气，而是应该秉持积极态度和建设心态，发挥社会服务的重要提供者、社会问题的积极解决者和社会矛盾的有效化解者等多重角色，监督政府、推动政府，成为维护社会秩序与促进社会和谐的重要合作伙伴和离不开的重要力量。体育社团要想均衡与政府间的关系，在呼吁政府政策的支持、顺应外部环境的时候，必须要主动探索更多的途径，来改变它同政府间的非均衡的依赖关系。体育社团必须要运用市场机制，通过举办更多的公益活动来获得群众的认可，进而保持原有资源的前提下获取更多的资源，并合理配置这些资源，以此减少对政府的依赖。

体育社团与学校对接合作时，要保持自身自立，明确其发展的目标。例如枣庄市篮球协会办公地点入驻至善中学体育馆，学校为其出资免费提供水、电、办公用品、场地等，但这并不代表学校专门为协会服务，而是彼此有所需。所以，在体育社团与学校的协作关系中，必须保持自身自

立，不要过度依赖学校资源，明确其发展的目标是培养青少年篮球人才。体育社团与学校之间的协作必然会有资金、场地等各种问题发生。所以，要想维持体育社团与学校的协作顺利进行，需要设立专门的问题协调机构，由此机构来解决二者之间的矛盾。机构的协调人员由体育社团和学校分别派出，就双方的利益、场地问题等商量对策，提出合理的解决方案，使双方保持稳定的协作关系。

体育社团与企业对接合作的过程中，体育社团首先要加强自身的独立性。体育社团与企业协作只是为了获取更多的资金来举办公益活动，但体育社团并不能因此一直依赖于某个企业，这样不仅会丧失了体育社团的主动性，而且会失去其他可提供赞助的企业。所以，体育社团必须加强自身的独立性，把主动权掌握到自己手中，这样体育社团才不会改变自身的公益性特征。在互联网时代下，体育社团的负责人及体育爱好者应该利用各种高科技手段，建立体育组织与企业的协作机制，制定具体的内容，使这种协作网络化、制度化、长期化。

第四章　体育类民办非企业单位发展研究

民办非企业单位是具有"中国特色"的时代产物，近年来一直呈现强劲的发展势头。作为一种从事体育服务的非营利性民办实体组织，体育类民办非企业单位的产生和发展，是国家主办的体育事业单位的补充，在一定程度上缓解了体育服务的供需矛盾，为体育事业的发展发挥了积极作用。体育类民办非企业单位是我国民间体育组织的一种，是一种公益性非营利组织，它的发展既受到西方公民社会理论的影响，又受制于我国总体性社会转型的时代特征与公益基因缺乏的文化土壤。

2000年11月10日，体育总局、民政部发布第5号令，根据国务院《民办非企业单位登记管理暂行条例》等有关规定，结合体育事业的实际情况，颁发了《体育类民办非企业单位登记审查与管理暂行办法》（以下简称《办法》）。《办法》将体育类民办非企业单位界定为：由企业事业单位、社会团体、其他社会力量和公民个人利用非国有资产举办的，不以营利为目的的，以开展体育活动为主要内容的民办的中心、院、社、俱乐部、场馆等社会组织。目前，体育类民办非企业单位绝大多数以"俱乐部"名称进行登记注册，其他还有以"学校""馆""场""健身中心"等名称进行登记注册的。体育类民办非企业单位的构成主体是青少年体育俱乐部，占比超过80%。

青少年体育俱乐部是21世纪初期由政府体育部门推动创建的一种新型的青少年体育组织。2007年国家体育总局在《关于申报2008年国家级青少年体育俱乐部的通知》中，通过对青少年体育俱乐部到"民政部门完成民办非企业单位登记注册"和"青少年体育俱乐部章程、章程格式和内容必须符合《民办非企业单位登记管理暂行条例》第三章第十条要求"的规定，明确了我国青少年体育俱乐部的民办非企业单位的组织类型。

第一节　青少年体育俱乐部发展现状

青少年体育俱乐部作为社区社会福利的一种非营利组织形式，是体育非营利组织中的重要组成部分，是能够在一定程度上依靠自我运营实现公益目的的非营利组织，具有为青少年提供活动场所、社会化环境等方面的保障功能。青少年体育俱乐部运行机制包括组织机制、资源保障机制、发展机制及监督机制。这几个机制具有内在的互相影响的关系，在一定程度上体现了青少年体育俱乐部的非营利组织性质和提供公共服务的功能。

在社会转型期，国家对青少年体质健康的重视程度不断加大，青少年体育俱乐部在此背景下得到迅速发展。自2009年到2014年，山西省在五年内共成立了109家国家级青少年体育俱乐部，这些俱乐部通过举办多种形式的体育比赛和运动培训班，为青少年群体提供了良好的运动技能训练服务。山西省国家级青少年体育俱乐部分别处于太原、临汾、长治、忻州等地，地域不同，导致规模存在差异，大部分规模不大，主要原因是适合的场地较为缺乏，只能通过租赁等方式在一些市级体育场馆或者高校体育场馆开办俱乐部。众多青少年体育俱乐部在内部管理、俱乐部社会定位等方面都存在一些问题，发展上仍然缺少科学的理论支撑和成功的管理经验，对青少年体育俱乐部进行相关研究尤为必要。研究从山西省青少年体育俱乐部现状调查入手，针对山西省青少年体育俱乐部的分布情况、会员现状、教练员现状、场地设施、训练情况、比赛现状以及经费来源等方面进行调查研究，发现存在的问题，分析其影响因素，探讨山西省青少年体育俱乐部的发展前景及可行路径，从而为我国青少年体育俱乐部的改革发展提供依据和现实参考。

一　山西省青少年体育俱乐部的管理体制分析

青少年体育俱乐部属于公益性组织，其管理单位除了体育部门之外还包括民政部门，山西省青少年体育俱乐部均在民政局进行相应的注册。如表4-1所示，在对山西省青少年体育俱乐部的负责制调查中按照比例大小依次是总经理负责制、体育局局长负责制、董事会负责制和理事会负责制。总经理负责制和董事会负责制具备了一定的商业化运作方式，而体育局局长负责制则更多地体现了举国体制的色彩,理事会负责制则更多地强调公益性。这说明山西省青少年体育俱乐部有一定的商业化运作趋势。

表4-1　青少年体育俱乐部负责制情况

	频数（个）	百分比（%）	排序
董事会负责制	10	25.0	3
理事会负责制	1	2.5	4
总经理负责制	16	40.0	1
体育局局长负责制	13	32.5	2

如表4-2所示,山西省青少年体育俱乐部法人代表的产生主要有两种形式,分别是上级挂靠单位任命和招聘。上级挂靠单位主要是主任负责制,占比45%;而招聘的法人代表则主要是总经理负责制,占比47.5%;民主选举较少,仅仅占比7.5%。调查结果表明,俱乐部法人的产生以招聘和上级挂靠单位任命为主,民主选举较少。

表4-2　青少年体育俱乐部法人任命形式

	频数（个）	百分比（%）
上级挂靠单位任命	18	45.0
民主选举	3	7.5
招聘	19	47.5
其他	0	0

如表4-3所示,山西省青少年体育俱乐部的法人身份调查中,专职负责人占比最高,为57.5%,由依托单位的负责人兼任的占比42.5%。总体来说,兼职管理青少年体育俱乐部的人员不多。调查结果表明,招聘人员作为法人,能够较为公正客观地进行俱乐部的日常管理。依托单位负责人兼任俱乐部法人,直接负责俱乐部的运营,具有一定的弊端。俱乐部本身的运营和法人原单位的日常管理存在一定的冲突,这就造成管理上存在顾此失彼的现象,容易出现俱乐部管理不到位的现象,从而影响到俱乐部的运营。

表 4 - 3　青少年体育俱乐部法人身份

	频数（人）	百分比（%）
俱乐部专职负责人	23	57.5
依托单位负责人兼任	17	42.5
其他单位人员兼任	0	0

如表 4 - 4 所示，山西省青少年体育俱乐部负责人主要职业共分为四种类别，占比最多的是体育教师或者教练员和行政管理人员，均达到37.5%；第三位是体育管理相关人员，占比 22.5%；企事业管理人员占比较少，仅为 2.5%。调查结果表明，山西省青少年体育俱乐部的管理人员职业结构以体育教师或者教练员及行政管理人员为主。

表 4 - 4　青少年体育俱乐部负责人从事职业情况

	频数（人）	百分比（%）
行政管理	15	37.5
体育管理	9	22.5
体育教师或教练员	15	37.5
企事业管理	1	2.5

如表 4 - 5 所示，在对山西省青少年体育俱乐部组织机构成员调查中，主管上级单位占比最多，达 70%；其次是俱乐部参与会员单位，占比 60%；第三是体育局，占比 50%；辐射单位和赞助单位占比较少，分别是 20% 和 12.5%。调查结果表明，山西省青少年体育俱乐部组织机构，以行政单位为主体，赞助和辐射单位较少，这说明青少年体育俱乐部的服务对象不够宽泛，青少年体育俱乐部的市场化运作也不足。

表 4 - 5　青少年体育俱乐部组织机构成员的构成

	频数（个）	百分比（%）	排序
体育局	20	50.0	3
上级单位	28	70.0	1
会员单位	24	60.0	2
辐射单位	8	20.0	4
赞助单位	5	12.5	5

如表 4-6 所示，在对俱乐部师资的学历结构调查中，专职指导者都是运动员出身，其中，本科学历最多，占比 95%；其次是研究生及以上学历，占比 35%；仅有 22.5% 的指导者是专科学历。调查结果表明，山西省青少年体育俱乐部师资力量在运动技能上具有一定的专业性，其学历也较高。

表 4-6　青少年体育俱乐部师资学历构成

	频数（人）	百分比（%）
运动员出身	40	100.0
专科学历	9	22.5
本科学历	38	95.0
研究生及以上学历	14	35.0

如表 4-7 所示，在对山西省青少年体育俱乐部的场地设施调查中，室外场地占比最高，达到 62.5%，室内场地和室外场地比例相同的，占比 37.5%，全部是室内场地的没有出现。调查结果表明，山西省青少年体育俱乐部的场地设施以室外场地为主，室内场地建设受到资金、政府支持不足等外部条件制约，比例不高，室外场地由于受到环境污染、天气变化和锻炼人群数量等因素的影响，在一定程度上会影响青少年体育俱乐部正常开展体育活动。

表 4-7　青少年体育俱乐部场地设施情况

	频数（个）	百分比（%）
室外场地	25	62.5
比例相同	15	37.5
室内场地	0	0

二　山西省青少年体育俱乐部运营现状分析

（一）青少年体育俱乐部开设项目、开放时间和人数调查

如表 4-8 所示，在对山西省青少年体育俱乐部开设项目调查中，涉及的体育项目主要有游泳、乒乓球、健美操、舞蹈与形体、羽毛球、武术、篮球、跆拳道、排球、足球、田径等。其中，篮球、田径、羽毛球占比最高，分别为 92.5%、90% 和 62.5%，其次是乒乓球和健美操，占比均为

30%。从数量上看，篮球占比最多，田径次之，青少年体育俱乐部在这两个项目的开设中占绝对优势，羽毛球也占有较大比例，健美操、乒乓球和跆拳道则占比相对少一些，其他项目占比均不多。调查结果表明，山西省青少年体育俱乐部把篮球、田径和羽毛球等作为俱乐部的主要体育活动内容，篮球项目的特点是有较大的群众基础，受众较多；田径项目大量开设是由于中考有体育加分，为特定的目的服务；羽毛球则是出于兴趣角度；健美操、乒乓球和跆拳道则集中在特定的人群当中。这些项目的共同特点是易于开展，青少年群体容易对这些项目产生兴趣。因此，山西省青少年体育俱乐部应该根据青少年不同性别、年龄等特点，对体育项目内容进行创新，以适应不同需求的青少年参与体育活动的需要。进一步调查发现，大部分俱乐部同时开展篮球、田径、羽毛球、跆拳道，俱乐部规模越大，所开设的项目也越多。

表 4 - 8　青少年体育俱乐部开设项目

	频数（个）	百分比（％）
游泳	1	2.5
乒乓球	12	30.0
健美操	12	30.0
舞蹈与形体	3	7.5
羽毛球	25	62.5
武术	4	10.0
柔道	0	0
篮球	37	92.5
跆拳道	9	22.5
排球	3	7.5
足球	1	2.5
田径	36	90.0
其他	0	0

　　如表 4 - 9 所示，青少年体育俱乐部经营开放时间调查中，以双休日和下午时间段开放时间最多，分别占比 92.5% 和 87.5%，其次是寒暑假，占比 77.5%，早上和晚上占比最少。调查结果表明，俱乐部开放时间是根据中小学课程安排的时间来设置的。在寒暑假中，学生有充裕的时间参与到体育俱乐部活动当中，但是寒暑假俱乐部开放时间却有所减少，通过进一步调查发现，青少年还有其他类型的活动要参加，体育活动只是其参加的活动之一。

表 4 – 9　青少年体育俱乐部经营开放时间段

	频数（个）	百分比（％）	排序
早上	10	25.0	4
下午	35	87.5	2
晚上	9	22.5	5
双休日	37	92.5	1
寒暑假	31	77.5	3

如表 4 – 10 所示，在对青少年体育俱乐部每天接待人数调查中，接待
401～1000 人的比例最高，占比 55％，1000 人以上的占比 32.5％，201～
400 人的占比 10％，200 人及以下的占比最少，仅为 2.5％。调查结果表
明，山西省青少年体育俱乐部锻炼人数较多，对俱乐部的场地和设施有较
高需求，而青少年体育俱乐部的场地情况不尽理想。

表 4 – 10　青少年体育俱乐部每天接待锻炼人数

	频数（个）	百分比（％）
200 人及以下	1	2.5
201～400 人	4	10.0
401～1000 人	22	55.0
1000 人以上	13	32.5
合　计	40	100.0

如表 4 – 11 所示，对山西省青少年体育俱乐部日均开放时间调查中，
以 8 小时以上为最多，占比 82.5％，6～8 小时占比为 15％，4～6 小时占
比仅仅达到 2.5％。调查结果表明，青少年体育俱乐部以营利为目的，同
时受到场地狭小和会员人数较多的因素限制，必须延长俱乐部的运行时间
安排，以保证俱乐部会员能够均等地参与到俱乐部活动当中。

表 4 – 11　青少年体育俱乐部日均开放时间总计

	频数（个）	百分比（％）
4～6 小时	1	2.5
6～8 小时	6	15.0
8 小时以上	33	82.5
合　计	40	100.0

（二）青少年体育俱乐部经费来源和经费支出

如表 4-12 所示，山西省青少年体育俱乐部经费来源调查中，俱乐部活动及比赛收入占比最多，为 92.5%，其次是俱乐部场地租赁收入，占比 82.5%，再次是会员费，占比 55%，专门的短期体育项目培训费用占比为 37.5%。由于国家出台相应的政策，对经过评审的国家级俱乐部每年有 2 万元的彩票公益金的资助，期限为三年（王玉宾，2014）。这部分资金在青少年体育俱乐部的收入占比中不高，因此，依托单位的补贴、企事业单位赞助和体育彩票公益金占比均不高。调查结果表明，俱乐部的自我营收能力决定了俱乐部是否能够持续发展。此外，根据国家现行政策，青少年体育俱乐部在创建初期的运作经费，主要来自体育彩票基金支持，按照 4：4：2 的比例，分别对国家级、省级和市级青少年体育俱乐部进行投入。而在实际调查中，由于国家级青少年体育俱乐部的规模最大，对资金的支持要求较高，所以山西省国家级青少年体育俱乐部的数量较少。

表 4-12　青少年体育俱乐部经费来源

	频数（个）	百分比（%）
体育彩票公益金	4	10.0
会员费	22	55.0
企事业单位赞助	6	15.0
培训费	15	37.5
依托单位的补贴	8	20.0
个人捐赠	0	0
场地租赁收入	33	82.5
活动及比赛收入	37	92.5
其他	0	0

如表 4-13 所示，山西省青少年体育俱乐部的主要经费支出中，体育器材和相关设备的购置支出最多，占比 95%；其次是比赛交流和场地租赁支出，分别占比 62.5% 和 52.5%；俱乐部的宣传费用支出次之，占比 30%。调查结果表明，体育俱乐部的器材属于高消耗品，尤其是羽毛球、乒乓球等器具的消耗量非常大。此外，大部分青少年体育俱乐部为了增加项目内容，需要扩充场地，相关场地租赁费用会有所增加。体育运动本身的竞技性特征，要求体育俱乐部必须组建相关的体育项目运动队，与同城或者更高等级的对

手进行比赛交流，同时进行必要的宣传以招徕会员，导致这些支出占比较大。

表 4-13 青少年体育俱乐部经费支出

	频数（个）	百分比（%）
购置设备器材费	38	95.0
劳务费	4	10.0
宣传费	12	30.0
比赛交流费	25	62.5
场地租赁费	21	52.5
办公费	3	7.5
日常支出费用	5	12.5
其他	0	0

如图 4-1 所示，山西省青少年体育俱乐部的收支情况调查中，持平占比 70%，盈余和亏空比例相同，均为 15%。调查结果说明，山西省青少年体育俱乐部营收情况不佳，对俱乐部的发展和壮大有一定的影响。

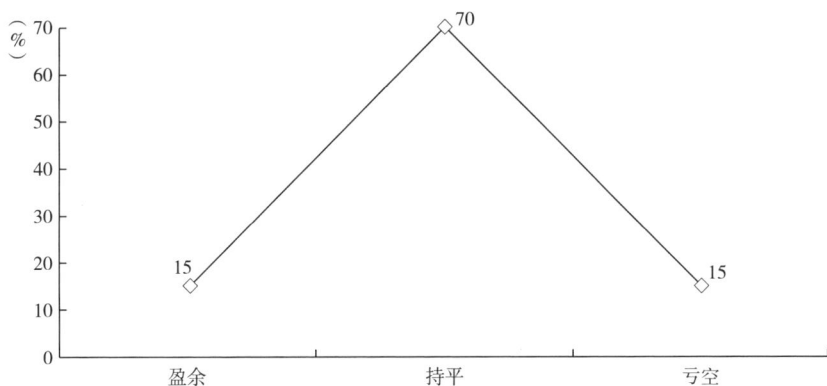

图 4-1 山西省青少年体育俱乐部收支情况

75% 的山西省青少年体育俱乐部均有明确的收费标准，进一步调查发现，收费标准相对于音乐、舞蹈、英语等培训班来说，总体处于较低水平，这也印证了青少年体育俱乐部收支情况不佳的调查结果。之所以收费标准偏低，原因除了竞争因素外，物价局对收费标准也做了限制。《中华人民共和国价格法》第三章"政府的定价行为"中第二十五条规定提出，政府指导价、政府定价的具体适用范围、价格水平，要根据当地经济运行的情况以及定价权限和程序进行适当调整。本次调查的40家青少年体育俱乐部，有28家已经通过了物价局审批的收费标准，有11家正在审批环节，仅有一家还未办理相关审批手续。物价局的职责是根据本地的消费水平来确定相关的行业标准，而器材设备、场地租赁则为硬性支出，因此俱乐部的发展在一定程度上受到当地经济因素影响较大。

（三）青少年体育俱乐部经营方式分析

青少年体育俱乐部有其开展活动的专门要求。首先，从青少年体育俱乐部的服务对象来看，主要是周边中小学的学生，以团体会员制和个人会员制为单位来开展相关活动。无论是团体会员还是个人会员，俱乐部均要保证其活动时间，每周活动2~3次，活动时间一般为1~1.5小时。其次，在寒暑假、双休日等期间，应以冬夏令营的形式开展各类体育培训和竞赛交流活动，进一步吸引周边和辐射更远地带的青少年群体加入体育俱乐部。

如表4-14所示，山西省青少年体育俱乐部的经营方式，以寒暑假冬夏令营的经营形式占比最多，达到55%；其次是长期会员制，即按照固定的时间进行相关体育活动，不受节假日的影响，一般是在青少年放学之后，这部分占比为25%；再次是双休日培训班，部分学生群体由于学业紧张的关系，日常参与俱乐部活动的时间较少，只能在双休日期间参与俱乐部的活动，这部分占比为20%。

表4-14 青少年体育俱乐部经营形式

	频数（个）	百分比（%）
寒暑假冬夏令营	22	55.0
双休日培训班	8	20.0
会员制	10	25.0
其他	0	0
合 计	40	100.0

青少年体育俱乐部除了正常举办的各类体育项目之外，还兼营其他内容。如表4-15所示，经营内容主要是体育服装和体育器材，这两项属于传统经营项目，占比均为82.5%；其次是体育传媒资料，包括教学光盘、体育画报等，占比47.5%；各种功能性饮料、能量补充食品、保健品等次

之，占比 15%；相关体育纪念品、工艺品较少，仅仅占比 2.5%。

表 4 – 15 青少年体育俱乐部经营实体

	频数（个）	百分比（%）
体育服装	33	82.5
体育器材	33	82.5
体育传媒资料	19	47.5
体育纪念品、工艺品等	1	2.5
饮料、食品、保健品等	6	15.0
其他	0	0

总体来看，青少年体育俱乐部能够持续运营，除了核心的体育项目内容之外，其他经营实体内容作为一种半服务半营利的实体项目，是俱乐部运营并获得收入的重要组成部分。这些经营实体，或者说是附加服务所体现出来的服务特性，对青少年参加俱乐部活动内容的积极性有显著的增益作用。通过成功统筹体育项目和服务项目，能够使两者之间互为增长，不仅能使俱乐部核心项目顺利开展，也能使青少年俱乐部获得更多的经济效益，进一步提升俱乐部顾客群体对服务质量的满意度水平。此外，从调查结果来看，青少年体育俱乐部开展的这些经营实体，是与俱乐部整体发展相联系的，适当的服装鞋帽等经营实体，除了带来一定的经济效益以外，更重要的是成为一种附加服务，从而形成一个青少年体育俱乐部的整体，能够解决大部分俱乐部会员群体对服装、器材的基本需求，同时，相对较低的物品价格和较高的质量保证也是俱乐部赢得良好口碑的重要条件，反过来更加刺激俱乐部的发展。但山西省青少年体育俱乐部所提供的实物产品，质量不高，品牌影响力也不足，难以形成有效的俱乐部内部市场。

（四）青少年体育俱乐部宣传方式分析

如表 4 – 16 所示，山西省青少年体育俱乐部的宣传方式调查中，通过比赛交流、演出等形式做宣传的占比最多，达 97.5%；其次是互联网宣传，占比 60%；再次是会员口碑，占比 57.5%；广播电视，广告、海报、横幅等，以及报纸、期刊等传统宣传方式占比分别是 32.5%、25% 和 10%；宣传单占比最少，仅为 2.5%；没有中介机构介入宣传。调查结果表明，俱乐部的宣传方式还是以传统的比赛交流、演出方式为主，传统宣传方式有所降低，互联网和会员口碑是俱乐部宣传的重要方式。

表 4－16　青少年体育俱乐部宣传方式

	频数（个）	百分比（％）	排序
比赛交流、演出	39	97.5	1
报纸、期刊	4	10.0	6
中介	0	0	8
广告、海报、横幅等	10	25.0	5
互联网	24	60.0	2
广播电视	13	32.5	4
会员口碑	23	57.5	3
宣传单	1	2.5	7

　　青少年体育俱乐部是以经营为主要营利手段，因此离不开宣传，只有扩大体育俱乐部本身的影响力，形成一定范围内的品牌效应，才能促使俱乐部真正发展壮大。宣传工作做得越多，俱乐部提供的项目内容、形式多样，质量有保证，则俱乐部的广告效应越大，参加的人也会越多。而不同的宣传方式，具有不同的宣传效果。从调查结果来看，传统的宣传模式逐渐式微。具体表现在通过传统的电视广告、报纸等宣传媒体进行宣传，具有宣传效果好、覆盖面广的特点。但是没有对具体人群进行细分，广告费用的投入也相对较高，因此在网络传媒兴起的今天，俱乐部通过传统媒体的宣传也逐渐减少。此外，传单式宣传虽然有明确的针对性，宣传成本也很低，但是各种商业行为充斥的传单宣传模式，导致受众对这种宣传方式认同度不高，宣传效果不是很明显。

　　目前，山西省青少年体育俱乐部采用的宣传方式，更多的是依赖各种形式的比赛交流和演出。这样的宣传模式具有极强的针对性，容易吸引目标群体的注意，并且在比赛交流中表现出来的各方面都是俱乐部内在实力的体现。此外，互联网推广是近年来比较流行的宣传方式。这种宣传方式针对性强，不受时间和地点限制，对宣传资金的要求也比传统宣传方式和俱乐部自身的比赛交流方式要低。俱乐部将自身的信息做成相关广告，辐射到移动网络平台，以目前移动智能手机用户的增加幅度和辨识度的增加，能够取得较好的宣传效果。此外，配合俱乐部会员的口碑宣传，这种口口宣传结合网络推广，解除了消费者对俱乐部宣传的怀疑，进一步提高了宣传的公信力，从而增强了青少年体育俱乐部的宣传效果。无论是俱乐部的核心服务还是其他经营实体，都是俱乐部内在实力的具体体现，缺一不可，而与之相应的宣传方式，是决定青少年体育俱乐部顺利发展的重要因素。

三　山西省青少年体育俱乐部会员情况调查

（一）俱乐部会员的基本情况分析

如表4-17所示，山西省青少年体育俱乐部的会员调查中，男性会员占比较多，达到72.1%，女性会员占比较少，仅为27.9%。会员年龄调查中，17~20岁占比最多，达到50.9%，其次是13~16岁年龄段，占比为27.2%。健康状况调查中，较好和很好均占较高比例，分别为35.3%和30.5%，健康状况一般的占比为14.6%，较差和很差的分别占比10.8%和8.8%。调查结果表明，山西省青少年体育俱乐部的会员性别存在较大差异，男女结构不均衡，年龄结构整体较大，健康状况普遍较好，但也存在健康状况不佳的情况。这说明，年龄较大的青少年群体中，男性更愿意根据兴趣和爱好来参加俱乐部活动，俱乐部的内容设置也以男性运动类项目为主，针对女性设置的内容相对较少。

表4-17　青少年体育俱乐部会员基本情况

	选项	频数（人）	百分比（%）
性别	男	419	72.1
	女	162	27.9
年龄	8~12岁	72	12.4
	13~16岁	158	27.2
	17~20岁	296	50.9
	21岁及以上	55	9.5
健康状况	很好	177	30.5
	较好	205	35.3
	一般	85	14.6
	较差	63	10.8
	很差	51	8.8

（二）俱乐部会员的活动时间、次数和内容调查

如表 4-18 所示，在山西省青少年体育俱乐部单次活动时间调查中，以 61~90 分钟的俱乐部占比最多，为 31.7%，其次是 31~60 分钟，占比为 26%，91~120 分钟的占比为 17.0%，120 分钟以上的占比为 12.9%，30 分钟及以下的占比为 12.4%。调查结果表明，山西省青少年体育俱乐部的活动时间基本符合青少年的身体特点，在 90 分钟的活动时间当中，既保证了青少年活动前热身的时间，也保证了青少年参与某项活动的时间，还为活动完结之后的身体整理预留了时间。这样便于青少年群体的身体得到充分锻炼。超过 90 分钟的活动内容，则是针对条件较差或者有更高要求的会员群体；60 分钟左右的活动时间主要是针对时间不够充裕的青少年群体，这部分青少年群体主要目的是进行身体锻炼，对体育运动技术的要求不高。

表 4-18　青少年体育俱乐部每次活动时间

	频数（人）	百分比（%）
30 分钟及以下	72	12.4
31~60 分钟	151	26.0
61~90 分钟	184	31.7
91~120 分钟	99	17.0
120 分钟以上	75	12.9
合　计	581	100.0

如表 4-19 所示，山西省青少年体育俱乐部的活动次数，每周以 1~2 次和 3~4 次占比最多，分别为 47.8% 和 41.7%；5~6 次和 7 次及以上占比较少，分别为 5.7% 和 3.3%。从科学角度来说，每周锻炼三次，每次锻炼时间超过 30 分钟，运动强度在中等强度才能达到良好的健身效果，也是衡量体育人口的重要标准。调查结果表明，青少年会员参加体育俱乐部的次数不是很合理。究其原因，青少年群体多为在校学生，有双休日和寒暑假，余暇时间较为集中，可以用来参与体育俱乐部活动，但在非节假日期间，活动的次数则相对较少，这部分群体多以初中和高中学生为主，而小学生可以在傍晚放学之后参与到俱乐部活动当中。

表 4 - 19　会员每周参加俱乐部活动次数

	频数（人）	百分比（%）
0 次	9	1.5
1 ~ 2 次	278	47.8
3 ~ 4 次	242	41.7
5 ~ 6 次	33	5.7
7 次及以上	19	3.3
合　计	581	100.0

如表 4 - 20 所示，在对俱乐部会员的周末时间分配调查中，分配到体育俱乐部或其他体育活动的时间比较多，占比 40.8%，其次是上网和文化学习，分别占比 29.1% 和 24.6%，看电视、报刊和其他娱乐活动占比不多。调查结果表明，青少年会员在周末的时间分配多以体育俱乐部或其他体育活动内容为主，但在上网和学习上的时间安排也较多。这在一定程度上反映出青少年群体的生活方式，青少年群体正处于身心快速生长的变化期，性格特点也多是活泼好动，适当的体育活动能够促进青少年群体的身体发育。体育活动的趣味性也是促使青少年群体时间分配到体育相关活动的重要影响因素之一。

表 4 - 20　青少年体育俱乐部会员的周末时间分配

	频数（人）	百分比（%）
上网	169	29.1
体育俱乐部或其他体育活动	237	40.8
文化学习	143	24.6
看电视、报刊	20	3.4
娱乐活动	12	2.1
合　计	581	100.0

如表 4 - 21 所示，在对青少年体育俱乐部会员经常参加的活动内容调查中，可以看出参加体育俱乐部和看电视电影占比最多，分别是 93.1% 和 78.0%，其次是玩网络游戏，占比为 22.2%，睡觉、听音乐、户外活动等占比均不多。调查结果表明，会员除了参加体育俱乐部活动之外，对于其他活动也有较高的参与度，参加体育俱乐部主要是由于同伴之间的关系和

集群效应，这是影响会员参与到俱乐部活动中的重要因素之一。

表 4 - 21　青少年体育俱乐部会员周末经常参加的活动内容调查

	频数（人）	百分比（%）	排序
看电视电影	453	78.0	2
玩网络游戏	129	22.2	3
睡觉	50	8.6	4
参加体育俱乐部	541	93.1	1
听音乐	44	7.6	5
户外活动	24	4.1	7
做家务劳动	34	5.9	6
参加社会实践活动	17	2.9	8
其他	0	0	9

（三）会员对青少年体育俱乐部活动内容的认知调查

如表 4 - 22 所示，会员对俱乐部活动和课余活动对比中，认为好些的占比 55.6%，很好的占比 40.3%。调查结果表明，青少年群体对俱乐部活动有较高的认同度。学校课外活动一般无人指导，任由学生自行活动，除了初中三年级阶段针对中考体育加分的训练之外，其他阶段学生在课余时间主要是自行组织活动。相比松散的课余活动内容，体育俱乐部的活动内容较为丰富，有比较紧凑的组织体系，活动内容有专人负责，每个俱乐部成员都有自身的训练任务。这就使青少年群体对体育俱乐部持较为积极的态度。

表 4 - 22　青少年体育俱乐部活动内容与课余活动内容比较

	频数（人）	百分比（%）
很好	234	40.3
好些	323	55.6
一样	16	2.8
不如以前	8	1.4
合　计	581	100.0

如表 4 - 23 所示，山西省青少年体育俱乐部开设的内容主要是篮球和小球类项目，在调查中，喜欢篮球的青少年群体最多，占比 34.4%；其次是乒乓球，占比 17.7%；再次是足球、健美操和羽毛球，分别占比11.9%、8.3% 和 8.1%；其他项目均占比不多。调查结果表明，青少年群体最喜欢的运动项目以篮球、足球、羽毛球、健美操和乒乓球为主。这种现象与挂靠单位的传统项目有关，在山西省各个体育局和厂矿企业举办的各种类型的体育活动当中，篮球、羽毛球、乒乓球由于具有深厚的群众基础，场地设施和器材准备也较为齐全，便于开展。这种体育氛围对各个青少年体育俱乐部的内容设置有较大影响，导致青少年群体多倾向于这些项目。

表 4 - 23　青少年体育俱乐部运动项目设置情况

	频数（人）	百分比（%）
篮球	200	34.4
跑步	8	1.4
网球	5	0.9
其他	3	0.5
足球	69	11.9
排球	25	4.3
乒乓球	103	17.7
羽毛球	47	8.1
武术	41	7.1
健美操	48	8.3
拓展运动	23	4.0
游泳	9	1.5
合　计	581	100.0

如表 4 - 24 所示，家长对孩子参与到青少年体育俱乐部持非常支持的态度。进一步沟通发现，很多家长对孩子上网、玩游戏等行为十分反对，很支持孩子多进行学习等活动，但面对较为繁重的学业负担，青少年群体在课余时间或者假期，多表现出不愿意学习的态度。而体育俱乐部活动虽然不是学习活动，但能够锻炼青少年群体的身体，分散他们对电脑游戏、上网等行为的注意力，提高他们的学习效率。

表 4 - 24　家长支持情况

	频数（人）	百分比（%）
很支持	366	63.0
允许	215	37.0
有时允许	0	0
不允许	0	0
合　计	581	100.0

如表 4 - 25 所示，青少年体育俱乐部的体育设施适合会员活动的占比达到 71.6%，这说明俱乐部的硬件设施能够基本满足会员的需求。进一步调查发现，能够满足需求的主要是俱乐部的耗材供应，如羽毛球和乒乓球，但在场地供应上，仍然有个别项目出现场地过小、器材不够用的情形，如足球项目，由于场地限制，一般开展的是五人制足球项目；此外还缺少一些软垫子，导致会员没有合适的场地进行多关节柔韧拉伸等准备活动。

表 4 - 25　适合会员活动的设施情况

是否有适合您活动的体育设施	频数（人）	百分比（%）
是	416	71.6
否	165	28.4
合　计	581	100.0

如表 4 - 26 所示，在对俱乐部会员之间关系的调查中，有固定的同伴参与到体育俱乐部活动的比例达到 85.4%。调查结果表明，俱乐部会员之外的关系是促进俱乐部会员增加的有效途径。这是因为同学之间，共同的兴趣爱好能够促使学生坚持较为枯燥的体育项目训练，并在一定程度上形成相互竞争和提高的心理机制。

表 4 - 26　会员群体关系

是否经常和同学一起参加青少年体育俱乐部活动	频数（人）	百分比（%）
是	496	85.4
否	85	14.6
合　计	581	100.0

如表 4 - 27 所示，在俱乐部活动对自身学习效果的影响调查中，认为有好处和很有好处的占比分别为 54.7% 和 37.5%。这表明，俱乐部会员对俱乐部活动具有较高的认同度。从生理学角度来看，长期以来，青少年学生群体面对较为繁重的学习活动，对学生造成不小的生理负担，容易造成大脑疲劳，影响学生的学习效率。适当的身体锻炼能够促进机体的新陈代谢，尤其是一定的有氧运动能够促进青少年群体的心血管系统的发展，能够给大脑供应充足的养分和氧气，从而提高学生的学习效果。但前提是活动内容必须控制在合理范围之内，否则过犹不及，由于运动疲劳，学生的学习效率也会进一步下降。

表 4 - 27 俱乐部活动对学习效果的影响

认为参加体育俱乐部对文化学习	频数（人）	百分比（%）
很有好处	218	37.5
有好处	318	54.7
不清楚	27	4.6
有妨碍	14	2.4
有很大妨碍	4	0.7
合　计	581	100.0

如表 4 - 28 所示，会员认为应该利用学校场地和社区健身广场建立体育俱乐部。综合分析表明，由于学校所处区位等原因，放学之后容易出现交通拥堵等状况，而校外体育俱乐部的场地要考虑经营因素，所处区位一般在各个学校的中间地带，对学生参与俱乐部活动的便捷性产生一定影响。在学校或者社区建立体育俱乐部，可以方便青少年有更多的时间参与到体育俱乐部当中，避免外部因素的影响。

表 4 - 28 会员对俱乐部的需求情况

建立学校体育俱乐部和社区体育俱乐部是否有必要	频数（人）	百分比（%）
很有必要	315	54.2
有必要	225	38.7
不知道	28	4.8
没必要	13	2.2
合　计	581	100.0

　　如表 4 - 29 所示，会员非常希望和希望继续参加体育俱乐部的比例分别达到 33.7% 和 41.1%，会员对继续参加俱乐部的意愿较为强烈。进一步调查发现，会员群体在一期的俱乐部活动中，能够掌握一定的体育项目技巧。从运动技能的规律特征来看，运动技能的形成需要经历三个阶段——泛化、分化和自动化，并且伴随着身体素质的发展，运动技能习得效率也更高，两者是同步发展的（曹晨，2014）。学生由于个体的差异，表现出不一致的运动技能水平，需要经常性的练习以使技术动作巩固。而一期的俱乐部体育项目学习并不足以使会员达到运动技能自动化的程度，而持续参与俱乐部活动，能够有充分的时间和条件进行动作技能的学习。因此，俱乐部会员有持续参与体育俱乐部的意愿。

表 4 - 29　会员继续参与体育俱乐部的意愿

	频数（人）	百分比（%）
非常希望	196	33.7
希望	239	41.1
一般	105	18.1
不太希望	26	4.5
不希望	15	2.6
合　计	581	100.0

　　如表 4 - 30 所示，会员对俱乐部进行的体育活动交流喜欢的占比最多，达到 43.7%，非常喜欢的占比为 31.8%，持一般态度的占比为 18.9%。从体育项目本身来看，俱乐部所举办的各类活动内容均属于竞技体育范畴，而体育运动的魅力来自竞赛活动。俱乐部之间或者内部举办的各种形式的竞赛活动，一方面能够检验青少年在俱乐部的学习成果，另一方面通过体育竞赛交流，能对俱乐部会员产生更大的吸引力。

表 4 - 30　会员对俱乐部体育活动交流的看法

	频数（人）	百分比（%）
非常喜欢	185	31.8
喜欢	254	43.7
一般	110	18.9
不太喜欢	24	4.1
不喜欢	8	1.4
合　计	581	100.0

（四）会员群体参加青少年体育俱乐部的目的和原因调查

如表 4-31 所示，青少年体育俱乐部会员群体参加俱乐部的目的多种多样，其中，培养锻炼习惯排在第一位，占比为 92.3%；第二是增进健康，占比为 87.3%；第三为调节学习，占比为 16.4%。调查结果表明，青少年会员参与俱乐部健身活动都有自己的内在动机。随着学生数量的增多，学校体育并不能满足每个学生的锻炼需求。在此背景下，青少年会员群体的动机也发生了显著变化，形成增进健康、培养锻炼习惯的体育目标。青少年体育俱乐部作为学校体育之外的辅助机构，对培养学生的终身体育锻炼思想和行为具有重要作用，能够补充学校体育所达不到的培养效果，并且促进学生运动技能的掌握，从而为学生的终身体育观念的形成奠定基础。青少年群体还可以通过俱乐部健身活动，缓解学业压力，扩大人际交往范围，拓展健康的娱乐方式，使部分肥胖青少年群体达到减肥目的，从而以良好的精神状态投入学习当中。山西省青少年体育俱乐部应该以青少年会员群体的健康利益为出发点，根据会员的性别、年龄、健身目的和个体差异等因素，合理安排健身俱乐部的体育活动内容，为青少年群体提供科学有效的身体锻炼方法，以满足青少年群体的锻炼需要。

表 4-31　参加青少年体育俱乐部的目的

	频数（人）	百分比（%）	排序
增进健康	507	87.3	2
培养锻炼习惯	536	92.3	1
消遣娱乐	40	6.9	4
交朋友	14	2.4	6
减肥	29	5.0	5
应付考试	3	0.5	7
调节学习	95	16.4	3

如表 4-32 所示，在影响会员继续参加青少年体育俱乐部的原因调查中，首要因素是学习忙没时间，这部分占比为 95.7%。究其原因，以升学为目的学校教育目标，致使青少年群体学习负担较重，除了正常的文化课程之外，还要完成繁重的课外作业，甚至参加种类繁多的课外补习班。这些因素导致青少年群体没有充裕的时间参与到体育锻炼中来。其次，缺少

活动伙伴，这部分因素占比为47.2%。俱乐部开设的体育活动一般是群体性竞技项目，这类项目需要同伴之间协调参与、相互鼓励，以保证在一些体能训练中能够坚持下来。而缺少平时生活中的活动伙伴，无法形成同伴之间的持续交流，会影响青少年坚持参加体育俱乐部的积极性。再次，怕受伤，这部分因素占比为31%。众所周知，体育运动本身存在一定损伤的风险，青少年群体无论是力量还是身体发育均处于发展阶段，学生身体素质条件较差，在面对较为专业的俱乐部体育活动时，容易出现畏难情绪。最后，技术不好，害怕别人笑话，这一因素占比为11%。这是由于青少年学生正处于青春发育期，是其最为关键、人生历程变化最大的时期，也是性成熟、身心及行为的突变阶段（张振刚，2011）。因此，其对外界的敏感度增加，十分在意外界的评价。而体育运动由于具有较强的表现性特征，在体育项目学习的过程中，自身或者外部原因导致技术动作掌握不成熟，青少年群体在运动过程中容易出现运动不协调等现象，过于在意外界评价，这些因素对青少年的心理产生一定的负面影响，影响了他们参与体育俱乐部的积极性。

表 4 - 32　影响会员继续参加青少年体育俱乐部的原因

	频数（人）	百分比（%）	排序
学习忙没时间	556	95.7	1
服务态度不好	13	2.2	7
缺少活动伙伴	274	47.2	2
家长不允许	25	4.3	5
无人指导	6	1.0	8
怕受伤	180	31.0	3
技术不好，害怕别人笑话	64	11.0	4
内容没兴趣	28	4.8	6
与体育课内容重复	15	2.6	7
其他	2	0.3	9

四　教练员对青少年体育俱乐部满意度分析

之所以对国家级青少年体育俱乐部采取满意度调查，是基于以下两点来考虑。首先，青少年体育俱乐部的服务对象是青少年群体，其身心发展具有不成熟性、不稳定性和矛盾性等特征，在自我评价中具有轻率、盲目、片面等特征，难以对俱乐部的满意度进行客观评价，只能选择客观而具体的问题来进行调查。其次，青少年体育俱乐部属于民办非企业单位，企业的目的和宗旨是营利，而民办非企业单位其目的和宗旨不是营利，而是为社会提供公益服务。此外，根据国家规定，民办非企业单位可以收取合理的费用，并且可以营利，但其收益只能用于公益事业。作为青少年体育俱乐部的管理者，存在一些中小企业负责人的缺点，即决策过程简单化、主观上过于专断、财务管理较为混乱等现象。因此，青少年体育俱乐部管理者对自己管理的评价具有一定的主观性，难以客观反映出对俱乐部的满意度。

由于国家级青少年体育俱乐部开设的运动项目种类较多，对于不同体育项目的教练员的人数需求也多，教练员处于俱乐部一线，直接面对会员群体，代表了俱乐部的形象，教练员的行为对会员的影响很大（杨健、赵晓玲，2010）。可见，教练员在某种程度上决定了会员对俱乐部的印象。教练员对青少年体育俱乐部的满意度水平，能够客观、真实地反映出青少年体育俱乐部的情况。在此基础上，通过对教练员的满意度进行调查，来找出哪些因素影响教练员对青少年体育俱乐部的满意度，为青少年体育俱乐部的经营管理提供相关建议。

（一）教练员基本情况调查分析

教练员群体是俱乐部能否获得利益的保证。教练员的专业素养能够吸引会员进行锻炼，并形成对俱乐部一定的忠诚度，可以促使老会员吸引更多的人参与到俱乐部当中。教练员的综合素质是维护俱乐部形象的关键因素，因此，健身教练的构成情况是否合理，是衡量青少年体育俱乐部能否进一步发展的重要因素。健身教练的基本情况包括性别、年龄和学历。一般来说，对于青少年群体来说，俱乐部教练员的年龄越低，越能与青少年群体进行深入交流。如表 4 - 33 所示，在教练员性别调查中，男性占比71.3%，女性为28.7%。在教练员年龄调查中，24~30岁的占比最多，为43.4%，其次是31~40岁，占比为42.6%，41岁及以上的占比为13.9%。从学历结构上来看，大部分教练员为本科学历，占比为89.3%，硕士及以上和大专学历占比不高，分别为6.6%和4.1%。

调查结果表明，首先，从性别角度来说，俱乐部体育项目多为球类、健美操等项目，一般来说，篮球、足球等多以男性教练为主，健美操等多以女性教练为主。而羽毛球、乒乓球等项目通常是男女均等，每名教练员均要带数十名会员进行相关训练，会员群体多以男性为主，女性会员群体多选择健美操类项目，相对来说数量较少，因此山西省青少年体育俱乐部男性教练多于女性教练。其次，从年龄角度来说，体育俱乐部作为历史较长的产业，教练员在俱乐部培训一线，根据会员的身体条件进行相关测量，设计符合会员群体的运动训练方案，这就需要教练员具备较为完备的运动训练理论基础和丰富的训练经验。青少年体育俱乐部教练员基本以青年教练和中年教练为主，这一年龄段的教练员既具有一定体育专业知识，同时又具有较为丰富的训练经验，能够保证俱乐部会员得到专业的训练以及保护，促进俱乐部的正常发展。再次，从学历角度来看，学历是衡量一个人综合素质的重要体现。学历越高，经历理论训练和实践训练的时间也越长，有利于自身工作能力的提高。俱乐部教练员学历的提高，可以使青少年体育俱乐部的科学性和专业性进一步增强。尽管学历并不能完全代表教练员的综合水平，但是较低的学历意味着文化程度偏低，而单纯依靠经验也容易导致训练缺乏科学性。山西省青少年体育俱乐部的教练员大部分均为本科学历，说明俱乐部教练这一行业已经被认可，但是整个行业缺乏更高学历的人才，说明青少年体育俱乐部的专业度和成熟度相对不足。最后，从教练员的专兼职情况来看，专职教练员仅仅占比 17.2%，兼职教练员占比则达到82.8%。进一步访谈表明，青少年体育俱乐部的薪资待遇整体较低，但是与一般要求坐班的学校不同的是，俱乐部对教练员没有固定的坐班要求，只要完成必要的俱乐部教学内容就可以，教练员可以自由安排自己的授课时间段，因此，吸引了大批学校体育教师在业余时间进行俱乐部的教学活动，既符合自身专业特点，又使自己的收入得到提高。

表 4 – 33　教练员基本情况

	选项	频数（人）	百分比（%）
性别	男	87	71.3
	女	35	28.7
年龄	24~30 岁	53	43.4
	31~40 岁	52	42.6
	41 岁及以上	17	13.9

续表

	选项	频数（人）	百分比（%）
学历	大专	5	4.1
	本科	109	89.3
	硕士及以上	8	6.6
专兼职情况	专职	21	17.2
	兼职	101	82.8

（二）影响教练员满意度的因素模型

采用探索性因素分析（主成分分析法）对教练员满意度进行降维处理。根据因子特征值大于 1 的原则，得出因子模型，共有 5 个因子，KMO值为 0.728，说明变量间的共同因素较多，可以进行因素分析。

表 4 – 34　**Bartlett 球形检测**

KMO 和 Bartlett 的检验		
取样足够度的 Kaiser – Meyer – Olkin 度量		0.728
Bartlett 球形检测	近似卡方	494.958
	df	105
	Sig.	0.000

如图 4 – 2 所示，因子 1、2、3、4 和 5 之间的连线较陡，说明这五项为主要因子，选择这五项公共因子比较合适。

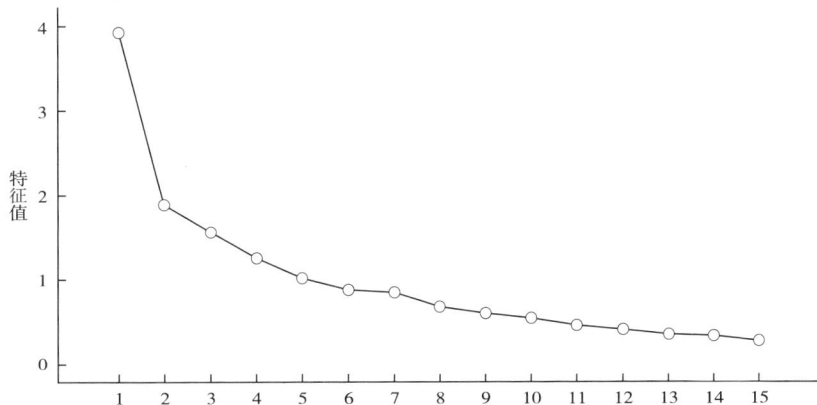

图 4 – 2　碎石图

如表 4 - 35 所示，提取的五个因子方差总贡献率为 64.334% ，说明能够较为全面地反映问卷的信息。

表 4 - 35　累积方差贡献率

成　分	1	2	3	4	5
特征值	3.931	1.888	1.563	1.253	1.015
贡献率（%）	26.209	12.585	10.422	8.35	6.767
累积贡献率（%）	26.209	38.794	49.217	57.567	64.334

如表 4 - 36 所示，经过最大方差分析正交旋转后，得到了载荷矩阵。15 个选项共分为五个维度。第一个因子由 B8、B7、B12、B13 四个变量构成，载荷为 0.754、0.713、0.627、0.512；第二个因子由 B1、B3、B5 三个变量构成，载荷为 0.794、0.665、0.566；第三个因子由 B15、B14 两个变量构成，载荷为 0.855、0.753；第四个因子由 B10、B2、B4 三个变量构成，载荷为 0.813、0.764、0.663；第五个因子由 B11、B9、B6 三个变量构成，载荷为 0.754、0.629、0.588。

表 4 - 36　公因子载荷矩阵

旋转成分矩阵 a

项　目	成　分				
	1	2	3	4	5
B8 体育俱乐部活动内容	0.754				
B7 体育俱乐部组织活动	0.713				
B12 体育俱乐部服务质量	0.627				
B13 体育俱乐部开放时间	0.512				
B1 体育俱乐部场地		0.794			
B3 体育俱乐部组织管理方式		0.665			
B5 体育俱乐部地理位置		0.566			
B15 体育俱乐部训练目标			0.855		
B14 体育俱乐部训练计划			0.753		
B10 体育俱乐部教练员待遇				0.813	
B2 体育俱乐部器材设施				0.764	

续表

项　　目	成　分				
	1	2	3	4	5
B4 体育俱乐部教练员数量				0.663	
B11 体育俱乐部规章制度					0.754
B9 体育俱乐部会员规模					0.629
B6 体育俱乐部广告宣传					0.588

旋转成分矩阵 a

注：提取方法：主成分分析法。旋转法：具有 Kaiser 标准化的正交旋转法。a 旋转在 13 次迭代后收敛。

　　表 4-36 为研究青少年体育俱乐部教练员满意度因子模型。第一个因子包含的内容主要是"体育俱乐部活动内容""体育俱乐部组织活动""体育俱乐部服务质量""体育俱乐部开放时间"，体现了俱乐部的服务内容，因此命名为服务内容因子；第二个因子包含的内容有"体育俱乐部场地""体育俱乐部组织管理方式""体育俱乐部地理位置"，体现了俱乐部的管理和所处位置的内容，因此命名为管理和场地因子；第三个因子包含的内容有"体育俱乐部训练目标""体育俱乐部训练计划"，体现了俱乐部的训练目标设置和计划，因此命名为训练内容因子；第四个因子包含的内容有"体育俱乐部教练员待遇""体育俱乐部器材设施""体育俱乐部教练员数量"，体现了俱乐部人力资源和物力资源方面的内容，因此命名为资源管理因子；第五个因子包含的内容有"体育俱乐部规章制度""体育俱乐部会员规模""体育俱乐部广告宣传"，体现了俱乐部自身制度建设和扩大影响的内容，因此命名为发展因子。

（三）教练员对俱乐部满意度分析

　　教练员满意度问卷采用李克特五级评分法，1 分为非常不满意，5 分为非常满意，平均得分的高低说明教练员对俱乐部的满意度水平。如表 4-37 所示，在对山西省青少年体育俱乐部教练员进行调查后发现，教练员对俱乐部的总体满意度为 3.52。但是，在训练内容和软硬件条件（资源管理）的平均值分别为 2.91 和 2.97，低于教练员满意度总平均值。由此可见，山西省青少年体育俱乐部教练员对训练内容和资源管理方面的满意度不高。

表 4 - 37 　教练员对俱乐部的满意度分析

	题　项	N	均　值	标准差
服务内容	体育俱乐部活动内容	122	3.55	1.029
	体育俱乐部组织活动	122	3.71	1.02
	体育俱乐部服务质量	122	3.61	0.992
	体育俱乐部开放时间	122	4.37	0.855
	平均值		3.81	0.974
管理和场地	体育俱乐部场地	122	3.99	0.848
	体育俱乐部组织管理方式	122	4.11	0.791
	体育俱乐部地理位置	122	3.25	1.130
	平均值		3.783	0.923
训练内容	体育俱乐部训练目标	122	2.84	1.086
	体育俱乐部训练计划	122	2.98	1.109
	平均值		2.91	1.100
资源管理	体育俱乐部教练员待遇	122	2.93	1.148
	体育俱乐部器材设施	122	3.23	1.097
	体育俱乐部教练员数量	122	2.75	1.049
	平均值		2.97	1.098
发展	体育俱乐部规章制度	122	4.17	1.026
	体育俱乐部会员规模	122	4.04	0.974
	体育俱乐部广告宣传	122	3.44	0.919
	平均值		3.88	0.973
总平均值		122	3.52	1.007

有研究表明，教练员在报酬、工作性质、工作条件等方面满意度过低，会导致其离职意愿增强（贺越先、郭敏刚，2012）。而调查结果反映出俱乐部教练员对于待遇的问题并不满意。此外，俱乐部教练员数量相对不足，导致教练员群体的工作强度增加，过于烦琐的训练计划和训练目标的达成，需要教练员精心分析会员的特点，确立科学合理的训练计划和目标。由于俱乐部教练员带的会员班次较多，每个班次会员的训练计划和目标又有差异，无形中增加了教练员的负担，而相对薪酬并没有显著增加。教练员相对负荷较重的工作训练任务以及相对较低的薪酬体系，导致教练员的工作压力增大，从而导致教练员群体潜在离职倾向增加（魏烨，2010）。

第二节　青少年体育俱乐部发展过程中的影响因素、存在问题与对策

一　山西省青少年体育俱乐部影响因素调查

在对青少年体育俱乐部管理者对于俱乐部发展前景的调查中，发现随着全民健身意识的觉醒，各种体育联赛的发展，中考要求强制加入体育测试成绩，这些因素都导致青少年群体对体育运动产生兴趣。庞大的青少年群体，仅仅依靠学校体育的正常教学始终无法满足自身对体育运动的更高需求。在此基础上，青少年体育俱乐部的存在正是弥补了学校体育存在的缺失，同时在提高运动技能和身体素质方面的效果更为突出。这些因素促使管理者对青少年体育俱乐部的发展前景持较为乐观的态度。

（一）影响青少年体育俱乐部发展的制约因素分析

如表 4 - 38 所示，在影响青少年体育俱乐部发展的制约因素调查中，以筹集资金困难最多，占比 85%。其次是青少年体育俱乐部管理、运营的法规制度欠缺，占比 80%。再次则是俱乐部师资水平有待提高，占比 55%。挂靠单位支持少、管理体制不健全、政策支持力度低、内部责权利不明确、运行机制不畅等占比较少，这些因素在一定程度上影响青少年体育俱乐部的发展。调查结果表明，资金短缺是制约山西省青少年体育俱乐部发展的首要因素，这与俱乐部的资金来源渠道有直接关系。体育俱乐部的前期运营资金有一部分是来自国家体育总局，这部分资金在初期能够支持俱乐部的正常运作，三年过后，这部分资金支持不再继续，必须依靠俱乐部自身的运营能力来获得收益，单纯的会员费用和附加服务的营收效益，并不足以支持俱乐部的良性循环发展。相关法律法规的缺失，导致山西省体育俱乐部之间缺乏必要的监督机制，没有形成行业规范，俱乐部准入门槛不高，导致俱乐部水平参差不齐，严重影响俱乐部的整体形象，在一定程度上造成俱乐部之间的恶性竞争，从而导致俱乐部总体盈利水平下降。此外，挂靠单位的体育设施无论是数量还是质量都不能满足需求，资金支持力度也不大；俱乐部营收能力降低，导致没有充裕的资金招聘高水平的体育专项运动员、教师。

表 4 - 38　影响青少年体育俱乐部发展的制约因素

	频数（人）	百分比（%）	排序
内部责权利不明确	9	22.5	6
筹集资金困难	34	85.0	1
管理体制不健全	13	32.5	4
运行机制不畅	7	17.5	7
挂靠单位支持少	13	32.5	4
会员太少	0	0	8
政府支持不够	9	22.5	6
社会支持不够	1	2.5	7
师资水平有待提高	22	55.0	3
相关法律法规不健全	32	80.0	2
政策支持力度低	12	30.0	5
其他困难	0	0	8

（二）促进青少年体育俱乐部发展的支持因素分析

如表 4 - 39 所示，在促进山西省青少年体育俱乐部发展的支持因素调查中，最重要的因素是资金支持，占比 95%。其次是相关法律法规和行业规范，占比 92.5%。再次是俱乐部之间、俱乐部与大众之间的交流展示平台服务，占比 80%。较为重要的支持因素是给在校生充足的体育活动时间和俱乐部自身更加灵活的经营机制，占比分别为 77.5% 和 67.5%。调查结果表明，山西省青少年体育俱乐部发展最需要的支持因素是资金支持、相关法律法规和行业规范的建设、多样化的交流展示平台等。俱乐部市场化运作是必然结果，但是在现阶段，大众虽然健身意识进一步觉醒，但还没有进入专门的俱乐部进行相关体育项目的深化学习；青少年群体的健身行为受到家长的干预较多，而家长是否支持青少年群体进入俱乐部进行身体锻炼是影响俱乐部营收的重要因素；相关法律法规的健全能够促使俱乐部之间良性发展，避免恶性竞争，形成规范化的市场竞争体系；伴随多种类型交流平台的建立，不同项目能均等地得到比赛交流，既扩大了俱乐部的影响，又促使俱乐部不断提高自身的经营管理与体育训练水平，从而在整体上促使俱乐部形成良性发展的趋势。

表 4 - 39　促进青少年体育俱乐部发展的支持因素

	频数（人）	百分比（％）	排序
资金支持	38	95.0	1
交流展示平台服务	32	80.0	3
更加规范完善的管理机制	4	10.0	7
更加灵活的经营机制	27	67.5	5
社会舆论与宣传的支持	9	22.5	6
相关法律法规和行业规范	37	92.5	2
给在校生充足的体育活动时间	31	77.5	4
其他	0	0	8

二　青少年体育俱乐部在发展过程中存在的问题分析

（一）青少年体育俱乐部与依托单位之间职责不清、管理机制不畅

各个青少年体育俱乐部之间管理机制不统一，有举国体制色彩的主任负责制，伴随而来的是上级单位任命或者挂靠单位领导兼职。此外，青少年体育俱乐部还具有一定的市场经济管理特点，如董事会或者总经理负责制，即通过民主选举或者招聘等方式作为俱乐部的专职负责人，且法人的任命在各个俱乐部之间也有不同的特征。这是因为在俱乐部建立初期，国家支持俱乐部的发展，要求青少年体育俱乐部要依托各个单位来创办。这样做的目的是促使青少年体育俱乐部在依托单位的财力、物力支持下得到有序发展。这样的模式使青少年体育俱乐部与挂靠单位成为上级与下级的关系。青少年体育俱乐部和挂靠单位共分为两种关系。第一种是隶属关系，即俱乐部附属于举办单位或者依托单位，是附属机构。第二种是对等关系，两个单位之间具有独立的法人，在相关责任、权利和义务方面等都是通过协议来进行。这样就导致了许多青少年体育俱乐部和依托单位的关系与职责不清，给俱乐部的管理造成诸多不便。

（二）青少年体育俱乐部专职管理人才欠缺

由于俱乐部管理层面的多样性，青少年体育俱乐部在专职管理人员上存在一定的不足。而青少年体育俱乐部的发展主要取决于经营者自身。青

少年体育俱乐部作为体育服务的营利单位，对管理人员的专业性有较强的要求，否则难以使俱乐部得到良好的发展。俱乐部负责人前期从事的职业有一定差别，多以行政管理人员、体育教师或者运动员为主。而真正既懂体育又懂管理的复合型体育管理人才比例不高，在一定程度上对青少年体育俱乐部的人才发展产生不利影响。从学历结构来看，运动员出身和本科学历占比较高，尽管体育管理专业人才相对较少，但俱乐部可以根据现有的师资学历构成来培养既懂体育又懂管理的专业人才。俱乐部依托单位或者上级单位领导兼职俱乐部管理，管理者原有工作难免会影响到俱乐部的工作。专职管理人员的不足，对俱乐部的进一步发展存在不利影响。

（三）青少年体育俱乐部场地设施情况不能满足青少年的实际需求

山西省青少年体育俱乐部组织机构构成多以行政单位为主体，赞助单位和辐射单位相对不足，俱乐部构成上欠缺必要的市场经济支持。由此造成场地情况不是很理想，多以室外运动场地作为俱乐部活动地点。室外场地一般以塑胶和硬化地面为主，硬化地面对人体的关节冲击力没有缓冲，反而增大了冲击力，青少年群体的运动水平较弱，容易使青少年在运动过程中产生损伤。此外，从开设的项目来看，体育项目类型较少，多以球类和田径为主，适合青少年女性的运动项目开设较少，会员人数较多与场地不足的矛盾较为突出。由于山西省处于中部地区，属于经济欠发达地区，体育设施档次和质量总体偏低，数量也不足，这在一定程度上制约了山西省青少年体育俱乐部的发展。因此，有必要从俱乐部的软硬件设施建设上下功夫。

（四）青少年体育俱乐部经费来源渠道单一、资金周转情况欠佳

俱乐部的资金周转不是很平衡，资金是一个组织得以正常运转的必要条件。国外俱乐部由于发展较早，得到法律上的确认，资金来源渠道有政府资助、企业赞助、社会捐助、会员费用和培训服务等，为俱乐部的持续发展奠定基础。而我国的青少年体育俱乐部经费来源渠道较为单一，山西省青少年体育俱乐部的启动及运营资金主要来自体育彩票公益金、赞助和会员收费。以国家级青少年体育俱乐部为例，在俱乐部初创期能够得到政

府的支持，但在三年以后就要靠俱乐部自身运作来创造收益。在非国家级俱乐部层面，除了少数俱乐部依靠上级单位的有限补贴外，大部分俱乐部的经费来源主要是会员费用、场地出租费用、各种技能培训费用等。由于国家倡导青少年体育俱乐部是以服务青少年群体为主，具有公益性特征，因此上述项目的收费额度较低，俱乐部收入进一步被压缩，而俱乐部日常需要经常进行设备器材的更换、举办比赛、场地租赁和俱乐部宣传，由此造成俱乐部的资金支出与收入基本持平，俱乐部的发展受到限制。

（五）青少年体育俱乐部会员受客观因素影响较多

青少年群体一般以中小学学生为主，学生虽然对健身有较为科学明确的认知，但受到学业压力、周围同伴、心理、怕受伤等因素的影响，学生持续参加青少年体育俱乐部有较多的困扰，每周参加俱乐部活动的次数不是很多，尤其是周末时间，会员在参加体育俱乐部或其他体育活动之外，剩余的时间分配到上网、玩游戏和学习等活动中。并且由于社区和学校没有相关的体育俱乐部，学生参与俱乐部活动受到交通状况的影响。

（六）青少年体育俱乐部教练员工作稳定性欠佳

教练员作为青少年体育俱乐部的主要人员，承担着培训会员的责任，因此教练员对俱乐部的满意度直接影响俱乐部的正常开展。教练员满意度调查充分证明，教练员受到薪资不高、数量不足、培训业务较为繁忙等因素的影响，压力增大，从而出现离职倾向。教练员的流失会对青少年体育俱乐部的活动和人员配置造成不好的影响，从而影响青少年体育俱乐部的发展。

三 山西省青少年体育俱乐部发展对策

（一）转变经营观念，加强自身运营能力

青少年体育俱乐部虽然不以营利为目的，但其自身运营能力有待加强。例如，俱乐部负责人应该遵循《民办非企业单位登记管理暂行条例》的相关规定，及时落实民政部门的注册规定，尽快使青少年体育俱乐部合法化，尽早进入正规运营阶段。在俱乐部创建初期和运营阶段，根据不同阶段特点，通过市场调研和向物价局、民政局等相关部门征求意见，对俱

乐部会员的收费和体育项目培训的收费标准进行分类，形成俱乐部在发展的不同阶段应该执行的收费标准体系。此外，俱乐部经营者还要认清俱乐部自身非企业单位的性质，积极实行多元化的资金筹措形式。俱乐部运营过程中除了要考虑经营效益之外，还要坚持公益性，并在此基础上树立具有公益性特点的意识与行为。山西省青少年体育俱乐部要真正提高运营能力，还需要从以下几点来进行。

第一，拓宽资金来源渠道。一是要从俱乐部自身做起，针对目标市场扩大体育服务的内容，从提高服务质量入手，积极和各个学校合作，吸收团体会员和个体会员；二是增加体育消费服务内容，和知名体育品牌合作，增加配套服务内容，提升俱乐部服务产品的品牌效应，利用会员数量优势，拉低知名体育品牌的价格，既满足会员群体对知名运动品牌的需求，价格也在会员群体的承受范围之内；三是举办较大规模的体育竞赛，与各个企业和运动门店合作，获得赞助以创造收益；四是利用自身的公益性特征，争取政府的专项拨款。

第二，控制运营成本，制定合理的收费标准。调查发现，俱乐部的收费标准普遍偏低，各个俱乐部也仅仅是能够维持运营，这是山西省青少年体育俱乐部的发展瓶颈。这就需要俱乐部根据自身提供的服务和日常运营来核算成本，应该在日常运营过程中适当缩减，如节省办公用品开支，对能够使用的器材进行适当的修补。在一些服务上可以适当地提高收费标准，比如建立运动精品班，提供诸如高水平的运动指导、高级运动装备和高标准的体育器材等。对一般运动项目可以适当地降低费用，并对团体性会员群体适当地给予费用优惠，根据长期会员和短期会员给出不同的收费标准。相关职能部门应该对俱乐部的收费标准进行备案，合理评估俱乐部的收费标准，避免俱乐部之间形成恶性竞争，从而影响山西省青少年体育俱乐部的总体发展。

第三，与商业组织合作，加强自身的运营能力，扩大青少年体育俱乐部的宣传渠道。因为青少年体育俱乐部有其公益性特征，能够在组织活动过程中享受到一些税费方面的优惠。商业组织是以营利为目的的，有成熟的营销体系，但其在组织活动过程中要承担较高的税费。双方合作可以形成双赢的局面。一方面，俱乐部可以利用商业组织的营销体系，提高自身的影响力。另一方面，商业组织可以利用体育俱乐部的公益性特征，除了能够得到减少税费的优惠外，还可以利用俱乐部的影响力，增大自身的宣传效应。双方互为补充，一方面增大俱乐部的宣传效应，扩大影响力，另一方面增加双方的经济收益。体育俱乐部应该积极探索适合的商业组织，充分挖掘能够使双方互为发展的可行性因素。

（二）立足山西省情，增加对青少年体育俱乐部的资金扶持

青少年体育俱乐部是山西省青少年体育的重要补充。通过各地市政府部门，对山西省青少年体育俱乐部划拨适当的专项资金，扶持俱乐部的发展，以保证俱乐部能够吸纳学生参与到俱乐部活动中。具体是通过购买体育俱乐部服务项目的方式，给愿意参加体育锻炼的中小学生提供参加俱乐部的会员费用。在山西省现有经济发展条件下，并不足以支持体育俱乐部完全靠自身力量进行经费筹措，应该制订较为明确稳定的青少年体育俱乐部资助计划，将公益与市场融合，积极引导俱乐部形成良性循环的发展体系。但在青少年体育俱乐部发展过程中，不能盲目取消或者削减对俱乐部的财力支持。

（三）完善俱乐部的管理机制，强化内部管理水平

针对俱乐部管理方面存在的一些问题，山西省体育管理部门应该制定统一的俱乐部管理办法，明确青少年体育俱乐部的性质、申报条件、组织结构、考核、评估等组织管理机制。统筹各级体育行政部门对青少年体育俱乐部的管理机制建设，并对青少年体育俱乐部进行监督。积极引导俱乐部建立完善的经理制度或者董事会制度，减少上级单位负责人兼任的俱乐部领导机制，使俱乐部管理体系能够灵活设置。俱乐部管理人员要创新管理理念，建立科学的组织结构，确定组织管理体系形成科学分层、责任清晰、分工明确的"责、权、利"管理机制。此外，加强青少年体育俱乐部的内部管理水平，管理者要努力克服青少年体育俱乐部发展过程中的随意性和盲目性。必须围绕俱乐部的公益性这一性质，以服务青少年群体、提高青少年群体的身体素质、丰富业余生活为目的，为青少年形成终身体育锻炼习惯奠定基础。而要贯彻青少年体育俱乐部的宗旨并达到俱乐部的目的，俱乐部内部管理水平高低是能否实现目标的重要环节。俱乐部管理层要制定详细的培训竞赛、财务管理、场地服务等规章制度和实施计划，并在俱乐部的发展过程中不断调整内部管理体系。进一步细化俱乐部的宗旨、性质、管理结构、教练员职责、会员细则、权利等，以修

正俱乐部内部管理存在的漏洞和缺陷，提高工作效率，树立俱乐部良好的社会形象。

（四）了解青少年会员需求，适时调整青少年体育俱乐部的服务内容

首先，青少年体育俱乐部应该定期做市场调研，由专人负责，了解青少年群体的需求动态和趋势，制定科学合理的俱乐部体育活动课程，准备需要的场地和器材，使服务项目设置更加全面，减少教练员的工作负担，减轻教练员的工作压力。

其次，制订合理的健身计划。很多运动损伤都是因为健身计划不够科学而引起的。由于山西省青少年体育俱乐部受到场地限制较大，如果在训练课中没有顾及青少年会员之间的身体素质差异，一旦运动负荷和强度超过青少年阶段的训练水平或者基础素质，就有可能在技术课中产生运动损伤。因此，在组织团体会员进行健身时，要科学合理地分阶段制订锻炼计划，根据完成情况来调整下一阶段的俱乐部活动内容。

最后，丰富俱乐部的活动内容，吸引学生将更多的时间投入体育锻炼中去。如在周末举办适合中小学生兴趣特点的竞赛活动，并设置一定的奖励机制，调动青少年会员广泛参与；组织三人制篮球、五人制足球、健美操展示、乒乓球或羽毛球对抗赛等，将竞技运动本身的特性与青少年活泼开朗的性格有机地结合在一起，从而激发学生参与体育活动的热情，增加参与体育活动的时间。

（五）提高青少年体育俱乐部教练员的待遇，健全人力资源构成机制

首先，建立量化的考核标准，能够根据教练员在一段时间内所做的工作给予相应的回报。教练员对薪酬待遇的满意度偏低，与工作条件差和工作内容繁忙有一定关系，教练员对薪酬待遇不满意，容易造成教练员工作效率降低，离职风险加大。因此，俱乐部应该积极调整教练员的薪酬待遇，分阶段达到教练员的目标薪酬，使教练员积极地投入俱乐部工作当中，实现俱乐部的良性发展。

其次，根据各中小学校与俱乐部所在地的距离，积极和各个中小学合作，通过将在校体育教师吸纳为俱乐部外聘教练员，给予体育教师一定的

补助，通过一定的培训，使体育教师利用自身专业优势和所在学校的场地情况，就地开展俱乐部活动。俱乐部方面每周抽出固定的时间将在校会员带到俱乐部进行相关考核与训练。两者结合，既克服了青少年会员交通、场地等外部因素的制约，也解决了俱乐部场地不足、会员时间不充足等因素的影响。

最后，山西省青少年体育俱乐部可以和山西省高校体育专业进行合作，为高校体育类专业学生提供实习就业岗位。这一举措既锻炼了高校体育专业学生的教育实践能力，也弥补了青少年体育俱乐部师资力量存在的欠缺，并对俱乐部的师资形成良好的补充，既增加了人力资源的构成要素，又节省了人力资源成本。

（六）合理利用和改造现有的场地设施

青少年体育俱乐部应该对现有或者租赁的体育场所进行适当的改造和装修，尽可能给青少年会员群体创建较为宽阔的运动空间，以吸纳更多的青少年参与到俱乐部体育锻炼中。对俱乐部场所的卫生间、卫生条件、换衣间等进行适当的改造。积极与学校体育场馆、市属大型综合场馆合作，专门开辟青少年体育俱乐部活动场所，以保证各个时段青少年群体都能够参与到体育锻炼之中，避免与成年人体育俱乐部活动之间因场地问题而产生矛盾。

第三节　小结与思考

山西省青少年体育俱乐部发展状况是体育民办非企业现状的个案缩影。俱乐部的管理机制不够健全、管理人员专业性不够、资金不足是影响山西省青少年体育俱乐部发展的主要问题，受多种因素的影响，俱乐部的营收状况不尽理想，在未来发展中缺乏稳定的资金投入；俱乐部会员群体以男性居多，女性青少年群体较少，这与适合女性青少年群体的体育项目开设不足，家庭、社会、学校等对女性锻炼的偏见直接相关；俱乐部场地设施不足与会员数量较多的矛盾凸显，且俱乐部的活动设计多样性不足、安全性不够高；调查发现大部分青少年体育俱乐部教练员以兼职为主，在薪资待遇、工作内容等方面教练员满意度偏低，教练员的工作压力较大，教练员群体的潜在流失性较高。

一 完善顶层政策设计，进一步明确体育民办非企业单位的性质和功能发展定位

当前，体育民办非企业发展中面临的困境主要包括身份性质难以确定、双重管理体制的冲突、功能和地位不明确、监管困难，造成这些困难的原因可以归结为一点，就是顶层政策设计跟不上体育民办非企业发展的实际。

体育民办非企业的管理遵循的是《体育类民办非企业单位登记审查与管理暂行办法》，其第二条规定："本办法所称体育类民办非企业单位，是指由企业事业单位、社会团体、其他社会力量和公民个人利用非国有资产举办的，不以营利为目的的，以开展体育活动为主要内容的民办的中心、院、社、俱乐部、场馆等社会组织。"体育民办非企业单位是从事非营利性社会服务活动的社会组织，但登记过程中，一些体育俱乐部、体育竞赛培训机构等，难以认定是民办非企业单位还是社会服务型企业，许多还游离于登记之外。另外，资产的性质难界定。体育民办非企业单位是利用非国有资产举办的，但实际工作中，很难认定资产来源的性质，特别是事业单位举办的民办非企业单位，更不容易分清哪一部分是国有的，哪一部分是非国有的。由于我国目前在民办非企业单位管理中的制度匮乏和对民办非企业单位的双重管理带来的制度剩余，国家对民办非企业单位的扶持与鼓励政策还不够清晰明确，很多体育俱乐部到工商部门登记为企业性质的商业俱乐部。

《体育类民办非企业单位登记审查与管理暂行办法》第三条规定，主管体育工作的行政管理部门要负责体育民办非企业单位的登记审查等相关事项，国家体育总局则主管全国范围内的体育民办非企业单位的登记审查事项，同时还需负责在民政部已经登记过的体育民办非企业单位的登记审查工作。由此可以看出，民政部门是体育民办非企业单位的登记管理单位，体育行政部门是体育民办非企业单位的业务主管单位。《体育类民办非企业单位登记审查与管理暂行办法》实施内容中明确各级体育行政部门是体育民办非企业单位的业务主管单位，这是一种"属地化"管理方式。然而在具体实施时，不同地区的业务主管单位分管负责体育民办非企业单位的部门都不同，现有法律条文也未有详细说明，存在"行政脱钩、政社不分"的问题。

《体育类民办非企业单位登记审查与管理暂行办法》第十五条规定，体育民办非企业单位可以通过接受捐赠、委托项目资金、有偿服务报酬、其他合法收入四种方式获得发展资金。从体育民办非企业单位办理程序上来说，在各级民政部门和体育部门批准后，将在各级质量技术监督局申请机构代码并在当地税务部门进行登记。就接受捐赠、资助这项来说，捐赠必须用财政部门提供的事业单位统一收据，并且专款专用，税务部门无法提供捐赠、资助发票，那么体育民办非企业单位的捐赠收入都是如何获得的？体育民办非企业单位拥有接受政府等委托项目资金的业务，但是对甲方来说很多业务受到限制，无法将项目委托给体育民办非企业单位。

当前体育民办非企业单位法律地位的模糊不清，在一定程度上影响了这一组织的发展壮大，还易引起身份差异寻租、社会监管不力等问题。体育民办非企业单位的法律性质可明确为"公益性的体育非营利法人"。我国至今没有一部管理社会组织的"母法"，可适当拓展我国财团法人与公益法人的概念。应该结合我国体育民办非企业单位的实际，尽快立法，以适应体育社会组织直接登记的现状。要做到顶层设计与民间社会组织孵化和培育并行。通过立法，构建一个清晰、适宜的发展环境，一系列体育民办非企业单位在发展壮大过程中由于法律身份地位引起的问题便可迎刃而解。

二 体育民办非企业应构建合理的内部治理结构，积极获取外部支持提升自身能力

内部治理结构主要包括组织结构、制度建设、发展规划、人力资源、财务资产和档案管理等若干方面及其相互关系。作为内部治理结构的重要组成部分，每个部分的改善和优化是实现内部治理结构合理化的前提，因此，应以财务资产管理与档案管理的科学性和规范性牢固奠定俱乐部发展的合法性基础，以发展规划和战略性设计为引领俱乐部发展的宏伟蓝图，将以规章制度的完善和有效执行为主要内容的制度建设作为俱乐部运行的保障和监督机制，将不断优化人才质量与构成作为提高管理水平的人力资源保障，将完善的和有针对性的组织结构作为提升运行效率的组织保障。在保持内部治理实现规范性、科学性和高效率的基础上，改变内设机构功能性偏弱的不良状况，加强内部各项制度建设进程，才能更好地实现体育服务能力的提升。

　　前文中的青少年体育俱乐部以向社会提供服务为其业务内容，其内部治理的效果必然表现和展示于外部。外部形象的建立和传播实际上形成了俱乐部外部影响的放大机制和外部监督机制。作为非营利社会组织，俱乐部的发展有赖于社会的支持。因此，俱乐部的形象是其规范化发展的重要无形资本，俱乐部的对外宣传效果直接影响到自身发展的能力。俱乐部应选择使用多种宣传与展示方式强化外部形象的构筑，开展多样化体育竞赛与展示活动，通过各种媒体和网络平台对青少年体育俱乐部进行宣传。

　　争取较多、较好的外部支持是提高内部治理能力的重要条件。俱乐部的生存发展不只依赖创收环节，走向市场和获取外部支持是社会组织通常借用的助力形式。外部支持有一个宽泛的范围，支持的主体包括政府、市场、社会组织和个人，外部支持的形式和内容包括政策支持、资金支持、人力资源支持、行业性支持和社会支持等多个方面。俱乐部一方面要通过利用现有条件进行"自我造血"；另一方面，发展目标设定的宏伟蓝图和俱乐部的社会性特点决定了必须通过寻求外部支持来实现发展的升级。及时、合理的外部支持有助于问题的解决，有助于俱乐部在实现自身发展的同时，推进工作的顺利进行、提高有效性、扩大服务的规模与影响。在外部支持不断强化的过程中，俱乐部内部治理能力、治理水平和效果的提升必然呈现为互动中的良性结果。

第五章　草根体育组织发展研究

随着新媒体时代的到来，社会结构及人们的生活方式都发生了巨大的变化。新媒体时代是一个新思想、新观点、新技术相融合的时代，通过网络人们可以有平等的话语权并满足现实的需要。"草根"一词所萌发的新义源自西方文化，"直译自英语的 grassroots 一词"（高王永，2000），本义为"乡村（地区）的"，后引申出"普通人的、平民的、群众的、民间的"等意义。草根体育组织指那些根植于民间，属于民间自下而上发起的，不被现行法规正式认可，但在相当程度上具备民间组织核心特征（非政府性、非营利性）的各类体育组织（张宏伟、成盼攀，2013）。正是新媒体时代的到来，使得自下而上的草根体育组织具有新型的沟通交流平台。互联网已成为人们生活的一部分，在影响社会发展进程的同时也提高了人们参与体育的热情。研究发现，以各类体育运动为兴趣的网络化草根体育组织迅速发展，数量、规模呈加速发展态势，借助互联网技术，网络化草根体育组织实现了自主、自治、自我协调与自我管理，实现了虚与实，即"线上"与"线上"的互动和参与方式，实现了隔空、隔区域、虚拟个体身份参与体育的诉求，满足了不同社会群体平等、开放、共享、互助参与体育的目的和权利，突破了正式体育组织的形态。这种网络化草根体育组织的出现和成长深度影响着我国民间体育事业的发展，也为民间体育组织注入了新的活力。

第一节　"互联网＋"背景下网络化草根体育组织发展

近年来，在互联网行业快速发展背景的影响下，各类健身 App 如雨后春笋，层出不穷，这种顺应社会和人民发展需求的新科技得到广泛应用和普及，为越来越多的人所青睐。本研究结合黄亚玲教授在 2015 年对网络草根体育组织的定义，赋予其新的概念："人们通过健身 App 的应用平台突破地域和现实人际关系等因素的限制，基于共同的体育兴趣与爱好，建立组织成员共同认可的组织目标和行为规范，进行'线上'交流、'线下'体育活动的草根体育组织。"（黄亚玲、邵焱颉，2015）这种组织一般都是非营利性组织。

一 研究背景

（一）"互联网＋"已成为新时代的经济主导

2014 年国务院 46 号文件将全民健身上升到了国家战略，人民身体素质的提高成为国家发展的第一要务。在《国务院关于印发全民健身计划（2016—2020 年）的通知》中提出，"推进体育社会组织改革，激发全民健身活力"。充分发挥互联网对发展体育健身的推动作用，扩大与体育健身有关的各类活动项目及相关行业的发展，使健身服务业在体育领域中越来越受到重视。2012 年 11 月，易观国际创始人于扬在第五届移动互联网博览会的发言上首先提出了这个概念。"互联网＋"是指利用互联网的平台、信息沟通技术把互联网和包括传统行业在内的各行各业结合起来，从而在新领域创造一种新生态。"互联网＋体育"就是"互联网＋传统行业"，但这二者之间不是简单叠加，而是利用信息通信技术以及互联网平台，让互联网与传统行业进行深度融合，创造新的发展生态（于扬，2012）。健身 App 作为科学、便捷、廉价、实惠的健身工具，在"互联网＋"时代背景下的运动 App 产品打破了过去传统健身模式，为细分全民健身市场领域、整合各种体育资源带来了重要发展前景。

互联网行业的迅速发展、应用和普及，不仅令社会发生较大的变化，也严重影响着每个人的精神生活，还使中国自古以来的思想观念以及旧的思维方式发生了很大变革，同时互联网行业的发展速度非常惊人，并且覆盖面积更为广泛，已经深深改变人们的生活和工作方式。随着移动智能的普及和应用，民间各种体育组织也开始呈现互联网的发展气息。一些健身爱好者在网络信息平台上，使用各种健身 App、微信群、QQ 群、微博等晒运动场地、运动图片、运动轨迹等多种形式来分享各类信息，交流体育运动心得。

（二）"互联网＋"背景下草根体育组织已形成发展热潮

"互联网＋"是一个新型的概念，同样也是具有代表性的概念。在许多人刚刚听到其发展速度惊人的时候，"互联网＋"已经覆盖了所有的传统经济领域。体育健身行业是在"互联网＋"热潮中最早结合的一个行业，2015年是健身 App 空前繁荣的一年，各类健身 App 如雨后春笋般层出不穷，健身 App 应用市场也被梦想者视为新天空。如今社会的发展日新月异，其中最重要的特点无非就是互联网行业的快速应用与发展，"互联网＋"很快也进入公众的视线，在大数据时代的背景下互联网表现出的最重要的特点就是人民认知方式的转变。老百姓对社会新事物的认知开始通过互联网的各类信息平台以及手机移动终端等高效手段来进行学习。

随着社会的快速发展，人们的认知越来越被同化，互联网则为人们提供了沟通交流的平台，也让人们有了重新建立新的价值体系的可能，这时一些民间的非营利性组织也因此而产生。在"互联网＋"背景下，居民以网络为沟通平台，借助虚拟的力量来满足自己现实生活中所不能满足的各种需求，因此产生了大量新型的非营利性网络草根体育组织。互联网为它们提供了一种沟通平台和参与渠道，并且使人民群众进行身体锻炼的成本逐渐减少，使其健康发展。在"健康至上"的时代，在诸多的体育活动例如跑步、打球、滑冰、骑车、登山等项目中，能够融合互联网项目，在健身 App 中跑步类健身 App 发展速度是最迅猛的，所以各类名称、各类功能的跑步类 App 蜂拥而上。

据有关数据证明，到目前为止跑步类健身 App 在 30 家左右。各类 App 都有明显差异，都具有特色功能。在 30 款跑步类健身 App 中，有大家都熟悉的 Nike Running、咕咚运动、虎扑运动、悦跑圈、黎明脚步、乐动力等。每一款健身 App 都具有记录等基本功能，有的关注的是运动爱好者的体验，比如 Nike Running，就有很多功能，如基本功能、定时、定负荷跑步等功能，同时还具备健身教学的模式等；咕咚运动，注重的是社交功能；虎扑跑步，主要是能够设置健身目标，能够时时反馈回数据信息，让运动人员很容易掌握自己的锻炼负荷，虎扑跑步中有一个跑步有道功能，可以传递诸多体育知识，还设有问答专区，可以让体育爱好者学到预防运动损伤、各类健身常识等；悦跑圈和咕咚运动比较相似，其主要特色也是社交功能，通过运动手环记录参与者每天的运动数据，同时也有与身体锻炼相关的知识。21 世纪是一个空前繁荣的时代，是一个能够将全人类联系在一起的互联网时代，因此在"互联网＋"背景下网络草根体育组织已形成发展热潮。

二 研究对象与研究方法

（一）研究对象

本研究以山西省部分城市的网络草根体育组织发展现状为研究对象。以山西省太原市、大同市、临汾市、运城市的网络草根体育组织为调查对象，其中包括乐动力、咕咚跑团、薄荷瘦身、Nike Running、虎扑跑团等网络草根体育组织成员共 800 人的统计情况，见表 5 - 1。

表 5 - 1　山西省网络草根体育组织人数分布统计

单位：人，%

组织名称	参与人数	临　汾	运　城	太　原	大　同	所占比例
Nike Running	36	8	3	19	6	4.50
乐动力	140	37	23	56	24	17.50
薄荷瘦身	224	57	21	92	54	28.00
咕咚跑团	80	23	17	29	11	10.00
虎扑跑步	208	38	22	93	55	26.00
多锐运动	20	6	3	8	3	2.50
趣运动	27	8	3	10	6	3.38
悦动圈跑步	65	19	10	27	9	8.13

（二）研究方法

1. 文献资料法

通过查阅有关网络草根体育组织的材料，以及国内相关领域专家的发言及相关政策，查阅政府下达的与网络组织以及网络草根体育组织相关的文件；广泛收集学术期刊网上的相关研究文献，对网络草根体育组织以及运动型健身 App 的普及和应用等各方面进行尽可能深入的了解，为本研究准备充分的理论依据，并借鉴一些国内知名的互联网行业中专业人士的观点，结合理论分析与实际情况进行论述。

2. 问卷调查法

根据本研究的研究内容和目的，在阅读大量文献资料和体育科研书籍的基础上，针对网络草根体育组织成员，设计出一份关于"互联网＋"背景下山西省网络草根体育组织发展现状及影响因素的调查问卷；针对网络草根体育组织负责人，设计出一份关于"互联网＋"背景下山西省网络草根体育组织负责人访谈提纲。

调查问卷于 2016 年 10 月至 12 月，分别向山西省部分网络草根体育组织发放网络问卷，并进行及时回收。本次调查共向网络草根体育组织成员发放网络问卷 835 份，回收问卷 835 份，回收率为 100%。其中选取有效问卷 800 份，有效率为 95.8%（见表 5 - 2）。

表 5 - 2　组织成员问卷发放及回收情况统计

单位：份,%

	发放数量	回收数量	回收率	有效数量	有效率
成员问卷	835	835	100	800	95.8

3. 实地考察法

为更好地搜集资料，通过对山西省部分城市一定数量的网络草根体育组织进行实地走访考察，研究者积极参与到咕咚临汾跑团和临汾劲跑团活动当中，以了解其发展状况，为更深层次地了解和把握网络草根体育组织的发展做好充分的准备。

4. 访谈法

通过设计访谈提纲，对山西省部分城市网络草根体育组织的负责人（见表 5 - 3）进行访谈，了解负责人的主观意识与对网络草根体育组织的认识和看法以及存在的问题，了解网络草根体育组织进一步发展的制约因素。

表 5 - 3　山西省网络草根体育组织负责人情况

访谈时间	访谈方式	人物	人物所在地	人物身份（负责人）
2016. 12. 20	实地访谈	任某	山西省临汾市	咕咚跑团
2016. 12. 20	实地访谈	张某	山西省临汾市	虎扑跑步
2016. 12. 20	微信语音	仪某	山西省运城市	乐动力
2016. 12. 20	电话访谈	王某	山西省运城市	薄荷瘦身
2016. 12. 25	微信视频	陈某	山西省大同市	多锐运动
2016. 12. 25	电话访谈	王某	山西省大同市	趣运动
2016. 12. 26	实地访谈	马某	山西省太原市	悦动圈跑步
2016. 12. 26	电话访谈	王某	山西省太原市	Nike Running

本研究针对山西省部分网络草根体育组织进行实地访谈、微信访谈以

及电话访谈，对临汾市的两个网络草根体育组织进行实地访谈，针对其他地区成员负责人，通过朋友介绍、咨询其微信号、微信语音等方式对有关该组织的问题进行探讨，其他组织负责人均以电话访谈的方式就山西省网络草根体育组织的发展现状及影响因素进行探讨。

5. 数理统计法

对专家征询的结果以及发放回收的问卷进行整理，运用 Excel 进行数理统计和分析，得出支撑论文的数据并加以研究，保证数据的准确性。

三 山西省网络草根体育组织发展现状

（一）网络草根体育组织成员基本情况

从表 5-4 可见，网络草根体育组织成员中，女性多于男性，但比例相差不大，年龄段主要集中在 26 岁与 60 岁之间，职业中公司员工、教师、学生及工人所占比例较大，其中，退休人员所占比例最少，同时其他领域的职业人员也各占据一定的比例。

表 5-4　参与调查人员情况

	分　类	数量（人）	所占比例（%）
性别	男	388	48.50
	女	412	51.50
年龄	25 岁及以下	112	14.00
	26~45 岁	431	53.88
	46~60 岁	228	28.50
	60 岁以上	29	3.62
职业	学生	116	14.50
	工人	108	13.50
	教师	115	14.38
	公司员工	117	14.62
	机关干部	92	11.50
	商业工作人员	80	10.00
	科研人员	63	7.88
	个体	56	7.00
	退休人员	29	3.62
	其他	24	3.00

（二）网络草根体育组织成员具体活动开展现状

1. **网络草根体育组织的参与方式**

随着网络时代的到来以及移动终端的普及与应用，群众参与民间体育活动更加方便、快捷和多样化，本研究对网络体育组织内部成员经常用什么方式参与组织内活动进行了调查研究（详见表 5 - 5）。

表 5 - 5　网络草根体育组织成员经常采用何种方式参与组织活动情况

参与形式	数量（人）	所占比例（％）
健身 App	137	17. 12
QQ	79	9. 88
微信	527	65. 87
其他社交软件	57	7. 13

从表 5 - 5 可知，网络草根体育组织成员中使用微信和健身 App 参与组织活动的人员较多。因为随着人们对健身需求的日益增长，更加关注健身方式以及科学健身，健身 App 的便捷性使其越来越受到欢迎。调查结果显示，在组织内组织成员使用健身 App 的占到调查总人数的 17. 12％。其他社交软件所占比例较少，从数据得到的结论是健身 App 的普及和使用影响网络草根体育组织的发展，对网络草根体育组织的发展起到了一定的促进作用。

2. **网络草根体育组织成员参与活动目的**

网络草根体育组织成员参与活动目的，是其发展的必然要素，也是维系其发展的生命线。身体锻炼与各项健身运动能够调节人体紧张情绪，起到调整生理和心理状态、恢复体力、缓解疲劳、舒展身心、陶冶情操等积极作用。运动爱好者参与体育运动和身体锻炼既是基于身体功能又是基于兴趣爱好，所以明确参与体育锻炼的目的至关重要。本研究针对网络体育组织成员参与体育活动目的进行调查研究，详见表 5 - 6。

表 5 - 6　网络草根体育组织成员参与组织活动目的情况（多选）

参与目的	数量（人）	所占比例（％）
爱好相同	220	27. 50
扩大交际	260	32. 50
专人指导，比较科学	372	46. 50
融入群体，有归属感	364	45. 50
有人组织，锻炼有保证、有规律	352	44. 00

从表 5 - 6 可知，在参与调查的网络草根体育组织成员的参与目的中希望专人指导为 372 人，所占比例为 46.5%；在组织内融入群体，有归属感的所占比例为 45.5%；有人组织，锻炼有保证、有规律的所占比例为 44%；扩大交际占 32.5%；爱好相同占 27.5%。从数据可见，多数人参与网络草根体育组织的目的是基于有专人指导，比较科学。因此，明确健身目的更有助于网络草根体育组织的健康发展。

3. 网络草根体育组织的活动内容与开展频率

通过对网络草根体育组织的成员进行调查研究，探索影响网络草根体育组织发展的因素，本研究针对网络草根体育组织成员参与活动情况进行调查（详见表 5 - 7）。

表 5 - 7 网络草根体育组织成员参与活动内容

活动内容	数量（人）	所占比例（%）
培训辅导	67	8.38
组织竞赛	221	27.63
自由练习	336	42.00
对外交流	125	15.63
其　　他	51	6.38

从表 5 - 7 可知，在参与调查的网络草根体育组织成员中，有 27.63% 的人参加组织竞赛；有 42% 的成员采用自由练习的方式加强锻炼；有 8.38% 的成员采用的是培训辅导的方式进行体育运动；有 15.63% 的成员参与的体育活动是对外交流；组织内成员采用其他方式进行体育活动所占比例为 6.38%。数据对比显示，网络草根体育组织内部成员参与体育活动方式比较单一，不能满足成员的意愿。

通过对网络草根体育组织成员的调查，探索研究网络草根体育组织的活动开展频率，来分析影响网络草根体育组织发展的因素，调查结果详见表 5 - 8。

表 5 - 8 网络草根体育组织活动开展频率情况

频率	数量（人）	所占比例（%）
极少	79	9.87
很少	79	9.87
偶尔	209	26.13

续表

频率	数量（人）	所占比例（%）
一般	389	48.63
较多	124	15.50
频繁	20	2.50

从表 5－8 可知，在参与调查的网络草根体育组织内，48.63% 的组织成员认为所在网络草根体育组织活动开展频率一般；26.13% 的人认为所在组织只是偶尔开展活动；9.87% 的人认为所在组织很少组织活动和开展体育锻炼活动；15.5% 的组织成员认为所在的网络草根体育组织活动开展得较多；只有 2.5% 的组织成员认为所在的网络草根体育组织经常开展体育活动，并且较频繁。从数据可以看出活动的开展频率严重影响网络草根体育组织的发展。

（三）网络草根体育组织成员健身 App 的使用现状

随着移动互联网行业快速发展，手机智能终端也广泛受到欢迎，利用移动终端，加入健身行业的人群也直线上涨，利用健身 App 进行体育锻炼，也吸引了大量的客户。通过移动互联网来改变传统的健身模式，本研究针对山西省部分城市网络草根体育组织中线上健身 App 的使用种类，以及线下希望健身 App 提供哪些功能进行调查研究。

1. **健身 App 的使用种类和时间**

近年来"健身热"在国内迅速蔓延，越来越多的专业健身俱乐部也如雨后春笋，层出不穷，同时也进一步证明人们对健身运动的需求越来越多。健身 App 紧跟潮流的步伐，设计出多种更人性化的功能，激发运动者参与健身的热情和积极性。身体锻炼是一个乏味的过程，所以可以在教学视频中增加运动兴趣，看到更有活力、更生动的健身视频，让用户更用心去学习和体验。同时，网络草根体育组织成员可以到健身 App 的特色功能里面打卡签到，从而增加健身 App 的使用频率。

健身 App 能够为运动者提供数据支持或瘦身计划，达到时时教练的效果。运动者在健身的过程中产生的困惑，可以进行相关问题的探讨，其他用户可以分享健身运动的经验，还能增加参与者之间的互动和交流。健身 App 还具有追踪运动者运动轨迹、运动频率等多方面的功能以及时时数据，来分析运动者的健康指数，同时还能够制订合理的健身计划给运动者参考。本研究针对组织成员使用健身 App 情况进行调查研究，详见表 5－9。

表 5 - 9　网络草根体育组织人员使用健身 App 种类情况

组织名称	参与人数（人）	所占比例
Nike Running	39	4.88
乐动力	137	17.13
薄荷瘦身	209	26.13
咕咚运动	95	11.88
虎扑跑步	195	24.38
多锐运动	33	4.13
趣运动	27	3.38
悦动圈跑步	65	8.13

从表 5 - 9 可知，在参与调查的网络草根体育组织的成员中选择 Nike Running 的人数占总数的 4.88%；选择乐动力的人数比例为 17.13%；选择薄荷瘦身的成员占调查总数的 26.13%；选择咕咚运动的人数占比为 11.88%；选择虎扑跑步的人数占调查总数的 24.38%；选择多锐运动的人数占总数的 4.13%；选择趣运动的人数占总数的 3.38%；选择悦动圈跑步的人数占总数的 8.13%。从数据上分析得知，选择跑步 App 和瘦身 App 的人数较多，但组织成员使用健身 App 进行指导的人数快速上升。健身 App 的种类也越来越多样化，健身 App 的功能也会进一步完善，来满足更多人的意愿和诉求。

通过对参与本次研究的网络草根体育组织的成员使用健身 App 的时间进行调查研究，了解健身 App 的使用对网络草根体育组织发展的影响，详见表 5 - 10。

表 5 - 10　网络草根体育组织成员健身 App 使用时间情况

时　间	参与人数（人）	所占比例（%）
6 个月以下	172	21.50
6 个月到 1 年	344	43.00
1 年到 2 年	240	30.00
2 年以上	44	5.50

从表 5 - 10 可知，在参与调查的网络草根体育组织的成员中健身 App 的使用时间较多的是 6 个月到 1 年，所占比例是 43%；6 个月以下的为 172 人，所占比例为 21.5%；1 年到 2 年的为 240 人，所占比例为 30%；2 年以上的为 44 人，所占比例为 5.5%。从数据可以看出，健身 App 的使用多

在 6 个月到 1 年，2 年以上较少。

2. 网络草根体育组织成员对健身 App 功能需求的调查

在健身 App 使用中愿意透露个人信息加强交流的人数为 628 人，占参与调查总人数的 78.5%；不愿意透露信息的占总人数的 21.5%，相对来说还是比较少的。随着健身 App 使用时间的增长，其会给网络草根体育组织的发展带来积极的影响。

通过对参与本次研究的网络草根体育组织的成员希望健身 App 存在的功能进行调查，分析出影响网络草根体育组织发展的因素，详见表 5 – 11。

表 5 – 11　网络草根体育组织成员对健身 App 功能需求情况

需求内容	需求数量（人）	所占比例（%）
体育社交（约球，约专业教练）	151	18.87
体育资讯	296	37.00
附近体育场地定位服务	281	35.13
赛事分析评论	287	35.88
赛程预告和直播	293	36.62
智能数据监测（如每日步行里程等）	359	44.87
科学运动健康指南	281	35.13
专业体育产品商城	132	16.50
其他	28	3.50

从表 5 – 11 可知，在参与调查的网络草根体育组织成员希望健身 App 存在的功能中，智能数据监测所占比例为 44.87%；体育资讯、附近体育场地定位服务、赛事分析评论、赛程预告和直播、科学运动健康指南所占比例均为 36% 左右；有体育社交功能的占 19%；有专业体育产品商城所占比例为 16.5%。从数据可知，随着互联网时代的到来与移动终端的普及和应用，网络草根体育组织并不仅仅局限于体育运动，还有其他功能（如体育社交和产品商城等）。由此可以看出，健身 App 中的诸多功能能够促进网络草根体育组织的发展。

四　山西省网络草根体育组织发展的影响因素分析

通过对山西省部分城市的网络草根体育组织的调查研究，分析其管理机制、资金、组织氛围、社会是否支持等影响网络草根体育组织的发展因素，以及网络草根体育组织影响因素的重要性。

（一）网络草根体育组织的制度建设与管理模式

互联网时代人们拥有更加多元化的表达渠道和表达方式，可以更直接地进行参与管理。而今，对于网络草根体育组织来说，在"互联网＋"大背景下，网络草根体育组织作为民间体育组织中新的发展形态，其制度建设、管理模式与以往的传统管理模式存在诸多差异，由此需要进一步研究和探索。本研究针对网络草根体育组织制度建设与管理模式进行探讨，分析其影响因素，详见表5－12、表5－13。

表5－12 网络草根体育组织制度建设情况

制度建设情况	需求数量（人）	所占比例（％）
不完善	128	16.00
一般	505	63.13
比较完善	167	20.88

表5－13 网络草根体育组织管理模式合理程度情况

管理模式合理程度	需求数量（人）	所占比例（％）
很合理，井然有序	77	9.63
合理，能够满足个人需要	159	19.88
较合理，但管理有漏洞，有时会影响活动正常运行	465	58.13
管理有缺陷，组织活动规模较差	83	10.38
不合理，管理漏洞多，活动混乱	16	2.00

从表5－12、表5－13可知，在参与调查的网络草根体育组织的成员中，认为所在组织内制度建设一般的所占比例为63.13％；认为比较完善的占调查总数的20.88％；认为制度建设不完善的占16％。从数据可以看出，认为不完善和一般的占比接近80％。在组织成员中认为管理模式较合理的占58.13％；合理，能够满足个人需要以及很合理，井然有序分别占19.88％和9.63％；管理有缺陷，组织活动规模较差以及不合理，管理漏洞多，活动混乱分别占10.38％和2％。从数据不难看出，大多数人认为管理模式存在漏洞甚至不合理。从对组织负责人的访谈得知，网络草根体育组织的组织内部成员锻炼时间不规律、随意性强，组织签到等均无法保

证。由此可见，加强网络草根体育组织制度建设、完善管理模式是网络草根体育组织发展的制度保障。

（二）网络草根体育组织成员的团队氛围与交流

人在自然社会中地位尊崇，人与人相处的氛围和谐是十分必要的，相处不和谐会带来一定的危害性。如果人类社会成员之间不注重和谐相处，不注重和谐氛围，那么产生危害性的矛盾不仅会时有发生，而且在一定影响的范围内还可能会激化新的矛盾，不利于团结，一个组织之内如果团队氛围营造不好也会严重影响组织的良性发展。本研究针对组织内成员相处情况做出数据分析，探索其是否影响网络草根体育组织发展，详见表 5 - 14。

表 5 - 14　网络草根体育组织成员相处情况

相处情况	需求数量（人）	所占比例（％）
融洽	288	36.00
比较融洽	397	49.63
不太融洽	107	13.38
不融洽	8	1.00

从表 5 - 14 可知，在参与调查的网络草根体育组织的成员中相处比较融洽的占 49.63%；相处融洽的组织成员占调查总人数的 36%；不太融洽的所占比例为 13.38%；相处不融洽的占 1%。从数据可以看出，虽大多数组织成员都认为融洽和比较融洽，但仍有一部分认为不融洽，所以加强组织内部的团队氛围是能够影响网络草根体育组织发展的。

体育运动作为社交的一种形式，在人们的社会生活中发挥着增强人际交往的重要作用。参与体育运动和体育组织比赛可以强化人员之间的交流，营造更为良好的健身氛围。本研究针对组织内成员的比赛交流情况进行调查研究，详见表 5 - 15。

表 5 - 15　网络草根体育组织调查人员比赛交流情况

比赛交流情况	数量（人）	所占比例（％）
会的，愿意与人切磋	240	30.00
可以，不常交流	436	54.50
不会	124	15.50

从表 5 - 15 可知，在参与调查的网络草根体育组织内，不常交流的所占比例为 54.5%；选择会并且愿意与人切磋的占 30%；选择不会，不愿意与别人沟通交流的占 15.5%。调查结果显示，组织成员间主动交流比赛对网络草根体育组织团队建设有重要的意义。因此，需要加强网络草根体育组织内部的沟通与交流，营造组织团队氛围。

（三）网络草根体育组织运转资金来源

网络草根体育组织的运转资金是组织内部举行活动的物质保障，也是组织良性发展的基础，组织内运转资金来源直接决定组织的发展速度。本研究针对网络草根体育组织运转资金来源进行调查研究，详见表 5 - 16。

表 5 - 16   网络草根体育组织运转资金来源情况

运转资金来源	需求数量（人）	所占比例（%）
成员缴纳	351	43.88
企业赞助	141	17.63
政府拨款	68	8.50
其他	240	30.00

从表 5 - 16 可知，在参与调查的组织中，运转资金主要来源于成员缴纳和企业赞助的占比分别为 43.88% 与 17.63%；政府拨款仅为 8.5%。由此可以看出，网络草根体育组织的发展，政府只是站在鼓励的角度，并没有投入太多的运转资金。从对组织负责人的访谈同样可以得知，网络草根体育组织的资金来源主要是成员缴纳，组织内活动资金一般采用成员 AA 制的形式，只有一小部分来源于企业赞助和政府拨款。所以提高政府的重视程度，增加网络草根体育组织的资金投入，有助于网络草根体育组织的快速发展。

五　咕咚临汾跑团个案分析

（一）以健身 App 为工具的组织管理形式

相对于正式的组织管理来说，咕咚跑团的管理是在"互联网＋"的时代背景下，采用运动型健身 App 的一种新型的管理方式。在现代社会，微信、微博等各种带有社交功能的软件已经改变了传统的沟通交流方式，而在"互联网＋"背景下觉醒和成长起来的咕咚跑团则是用其本身的运动型健身 App 作为日常的管理方式，除了咕咚 App 内部组织群之外，还有微信群等，在全国咕咚跑团的管理方式中处处体现出"互联网＋"的时代元素，咕咚跑团倡导以"线上"网络平台为主要沟通联系方式，"线下"开展多种形式的网络交流与互动。

咕咚跑团的管理工具以咕咚 App 为主，而其管理方式更加具有独特性，它摆脱了以往组织定岗定位的管理模式，其管理人员均自愿参与、自发式管理，跑团团长自愿承担起自己所在城市的组织管理及领跑任务，并无功利之心。为了进一步了解网络草根体育组织的发展，本部分以咕咚临汾跑团为个案研究，分析其发展现状及影响因素。以下是针对咕咚临汾跑团团长 RG 的访谈记录：

> 咕咚临汾跑团，快乐运动的奢享人生，知心、人文、便捷的交流，和睦共处、互相帮助、相互促进发展的平台。咕咚临汾跑团汇聚临汾热爱跑步、热爱运动的人士，我团将不定时组织举办各类交流活动，我们的跑团有我们本身的规章制度，并且制度制定也是咕咚临汾跑团志愿者委员会集体讨论决定的，并且随着组织成员的快速增加，组织内问题凸显，我们会及时根据问题去完善相关制度。咕咚临汾跑团作为群友运动、组团交流分享平台，内容必须是传播正能量，禁止敏感性话题传播，文明聊天，其中关键的第一条和第二条是这样的：严禁出现反党、反政府、传销、广告宣传、投票拉票、相互谩骂、人身攻击等违法、违规、不文明行为；第二条是严禁刷屏影响他人交流，群里不容许发暴力图片、视频和不良信息，违者随时开除，取消成员资格。

咕咚跑团的咕咚运动健身 App 管理终端、微信群等，都是由一些热爱跑步健身的热心人士自发组织并运用微信群与咕咚运动 App 进行管理，不存在任何阶级，组织成员都是一样的地位，管理非常民主。每个成员在组织内能够通过跑步来缓解压力，享受运动激情。每周六是组织的活动举行日，是由团长在微信群和咕咚运动健身 App 上发起，活动也是依个人状况自愿参加的，但成员尽可能都来参与，在健身 App 上打卡，以及晒出自己的运动轨迹、跑步距离及跑步时间等，这些都充分体现在"互联网＋"背景下网络草根体育组织表达方式及组织管理形式的变化。

（二）咕咚跑团组织特色活动内容

调查显示，该组织成员在选择活动内容时以跑步为主，部分组织成员曾参加马拉松全国性比赛，并取得优异成绩。根据访谈得知，成员在参与组织活动时，会以跑步为主要健身方式，由于跑步锻炼，投资相对较少，只需一双舒适的跑鞋和一身舒适的衣服，对运动场所要求也不高。该组织的成员在选择活动场所的时候，频率最高的是在公园进行锻炼，临汾市咕咚跑团主要是在临汾市滨河公园，由此可以看出，咕咚跑团活动开展内容和运动场所的选择都非常简单，任何人都可以参与，不需要任何的限制。组织除了定期举行跑步活动外，还经常举办公益性活动，由团长带头组织，成员自愿参与，清理临汾市内马路、街道内的垃圾等活动，得到成员的一致认同，同时大家都希望多举行此类公益性、有社会价值的活动，从小事做起，为临汾市的市容市貌献出绵薄之力。除此之外，组织内还会不定时举行 AA 制聚餐以及团体旅游，采用志愿参加的方式，加强组织内成员的沟通交流，营造健康有序的组织环境和组织氛围。

（三）组织经费来源

咕咚跑团是存在于民间，不以营利为目的的网络草根体育组织，所以，组织内运行经费来源渠道比较匮乏，在实地调查中，缺少经费来源，经费紧张，无法大力开展组织内部活动，缺少协会与政府支持，成为制约组织发展的重要因素。咕咚跑团作为一个经费紧缺的组织，组织内所有经费都来源于组织成员自愿缴纳。虽组织内有统一的服装，但服装都是成员自己主动要求购买的，并自愿缴费，成员一般都选择花小钱办大事的方式，以较少的投入来换得较大的收益。有一部分活动是由企业赞助，但出发点肯定是公益事业。因此，企业赞助是该组织的一个经济来源。组织成员个人 AA 制也是咕咚跑团的第一经济来源，由此也最能凸显组织经费相对比较短缺，如果组织内准备举行跑步以外的各类活动，例如车费、食宿、成员平时的聚会等，需提前通知组织成员是否需要 AA 制交钱，组织之内有专人自愿负责帮大家管理财务，活动结束后，该负责人公布总的消费明细，以及人均消费情况，采用多退少补的形式，保证财务公开透明。由此可见，咕咚跑团的经费来源比较单一，基本没有固定的经费来源，但除特殊情况外也没有一定的必要支出，整个经费的来源与支出都充满了不稳定因素。这也是"互联网＋"背景下衍生出的网络草根体育组织的一个不足所在。

（四）组织合法性探讨

当今社会是一个组织的社会，在各种各样的社会组织中，组织的合法性问题尤其重要，人们沟通交流往往是在组织的规则里完成的。组织内部的合法性，除了具有强制性效果的规章制度，主要还要依托于强大的内部组织文化建设，组织文化产生的实际效果对组织的健康发展、维持组织的良性运行无疑是强大的组织机制。目前，网络草根体育组织作为一种新的发展形态，在我国法律的合法性有待明确，对于我国大量未经正式登记的网络草根体育组织，如"咕咚跑团""乐动力"等，它们虽并不具有被法律认可的身份，但依然具有社会合理性的存在。实际上，法律保障往往是组织成员的重要保障，关系到每一位组织内成员的切身利益。健全规章制度，完善法律法规对组织成员的健身会产生巨大的促进作用。采访中跑团团长说：自咕咚跑团成立至今，为取得合法性身份一直不断地努力，临汾市其他类似于咕咚跑团这样的网络草根体育组织也有这种情况出现，网络草根体育组织的合法性身份也成为制约网络草根体育组织发展的重要因素。

六　网络草根体育组织发展的思考

（一）营造组织氛围，强化网络草根体育组织的凝聚力

中国是文化大国，中华文化在我国经济社会活动中起着举足轻重的作用，一个组织在没有正式制度前，文化可以引导组织继续前行，当文化根植于人心时，人们就有了统一的远景、统一的核心价值观、统一的行为道德标准。在用正式制度来移风易俗的时候，要充分考虑到社会的大背景，要权衡多方面的利弊，平衡多方面的诉求，不能简单行事、搞一刀切，而需要借助文化舆论等工具营建好制度创建和执行的氛围。当前我国社会正处于发展的关键期，同时也是社会发展的快速上升期，许多新事物伴随着互联网应运而生，"互联网＋"背景下的体育事业也随着时代的发展热潮快速觉醒。网络草根体育组织作为一种新的发展形态，组织内部构成具有

时代性，组织成员的构成更加多样化，因此组织氛围的营造显得尤为重要，组织凝聚力必须要强化。

（二）拓宽思路，增加资金投入

社会组织与政府、社会共同担负着为人民群众服务的职责。网络草根体育组织作为民间非营利组织的一种新型发展形态，而今发展方式就过于简单化。为此，要创新丰富网络草根体育组织发展方式，作为组织自身应当根据公民大众的需求来规划和发展组织队伍建设，壮大其发展规模，增加社会影响力，来向社会传递更多的正能量。而在发展壮大过程中，网络草根体育组织运行资金匮乏，又成了制约网络草根体育组织发展的重要因素。与此同时，要想使网络草根体育组织发展壮大，政府应逐步加大对网络草根体育组织的资金投入，在物质和精神上共同支持鼓励民间网络草根体育组织健康有序发展。

（三）完善组织立法，"互联网＋"背景下运动 App 使用与线下活动的融合

相关部门应规范组织行为、健全规章制度，为网络草根体育组织营造大的法律环境以保证其健康可持续发展。但法律、制度的制定要从社会实际出发，及时跟上社会管理的发展需求。法律是保障一切社会活动进行的基础。在"互联网＋"背景下，应充分利用网络建立起相关的组织运行机制，这样更便于建立起政府和民间组织的桥梁，还能加强政府和民间组织的合力，使政府和民间体育组织更好地结合。而网络草根体育组织来源于民间体育组织。对于现阶段的网络草根体育组织来说，法律的保证以及监督评估的完善是必不可少的，只有完善网络草根体育组织层面的相关立法，才能保证网络草根体育组织在有法律保障前提下的良性运行，如此才能促进这一符合时代特征的新型民间体育组织的发展形态，为网络草根体育组织的迅速崛起和快速发展提供保障。健身 App 的功能众多，在保证规范健身 App 使用目的的前提下，更加注重线下活动开展，更好地将网络草根体育组织成员紧密联系在一起，加强成员"线上"和"线下"的交流与互动，更好地实现成员在网络草根体育组织内线上、线下的融合。

第二节　"黎明脚步组织"培育和发展

新媒体时代的到来使自下而上的草根体育组织具有新型的沟通交流平台。草根体育组织是指那些根植于民间，属于民间自下而上发起，不被现行法规正式认可，但在相当程度上具备民间组织核心特征（非政府性、非营利性）的各类体育组织（张宏伟、成盼攀，2013）。新媒体时代下发展起来的"黎明脚步组织"正是草根体育组织的新型代表，"黎明脚步组织"是以唤醒全民健身意识为目的，以电话振铃叫醒为服务形式，以晨跑为主要活动方式，具有非政府性、非营利性、公益性的草根体育组织。它通过网络论坛发帖兴起，现在遍布20多个国家和地区，迄今该组织参与人数超过25万人，发展速度快、传播范围广。研究通过对"黎明脚步组织"的田野调查，揭示其生存、发展过程，并深入分析其繁荣背后广大草根体育组织的发展困境。

一　新媒体时代与草根体育组织

社会转型期一个显著的特点就是新媒体的发展与运用，自20世纪下半叶兴起的科技革命，将人类带入新媒体时代以来，新媒体逐渐渗入每个人的生活当中。所谓新媒体，就是依托数字技术、网络技术和移动通信技术等，通过有线或者无线传输网络，向用户提供信息（数据）服务，发挥传播功能，并能使传播者与受众（用户）互动的媒介的总和，它以其数字化、交互性、高技术支持等构筑了一个全球性、开放性、全方位的信息空间。新媒体不是一种简单的功能性替代，而是一种理念的革新。正如法国哲学家让·鲍德里亚所表达的："铁路所带来的'信息'，并非它运送的煤炭或旅客，而是一种世界观、一种新的结合状态。"（鲍德里亚，2001）社会转型期的新媒体呈现以下鲜明的特点。首先是公众认知方式的改变，即从"点对面"的单向传播形态转变到"面对面"的多向传播模式，公众对社会及新事物的了解和认识往往是通过网络社交媒体、手机移动设备等多种途径的沟通和辨别来完成的。其次是社会组织形式的改变。随着社会的逐渐分化，小范围内社会成员的同质性越来越明显，他们产生一定的认同感或者归属感，新媒体则为其提供了沟通联系的平台，为群体价值观的重建提供了条件，也让人们有了重建社会关系的可能，一些草根的自发性组织也因此而产生。最后是公众表达平台的转变。新媒体时代人人都可以是网络播音员，公众大量通过微博、博客、论坛等表达观点和意见，人们生活中处处体现着新媒体工具的运用，如微博、微信、QQ、跑步软件的频繁使用等。在新媒体时代下，人们以网络为交流平台，借助网络力量来满足自己现实生活中所不能满足的需求，产生了大量新型的草根体育组织。本部分的研究对象——"黎明脚步组织"即是其中一个典型代表。新媒体为这类组织提供了一种崭新的参与平台和渠道，并且使公民成立自组织的成本大大降低，促使其茁壮成长。

二 "黎明脚步组织"的发展概况

（一）新媒体孕育下"黎明脚步组织"的成立与兴起

"黎明脚步组织"发起于 2007 年 4 月 16 日，河南焦作网名为"夏天的杨树"的网友在"山阳论坛"发了一个帖子《别睡懒觉了，起来跑步吧，我叫你》，并公布了自己的手机号，于是便有许多人与他联系，表示要加入该组织，通过新媒体的力量，迄今该组织参与人数超过 25 万，叫醒了 20 多个国家和地区，"黎明脚步"城市 QQ 群在中国有 150 多个，并且仍在不断增加，多数地区已有该组织的实体团队，但停留在新媒体层面交流的"黎明脚步组织"仍不在少数。"黎明脚步"由杨树的新浪博客的个人网名逐渐发展成带动全民健身的草根体育组织名称，该组织的主要活动方式是晨跑，但与其他跑步团体的区别是，该组织提供"叫醒"服务，一部分成员（黎明使者）自愿早上花时间去用电话振铃叫醒那些想跑步但起不来的人，"叫醒"服务更加凸显了它的公益性。该组织的宗旨是唤醒人们的健身意识，带动人们参加锻炼，其是一个典型的通过新媒体的孕育、发酵而成熟起来的草根体育组织。

（二）以新媒体为媒介："黎明脚步组织"的发展与传播

通过调研了解到该组织成员在加入前，对组织的了解途径除了传统方式的听人介绍外，依靠新媒体传播的比例占被调查人数的 22.1%，其中博客、微信公众号及其他新媒体的被选比例比较高，可以看出新媒体在"黎明脚步组织"传播过程中的重要作用。在访谈中，该组织成员认为，现在网络发展迅速，带给人们非常多的便利，他们平时经常通过 QQ 交流彼此的跑步心得或是运动感受，不仅可以和平时认识的成员交谈，通过网络他们也同远在各地的"黎明脚步组织"成员交谈，了解他们的活动方式和发展情况，彼此间互通有无，通过网络既可以增加彼此的感情，也可以相互指导一些锻炼技巧等，一些运动经验丰富的成员会将一些运动注意事项、运动恢复手段、运动技巧等公布在网上供其他人借鉴，新媒体是该组织在发展与传播过程中的媒介。

（三）以新媒体为工具："黎明脚步组织"的组织与管理

1. "黎明脚步组织"的构成

社会组织构成包括四要素：组织目标、规章制度、组织成员、权威（郑杭生，2009）。首先，从组织目标来看，该组织具有明确的组织目标，即"叫醒那些想跑步，但是起不来的人，用行动向人们传播健康理念"，不以营利为目的，发来短信就给予永久的免费叫醒服务，向还没有开始运动的人传播健康的生活方式以及生活理念便是该组织的"灵魂"。

其次是规章制度，该组织中只有"焦作市黎明脚步组织志愿者协会"具有规章制度，该协会于2013年4月13日成立，"焦作市黎明脚步组织志愿者协会"章程自颁布之日起开始生效。因此，"焦作市黎明脚步组织志愿者协会"是该组织发起7年以来，在20多个国家和地区中唯一被政府承认，拥有合法性身份的组织，其他地区的"黎明脚步组织"依然在不断寻求着合法性身份。在访谈中杨树说过，天下"黎明脚步组织"是一家，焦作只是走在前面而已，"焦作市黎明脚步组织志愿者协会"成员只是"黎明脚步组织"中的一部分人，并不能代表所有的"黎明脚步组织"成员，该组织并没有门槛之说，只要是愿意运动的人就可以加入，即使身体上因为某些原因不能参加运动的，只要思想上有传播健康的理念也可以是该组织的成员，徐州双目失明、瘫痪在床的小郁就是一个优秀的黎明使者。

再次是组织成员，分为实体团队的成员和网络虚拟团队的成员。"焦作市黎明脚步组织志愿者协会"章程中明确规定，"没有申请成为本协会的人员，同样可以是该组织参与者，可以是该组织的成员"，因此，不论是成立协会的还是游存在民间的"黎明脚步组织"，其参与者都是该组织的成员。

最后是权威，根据韦伯对权威的分类，该组织属于魅力型权威，成员中因某人具有超人的能力或突出贡献形成个人魅力，因而在成员间形成一定的权威，该组织正是如此。各城市领跑人无私地对本城市奉献，安排叫醒或自己叫醒，并向自己所在城市的人民传播健康理念，带领大家运动，因此，各城市领跑人在本城市"黎明脚步组织"队伍中具有一定的权威。

2. 以新媒体手段为主的草根式管理

"黎明脚步组织"是新媒体时代下兴起的草根体育组织，整个运行过程处处贯穿着新媒体。该组织并无规范的管理制度，仅是靠一群志愿者运用新媒体自主管理，例如，"黎明脚步组织"官网、"黎明脚步组织"微信公众号、各"黎明脚步组织"城市 QQ 群等，都是由热心人士自发组织并运用新媒体管理，不存在任何领导与被领导的关系，成员之间的地位都是平等的。而且该组织成员之间以彼此的网名相称，不问各自的工作单位等私人情况，在现实生活中仍保留一份虚拟感，让每个成员在本组织中都能抛开工作、生活的烦恼，尽情享受运动带来的快乐，该组织中成员用网名相称是该组织的一个特色。组织中没有特定的活动举行日，活动的举行是由热心网友在网上发起，得到大家认可后，才进行操作的，活动是依个人状况自愿参加，充分体现了新媒体环境下草根体育组织表达方式的变化，属于草根式管理。

三 "黎明脚步组织"发展面临的困境

（一）身份认同中合法性的缺失

组织发展的关键问题是身份认同，即组织合法性身份的获得，对于中国的体育社团也必须同时争取两种合法性：一是政府的承认和信任，即官方合法性；另一种是社会的承认和信任，即社会合法性。

从"黎明脚步组织"的组织人数、组织区域、活动举办等来看，该组织已经赢得了社会的承认与信任，已经具备了社会合法性。从官方合法性来看，虽然由民政部和体育总局领导支持并且已获得相关部门批准的"黎明脚步·孝传百城"百城百万健康跑活动即将启动，"黎明脚步组织"将成为传播中华美德的一种媒介，实实在在地走进大众的心里，但"黎明脚步组织"目前确实还没有注册登记为全国性的正式组织。

在"黎明脚步组织"官方合法性身份寻求的过程中，杨树说：

> 我们曾做过多种尝试，在与国家体育总局官员商谈时，他们说，"你们'黎明脚步组织'是做了我们想做、该做，但没有做成的事，

你们的活动我完全支持，我一定会尽力支持你们。但是一个人认可，不等于所有体育总局的人都认可了，要成立一个全国性的组织，是需要总局开会表决通过的"。

鉴于一部分官员对"黎明脚步组织"的认可程度不够，致使会议表决没有通过，因而没能成为全国性的组织。

以上信息显示，政府对体制外的民间体育组织的审批还处于严格管理状态。正是由于其还没有注册登记为全国性的正式组织，组织也因没有合法性身份而面临许多发展限制与困难。在访谈中某地代表谈道："活动场地的审批需要城管部门的批准，活动内容还需要公安、民政部门的批准，我们要找企业赞助我们办活动，企业就要求我们出示发票等。因为我们没有公章，城管、公安、民政的审批很难，企业会认为他们的赞助没有名分，也拒绝为我们提供赞助。"

（二）组织自身治理方式的滞后和治理机制的缺乏

中国社会的管理方式正在由"管理"到"治理"转变，这是一种执政理念的转变。"治理"相对于"管理"更加人性化，更能体现出以人为本的理念，能释放更多的权力给管理主体，让更多主体共同参与管理公共事务。这与新媒体时代的特征是吻合的，新媒体时代人们拥有更多的话语权，"治理"可以让人们拥有更多的行使权。

"黎明脚步组织"在治理方式上还具有一定的滞后与不完善性。首先，任何社会组织都需要有一定的物质条件来保障其运行，包括资金、设备和活动场所等外部环境。而该组织资金来源、活动场所比较单一，其良性运行的外部环境得不到保障。根据访谈得知，该组织资金的主要来源是社会赞助，例如，该组织的队服就全是来自社会赞助；再就是个人 AA 制，在组织各类活动时所需费用，例如车费、食宿费、成员平时的聚会开销等，都由参与者个人 AA 制。其次，该组织自治能力有限，缺乏有专业运动技能、运动恢复的教练员或指导者等。

治理机制中缺乏监督、评估机制。监督和评估的目的均是要保证组织的顺利运行与政策目标的实现，对民间体育组织实施的效果进行评判。刘国永司长在 2015 年全国群众体育工作会议上肯定了"黎明脚步组织"的社会作用，也指出该组织缺乏科学评估，他在群众体育组织队伍建设要加强注意的几个问题中谈到要发挥非政府组织的作用。① 因此，应当充分认识发挥新媒体在草根体育组织治理中的作用，创新草根体育组织的治理方式、完善治理机制、拓宽草根体育组织的发展空间等问题亟待解决。

（三）强大而又脆弱的卡里斯玛权威

德国社会科学家韦伯认为权威是任何一种社会组织存在的基础。他将权威分为三种类型：一是传统型，比如古代社会的长子继承制；二是卡里斯玛型，也称个人魅力型，指的是依靠个人的非凡魅力而获得权威；三是法理型，指的是现代社会中根据一定的选举程序而确定的权威。卡里斯玛权威完全取决于组织成员对领袖超凡魅力的"认可"或"崇拜"。在这个意义上，卡里斯玛权威既是强大的也是脆弱的，一方面，因为组织成员对领袖超凡魅力的"认可"或"崇拜"是一种精神支柱，只要领袖存在，组织就是具有强大生命力的；另一方面，如果领袖一旦消失不存在，这个组织即面临崩溃的边缘。

"黎明脚步组织"成立伊始，正是凭借杨树个人的坚持与努力，才有了组织的诞生、发展与壮大。"我们在每一个地方发展的情况，主要取决于这个地方的领跑人，看这个地方的领跑人是否致力于对组织付出，如果其每天坚持叫醒、坚持领跑、坚持向他人无私传播，那么总有一部分被带动的人为之感动，进而坚持锻炼或致力于该组织的传播。"杨树说。"黎明脚步组织"属于比较典型的魅力型权威，成员中因某人具有超人的能力或突出贡献形成个人魅力，因而在成员间形成一定的权威，领袖在该组织发展中具有很大的影响因素，领袖因素对该组织的影响折射出广大草根体育组织发展的共性问题。"目前，我们比较担心的就是一旦当地的组织者因为客观或主观的种种因素不能再'叫醒'大家，那么那个组织会不会逐渐涣散或消失？"对此，杨树不无担忧地告诉我们。

综观当代各类草根体育组织的蓬勃发展，存在一个不可忽视的现实，那就是几乎每个有影响力的草根体育组织基本上都围绕着一个"灵魂"人物或领导团队开展活动。他们对整个团队的发展具有宏观决策和凝聚组织人员的能力。但是个人因素具有不稳定性，往往会随着个人热情的退却而失去影响力。在社会治理逐渐占据主要位置的背景下，核心人物在"黎明

---

① http://www.sport.gov.cn/n16/n33193/n33208/n33418/n33583/6123460.html.

脚步组织"发展中发挥着重要作用，建议应该积极鼓励各城市的领跑人及有爱心、有责任心、爱运动的人，保证他们对组织发展的"热度"，同时也可采取培训等手段，使其能更好地为组织服务，提升组织的管理能力。

（四）培育过程简单化及方式的单一性

培育孵化在组织成长过程中十分重要，组织要如何发展、发展到何种程度等都与培育扶持工作息息相关。目前，我国社会组织中发展良好的组织大多是由政府与社会组织合作培育的，例如，内蒙古伊金霍洛旗为贯彻落实中央精神，激发社会组织活力，创新社会治理，针对全旗社会组织数量少、规模小等问题，采用"双孵化"模式来助力社会组织，政府出资建立社会组织"双孵化园"，并在社区分别设立社会组织"孵化器"，推动了社会组织的健康发展。而"黎明脚步组织"的培育仅是靠组织参与者自身的微薄之力，网络传播和实体行动这两种培育都是靠组织成员的个人主观意识，而个人主观意识的不确定性较强；组织培育工作的工具性较弱，限制和阻碍了组织的健康发展，简单的网络虚拟化培育限制了"黎明脚步组织"的发展视野，使其仅能以局限的形式出现在大众的面前，因而不能传播得更广；团队的实体性传播也阻碍了"黎明脚步组织"的健康发展，会使大众误以为其组织参与者就只能跑步、只能参加马拉松之类的，容易使公众对"黎明脚步组织"的理念、精神产生误解。此外，在调研过程中，各城市代表纷纷表示："我们的培育方式完全不规范嘛，种类也少，我们只能靠自己来壮大队伍，有时也不知道自己做得对不对、好不好。"以上种种均表明了目前"黎明脚步组织"培育方式的不足之处，这也正是该组织的自身劣势所在。

四　"黎明脚步组织"培育和孵化

（一）政府重视下逐渐宽松的政治环境

从十八届三中全会的激发社会组织活力，适合由社会组织提供的公共服务和解决的事项，交由社会组织承担，支持和发展志愿服务组织；到十八届四中全会的发挥社会团体和社会组织在法治社会建设中的积极作用，《国务院关于加快发展体育产业促进体育消费的若干意见》中明确推行政社分开、政企分开、管办分离，体育社会组织应积极承担能为公众所提供的公共服务和要解决的事项，鼓励社会力量参与体育，首次提出将全民健身上升为国家战略，为群众体育的改革发展注入了强大力量。在《财政部民政部关于支持和规范社会组织承接政府购买服务的通知》中首先肯定了社会组织在政府购买服务中的重要作用，提升了社会组织的公信力；其次，通知中提出要加强社会组织培育发展，加快培育一批独立公正、行为规范、运作有序、公信力强、适应社会主义市场经济发展要求的社会组织等。在《国务院关于促进慈善事业健康发展的指导意见》（国发〔2014〕61号）中，鼓励开展多种形式的志愿活动、公益活动，培育和规范各类公益组织，以及加强对各类公益组织的监督和管理等。在国家层面政策、规定的号召下，各地纷纷出台相应的规定来促进社会组织的发展，如河南省政府下发关于四类社会组织直接登记的通知；江苏省制定出台《江苏省四类社会组织直接登记管理暂行办法》，温州作为浙江省社会组织建设和管理综合改革试验区放宽登记管理限制；陕西省也提出将全力推进"1＋3＋n"政府购买服务政策体系。这些政策都为"黎明脚步组织"的培育和发展提供了宽松的政治环境。

（二）各地社会组织培育孵化中心的纷纷建立

在国家政策、地方规定不断宽松的政治环境下，各地纷纷成立社会组织孵化器，或称社会组织培育中心，这些部门承载着培育孵化幼小社会组织的职能。据调研得知，凡进入社会组织培育孵化中心的社会组织都有专门工作人员跟进。对有服务发展需求的社会组织，从建设到管理再到外部资金的吸引等都提供帮助。在北京恩派公益组织发展中心调研时项目主管方某谈道："并不是每一个社会组织都能得到培育和扶持，我们孵化中心会以招标的方式进行，各社会组织填写申请孵化表，经孵化中心进行考察、证实后方可对其进行培育孵化。目前，全国这种模式的培育孵化中心很多，还有许多地方会来我们这儿学习借鉴经验。"社会组织孵化中心的纷纷建立并发挥作用，为社会组织的专业化发展提供了良好的机遇，如深圳龙华新区孵化社会组织中心负责人表示："现在社会组织承担的都是政府管不了的事，'有限政府'逐渐代替了原来的'无限政府'。我们要积极培育发展社会组织，适当降低社会组织入选培育的标准，认真对每个被培育的社会组织负责。"北京市也召开了北京市社会组织培育孵化中心项目论证会，提出要认真建设培育孵化中心，以便更好地为全市社会组织提供服务与支持。

（三）大众的健身需求和新媒体平台成为草根体育组织发展的空间和软实力

社会转型期的关键字就是"改革""变化""发展"，在新时期，政策不断放开，政府的放权使社会由"经济建设型"向"社会服务型"全方位变革。在这一转型的过程中，为社会组织的发展壮大提供了前所未有的契机。随着社会经济的发展，人民物质生活水平明显得到提高，提高的同时健康意识也不断提高。在调查参与者加入"黎明脚步组织"的动机时，在"强身健体"一栏中91.7%的人选择了非常符合，可见现今人们健康意识的增强，有需求才会有发展，正是大众的普遍健身需求，才为"黎明脚步组织"的发展提供了广阔的社会空间。杨树说："'黎明脚步组织'永远不用怕没有服务对象，这个世界上跑步的人往往是少数，不愿意锻炼的永远是多数，即使大多数的人知道锻炼的好处，有健康意识，但就是不愿意起床锻炼，'黎明脚步组织'就可以叫醒你，督促你健身。"物质条件的进步萌生了人们天然的健身需求，社会经济条件的进步、新媒体的发展为"黎明脚步组织"的传播保证了渠道的畅通，提供了便捷的工具。新媒体的快速发展以及自身的互动性、便捷性、开放性和个性化特征，为民间体育组织发展提供了技术支撑，成为组织发展的"软实力"。

（四）社会组织培育必须接地气

社会组织服务的对象是广大人民群众，群众的需求能否被满足则是评判社会组织服务实效性的重要指标，如何让社会组织提供的服务满足群众日益增长的需求是社会组织培育中遇到的考验，也是目前社会组织培育面临的新挑战。政府愿意出钱，为什么社会组织不愿意去培育孵化，就是因为培育孵化会改变其组织成立的初衷，不能接地气。访谈中杨树谈道："我们不愿意把'黎明脚步组织'打造成同其他的跑步团体一样，我们不仅仅是跑步，更是非营利性的公益爱心组织，我们希望在自己力所能及的范围内给社会带来一点正面的影响，如果要把我们训练成专业的跑步队，我们宁愿自己发展。"从这些均看出了组织面对培育孵化的担忧，同时向政府或培育孵化机构表明成立组织的初衷及组织的本质不容忽视。因此政府或培育机构如何在不改变其本来面貌的情况下，更接地气地将社会组织培育扶持得更好将是培育孵化工作的新挑战。此外，一些社会组织在得到培育孵化后，如何脱离对政府或培育机构"输血"的依赖，能够自身"造血""供血"，自食其力，实现"自我成长"也是社会组织培育孵化的关键。

社会转型期的典型特点是大数据化、新媒体的应用，政治、经济、文化等各个领域也发生着巨大的变化，国家和民间组织的关系也在由"管控"向"合作"改变，一个良好的伙伴关系正在建立。在这样的背景之下，民间体育组织成为满足公共健身需求、提供公共体育服务的主力军，面对逐渐开放的社会环境和广大群众的健身需求，民间体育组织有着良好的发展机遇。随着国家对体育的关注及人们对自身健康的重视，体育在社会发展中的作用越来越凸显，全民健身将上升为国家战略，"全民体育"的形成将成为不可阻挡的趋势。"黎明脚步组织"的发展理念——"唤醒健康意识，带动全民健身"恰好与这一趋势相吻合。自 2007 年发起至今，全国 300 多个城市已建立黎明脚步 QQ 群，黎明使者达到 5000 人，"黎明脚步组织"的参与者达到 50 万人，叫醒电话也打到了世界上 20 多个国家和地区，在发起地河南省焦作命名和建设了 6000 亩的"黎明脚步山地公园"，可见其传播范围广、社会评价好、受益人群多。作为民间体育组织，其发展有着自身的优势和劣势，在当今社会不断转型和不断发展的背景下也面临新的机遇和挑战，"黎明脚步组织"需解决限制其发展的瓶颈，探寻一条可持续发展之路。

五 "黎明脚步组织"的发展反思

（一）新媒体的突出应用与时代发展潮流相吻合

社会转型期是新媒体应用较热潮的时代，新媒体的应用也是"黎明脚步组织"的鲜明特点之一，通过调研了解到新媒体在该组织的传播及应用中占有重要比例，成员加入该组织后主要选择以关注组织的新浪微博、微信公众号和官网论坛等为主要的关注方式，其中新浪微博被选频率最高，占被调查者的 84.9%。其中 90.7% 的被调查者表示会带动他人跑步，向其他人传播健康理念，这足以证明新媒体在该组织传播中的魅力及影响力所在。在该组织成员之间平时的交流方式和集体活动消息获得途径中，QQ交流和通知的被选频率都是最高的，分别占被调查者的 77.9% 和 84.9%，其次是微信，占被调查者的 34.9% 和 17.4% ，然后才是电话、短信、面谈等其他交流方式。新媒体的突出应用体现了"黎明脚步组织"强烈的时代性特征，正是社会转型期这样多变的社会环境才发酵、孕育了"黎明脚步组织"。

（二）草根体育组织公益性的本质与体育事业发展的价值追求相一致

"黎明脚步组织"是一个自下而上发展起来的民间草根团体，没有任何官方力量的融入，市民皆是自愿加入，它是一个公益性组织。国内的跑步团体很多，但是只有"黎明脚步组织"提供无条件的"叫醒"服务，"只要你想跑步，我就愿意每天打电话叫醒你"，这一举动足以彰显"黎明脚步组织"的公益性，而且该组织不是杨树一个人在做这项公益事业，"黎明脚步组织"的所有参与者都在以自己独特的方式默默地影响着身边的人，带动其跑步，唤醒其健康意识，传播正能量。"草根"一词释义有三个：一是群众的、基层的；二是乡村地区的；三是基础的、根本的。因此它应该有两个特点：第一，顽强，代表一种"野火烧不尽，春风吹又生"的生命力；第二，广泛，遍布每一个角落。这两个特点都与"黎明脚步组织"相对照，产生就犹如星星之火，如今已有燎原之势，发展已遍布每一个角落。习近平总书记在谈到建设社会主义文化强国时指出，要坚守我们的核心价值体系和核心价值观，弘扬主旋律，传播正能量，提高国家文化软实力。国家体育总局刘鹏局长在 2015 年全国群众体育工作会议上的讲话中明确表明，总书记这段话深刻揭示了中国体育和群众体育事业发展的根本价值追求。而"黎明脚步组织"正是在传递健康、传播正能量，因此该组织的本质与中国体育和群众体育事业发展的根本价值追求相一致。

（三）草根体育组织面临的机遇与挑战

一个成熟的组织需要经历一个漫长的发展过程才能成熟，即使"黎明脚步组织"已经发起 7 年，参与者遍布各地，叫醒电话也打到世界各地，但是其自身仍有不足的地方。调查结果显示，被调查者人数中 47% 的人都是大学（含大专）学历，所占人数最多，其次是高中学历，占到 35% ，再次是初中学历的人数，然后是研究生及以上学历，而且参与者大多是 31 ~ 45 岁年龄段的中年人，总的来说，这一阶段的人工作、家庭都已稳定。该组织的宗旨是："'黎明脚步组织'的发展要横至每一个人，纵至生命的每一天。"其主要靠新媒体来传播与交流，但是对新媒体的掌握受知识水平的影响，从其组织参与者学历结构的调查中看出，该组织成员的学历相对较高，能熟练运用新媒体。并且年龄层次也不均衡，该组织传播的目标群体是全民，如何将组织的理念传播到不会运用新媒体或是没有条件运用新媒体的人或地方，使组织均衡发展；此外，组织自身还面临人才的挑战，调查结果显示该组织中并没有专业的指导员之类，参与者仅凭自身经验或网络查询自行锻炼，这样难免会导致不科学的锻炼，造成运动性疾病的发生等。

政府不断放权，政策不断放开，看似是民间组织迎来了发展的春天，但是机遇是与挑战并存的，政府权力小了，社会组织的权力就大了，这就对民间体育组织自身管理提出了更高的要求：自我管理能力、监督能力、开展业务能力、面对困难和抵御风险的能力等这些都对"黎明脚步组织"这个发展不成熟的组织提出了新的挑战。此外，随着城市居民的生活质量不断提升，对锻炼形式的多元化要求也逐步提高，原有的单一的运动方式将不能满足人们多元化的需求，而社会组织是最具有活力的创新领域，是改善民生的活性元素，组织自身必须加强"造血"，提高应对能力，创新活动的开展方式，不断为组织注入新的元素，提高组织的核心竞争力，树立组织活动的品牌化意识。

网络体育组织发展的制约因素主要包括：网络体育组织制度建设有待完善，组织管理模式存在漏洞，组织内部资金来源主要由成员缴纳（由参与者个人 AA 制）和企业赞助，政府基本上不给予资金支持。网络体育组织"线下"活动场地设施缺乏、活动次数较少等因素有负面影响。因此，网络体育组织在发展过程中必须注重管理结构的建设，完善管理模式，同时建立成员对组织的认同感，注重组织文化的培养，从而进一步改进这些问题，实现网络体育组织的全面发展。

第三节　小结与思考

培育和发展草根体育组织不仅是社会转型期政府进行社会治理的必然选择，也是公众参与治理愿望得以实现的组织载体构建的必然途径。本章立足于对草根体育组织的实证研究，为丰富我国民间体育组织培育和发展的研究增添了一个鲜活的案例，也有利于进一步拓展草根体育组织的理论研究领域。

网络化是民间草根体育组织在新媒体时代的一种新型发展形态。2015年黄亚玲等人将网络体育组织定义为人们通过互联网突破地域和现实人际关系等因素的限制，基于共同的体育兴趣与爱好，建立组织成员共同认可的组织目标和行为规范，进行"线上"交流、"线下"体育活动的非营利性组织（黄亚玲、邵焱颉，2015）。随着近两年来互联网行业的快速发展，健身 App 如雨后春笋，层出不穷，本研究中的草根体育组织将时代发展潮流与黄亚玲教授对网络体育组织的定义相结合，将网络时代草根体育组织界定为："人们通过健身 App 的应用平台突破地域和现实人际关系等因素的限制，基于共同的体育兴趣与爱好，建立组织成员共同认可的组织目标和行为规范，进行'线上'交流、'线下'体育活动的民间草根体育组织。"在以上实证研究基础上，网络时代草根体育组织发展应呈现以下路径。

一　充分利用新媒体平台，加强政府与草根体育组织不同治理主体间的合作共治，明确合法性身份

国家权力表现为国家意志的表达与国家意志的执行两部分。现实中无论是国家意志的表达还是国家意志的执行，都涉及表达效率与执行效率的政治沟通问题。新媒体为不同体育组织、不同草根利益主体的话语权表达提供了平台和机会。新媒体环境下的互动参与具有人人平等的内在品质。新媒体的去中心化特点决定着社会治理主体——决策领导者和普通民众——均能以平等的身份参与体育活动，影响政策的制定与执行。从宏观来看，社会转型时期我国民间体育组织蓬勃兴起，社会组织治理本身面临的压力前所未有。新媒体是反映多元社会的一面镜子，不同阶层和利益主体运用新媒体表达观点与立场，政府通过新媒体搜集社会民意，解决民众反映的诸多问题，因此，从这个意义上，新媒体充当了社会黏合剂和缓冲剂，起到调节器作用。从微观层面来看，新媒体可以随时随地共享，顺利实现政府部门与民间体育组织之间、政府与政府之间、体育组织成员之间的电子化和网络化，突破了传统政治中严格的组织结构，克服了上行沟通与下行沟通之间的阻力，有利于官方合法性和社会合法性身份的确认。因此，新媒体环境下，政府、民间体育组织及个人等多元社会治理主体，以平等的身份参

与体育活动，表达各自的利益需求，决策者根据新媒体搜集多方信息并进行整合，有利于实现合作共治。

二　治理机制应由单一自治走向"政府购买服务"和"网络交换式"合作治理

在提高体育公共服务质量、促进全民健身运动、提高民众生活质量等方面，政府与民间体育组织具有同样的目的和价值观。因此，政府与民间体育组织的合作是基于共赢目标的国家权威与社会权利的治理。2013 年 10 月，国务院颁布了《政府向社会力量购买服务的指导意见》，该意见是国家对加快转变政府职能、提高公共服务等做出的进一步部署，提出更多地利用社会力量来参与公共领域的服务，加大、加快政府购买服务力度与速度。对于缺乏经费的"黎明脚步组织"来说，这是一个利好消息。笔者认为，民间体育组织的良性发展既需要"政府购买服务"，同时还需要双方的"网络交换式合作"。在一个强政府的社会中，国家权威在社会的各个领域都发挥着巨大作用，政府向社会力量购买服务意味着政府与社会合作的强烈愿望，但它仍然是一种政府主导的合作，这种合作在某种程度上还是一种依赖与被依赖的关系，是一种不平等的合作关系。民间体育组织无法规避权威与权力，唯一可以采取的做法就是慎重运用他们不得不用于交换的所有资源进行"网络交换式合作"，以捍卫自己的诸种利益，使之朝着有利于自己的方向发展。民间体育组织可以利用于己有利的因素，诸如资源的稀缺性、专有性、时限性，以及信息不对称性来扩大交换式合作的利益空间。

三　构建组织公共理性，增强民间体育组织的凝聚力

理性是"指思想和行动自觉地符合逻辑规则和经验知识，在这种思想和行动中，种种目的都是前后一致的和彼此一致的，并且运用最适合的手段来达到目的"（米切尔，1987）。所谓组织理性，是以组织为载体的理性，它是这样一种状态，即一个社会组织中具有了那些得到主要组织成员自觉遵循的一套独特的共识性或强制性的行动逻辑规则和经验惯例，这些规则和惯例或者与组织生存和组织各种目标的实现手段相关，或者与组织成员在组织中的地位合法性有关。当社会组织出现这种状态时，该组织就具有了组织理性（赵孟营，2002）。当前我国许多民间体育组织尚没有独

立性，很多组织依附于政府而存在，是政府在社会领域中的代言人，这便导致政府组织理性独大而社会组织公共理性不足，"黎明脚步组织"本身就是个人魅力型权威，个人影响力在组织中的作用比较明显，而组织的公共理性又不足，容易造成组织随着个人影响力的消退而冷却。所以，发展民间组织，培育公民理性十分必要，另外政府组织与民间组织积极合作，促进公共政府组织理性和公共社会体育组织理性均衡发展，形成公共组织理性参与公共体育发展决策的局面，同时加快发展公民理性。因此，组织公共理性的构建不仅有助于组织的内部发展，还有助于组织身份合法化的取得。

四　积极拓宽思路、集思广益，创新丰富培育模式

社会组织作为"公益"的主要代言人，与政府、社会共同担负着为公众提供服务的责任。因此，培育和发展社会组织特别是公益类、慈善类、服务类社会组织，对加强社会治理、促进公众身心健康，都具有重要的现实意义。如何改革和创新社会组织培育方式以促进社会组织更好发展无疑是当前的社会组织培育面临的重要发展瓶颈，"黎明脚步组织"的培育方式就过于简单化。为此，要创新培育方式，采取政府、社会组织培育机构、组织自身、公民大众多方合作的形式共同培育，积极拓宽思路，集各方的优秀思想来创新组织的培育模式。在政府支持的前提下，发挥社会组织培育机构的最大力量帮助社会组织依靠自身条件尽可能满足公民大众的健身需求。孵化培育机构应当充分还原社会组织的本来面貌，在不改变其成立初衷的基础上最大限度地扶持帮助社会组织规划好未来的发展道路；作为组织自身应当根据公民大众的需求依靠政府和社会组织培育机构的力量来发展扩大组织队伍，来向社会传递更多的正能量。公民大众应明确向社会组织表达自己的健康意愿以及对组织的期望等，以保障组织能及时了解到参与者的需求，进而更好地满足其需求。

五　健全法治、加强社会组织立法，保证民间体育组织的良性运行

马克思说过，"自由就是从事一切对别人没害处的活动的权利，每个人所能进行的对别人没有害处的权利的界限是由法律规定的"。因此法律是保障一切社会活动进行的基础。十八届四中全会明确提出依法治国，将

法治放到了治党、治国、理政的重要位置，要求各行各业依法行政、依法办事，尊重法律，恪守原则。《人民日报》中写道：社会组织在法治社会建设中发挥着越来越重要的作用，加强社会组织立法是激发社会组织活力、推进社会治理体制、创新法律制度建设的重要举措；社会组织法的制定，将为我国社会组织的健康发展、社会治理体制创新提供有力的制度保障。对于民间体育组织来说，法治的目标是规范公众社会行为、管理事务、维持正常秩序、保护各主体的基本权利，法治环境的不健全会阻碍民间体育组织的发展，因此，要健全相关法律规范，为民间体育组织营造一个良好的外部法治环境，以保证其健康可持续发展。首先，要完善现有的法律法规，明确民间体育组织的角色和地位，有了法律的保障，如何运用法律手段来保障社会组织真正地参与到社会治理中去，还需要相应的政策配合，保证法律机制的正常运作。其次，还要保证政策执行，实践是检验真理的唯一标准，政策执行的后果也是后继政策制定的重要依据，重点强化政策执行，严格法律法规执行，做到有法必依、执法必严，才能保证民间体育组织在法治的框架下正常运转，才能保证民间体育组织的公益性，才能避免组织在其活动过程中的不良现象的发生，才能使民间体育组织真正充满正能量。最后，还要有健全的监督评估机制，在社会转型期新媒体快速发展的背景下，应充分利用网络建立官方、社会大众和民间体育组织三方合一的监督评估机制，这样不仅有利于规范政府和民间组织的合作行为，还能提高政府和民间组织的公信力，对于现阶段来说，法律的保障以及监督评估的完善是必不可少的，如此才能促进其健康快速发展。

第六章　民间体育组织治理的政策实践研究

在当前改革的大背景之下，民间体育组织以其根植于社会特有的特点，在多元化的社会治理中崭露头角，越来越受到党和国家的重视。与政府相比，民间体育组织贴近社区，反应迅速，机制灵活，能够及时为社会大众提供个性化、专业化、多样化的公共服务。在多元治理模式下，将不同资源进行合理整合与配置，才是解决公共问题最佳最有效的办法。民间体育组织通过承接政府职能，参与社会管理和公共服务，优化了政府职能，搭建了政社合作的长效平台；政府也通过职能的分解、转移、委托和授权，从之前公共服务的直接提供者逐步转变为公共服务的政策制定者、购买者和监督者，重新定位了角色，进而实现了社会权力回归和政府角色转换的同时也增强了社会组织的自我发展能力。

在看到民间体育组织作用发挥的同时，要注意到我国民间体育组织的发展仍较发达国家落后，处于初级阶段，还有很多问题亟待解决，其中民间体育组织的发展不成熟、不健全是制约其承接职能转移和提供公共服务的因素。我们需要进一步理顺这些问题，面对这些困难要寻求解决办法。最重要的是要加强对社会组织的规范化管理；建立民间体育组织评估体系；逐步规范管理，完善民间体育组织培育与扶持工作，逐步提升民间体育组织在社会治理中的主体地位，更好地发挥其在多元治理中的功能与作用。

第一节　政府购买公共服务下体育社会组织
承接购买服务研究

近年来，随着中国经济的发展、人民生活水平的提高，人们对体育公共服务的需求也日益增长。党的十八届三中全会提出，"发挥市场在资源配置中的决定性作用"，"推广政府购买服务，凡属事务性管理服务，原则上都要引入竞争机制，通过合同、委托等方式向社会购买"。国务院办公厅《关于政府向社会力量购买服务的指导意见》明确指出，"'十二五'

时期初步形成统一有效的购买服务平台和机制，到 2020 年在全国基本建立比较完善的政府购买服务制度"。大力推广政府购买服务已成为加快转变政府职能、提高国家治理能力、推进全面深化改革的一项重要工作。虽然中国政府体育公共服务供给能力和水平不断提高，但与人民群众多层次、多样化的体育需求相比，还存在一定的差距，政府提供体育公共服务的能力还有待提高。在世界各国，政府依靠社会组织（CSOs）承接政府出资的社会服务，是一种普遍且日益通行的做法（王浦劬、萨拉蒙等，2010）。上海市政府、市体育局积极响应国家方针政策，将上海市民体育大联赛的各项赛事通过购买服务的方式交由体育社会组织承办。本章基于上海市体育社会组织承办市民体育大联赛对体育社会组织承接购买服务进行初步经验检视，肯定成果、揭露问题，以期为体育社会组织更好地承接政府购买服务提出创新路径，并对上海市体育社会组织承办市民体育大联赛产生现实意义。

一 体育社会组织承接购买服务的上海实践

上海市政府为满足公众多层次、多样化的公共服务需求，创新公共服务提供方式，向社会组织购买公共服务，部分体育社会组织亦开始承接健身技术指导、培训等全民健身公共服务，并且参与承办市民体育大联赛。上海市政府、市体育局为了调动人们参与体育的热情，满足他们的体育需求，扩大体育人口的数量，推动群众体育的蓬勃发展，从 2013 年开始举办为期一年的上海市民体育大联赛，至 2018 年已连续举办两届，并且计划以后每年举办一届。市民体育大联赛以"美丽上海、人人运动、幸福生活"为理念，以在上海工作、学习、居住的人员为主要参赛对象，以社会化运行机制为办赛模式，抓项目普及、抓资源整合、抓文化传承、抓水平提升。市民体育大联赛促进人人学会一项运动、人人参与一项运动、人人喜爱一项运动，企业有工间操、运动队、运动会，有效增强市民对群众体育的归属感，营造群众体育文化氛围，全面提升上海市民的身体素质和幸福指数。

上海市体育行政部门努力贯彻落实党的十八大和十八届三中全会精神，进一步推进体育改革。2014 年的上海市民体育大联赛，政府尝试采用竞争机制，通过公开招投标的方式向体育社会组织购买服务，引入第三方评估机构，走市场化道路，充分激发社会组织的活力，将市民体育大联赛的各项赛事交由中标的体育社会组织承办。相关部门还制定了《2014 年上海市民体育大联赛竞赛总则》，对市民体育大联赛的指导思想、主办单位、举办日期、项目设置、参赛条件等进行了详细说明。2014 年的市民体育大联赛竞赛项目由正式项目、申报项目和展示项目组成，数量由 2013 年的 11 个扩展至 38 个（具体项目见表 6 - 1），并且考虑市民的实际需求，根据不同季节对赛事项目进行灵活机动的安排。除上海市社会体育管理中心以及各区的社体中心以外，2014 年的市民体育大联赛有 34 个协会承办赛事，比 2013 年新增协会 22 个。自 1 月 1 日起至 12 月 16 日，2014 年上海市民体育大联赛历时 350 天，共举办各类赛事 3810 场，吸引 1478915 名市民参赛，取得了显著的成效，有了突破性的进展。①

表 6 - 1　2014 年上海市民体育大联赛竞赛项目

	正式项目	申报项目	展示项目
项目构成	足球、篮球、排球、乒乓球、羽毛球、网球、游泳、龙舟、陆上划船器、跑步（健步走）、登高、定向越野、健身操、体育舞蹈、广播操、排舞、农耕运动会	木兰拳、练功十八法、钓鱼、飞镖、轮滑、跆拳道、射箭、台球、风筝、门球、围棋、桥牌、大怪路子、"三打一"	龙狮、极限、武术、自行车、健身秧歌、健身气功、剑道
数　量	17	14	7

资料来源：http：//www.shanghai.gov.cn/shanghai/node2314/node2315/n31406/u21ai871549.html。

二　体育社会组织承接购买服务的初步经验检视

（一）政府与社会组织的"共荣利益"激发体育社会组织活力

在当前中国，政府对社会组织的信任是社会组织得以发展的一个基本条件。政府所拥有的权力在宏观上制约着社会组织，组织合法的解释权与判定权也由政府权力所掌控。研究表明，中国社会组织的领导有无政府工作经验，深刻影响着组织自身的发展。政府与社会组织间的"共荣利益"在很大程度上决定着政府对社会组织的信任，决定着社会组织能否承接购买服务。上海市体育局与体育社会组织兼具"共荣利益"，这是社会组织承办市民体育大联赛的前提。因此，上海市政府、市体育局为力争把上海市民体育大联赛打造成"赛事有活力、资源有合力、百姓有动力"的上海群众体育品牌赛事、龙头赛事，市民体育大联赛在诸多方面进行了创新。

---

① 《上海市民体育大联赛圆满落幕　举办赛事 3810 场 147 万余市民参赛》，2014 年 12 月 8 日，http：//tyj.shgov.cn/ShSportsWeb/HTML/shsports/bbss/2014 - 12 - 16/Detail_ 12 2091.htm。

在"管办分离、社会化办赛"等一系列改革的有益探索上，2014年上海市体育局以市民体育大联赛为平台，大力培育扶持体育社会组织，引入竞争机制购买公共体育服务，通过公开招投标的方式将市民体育大联赛的各项赛事交由社会组织承办。上海市体育局从"闭门办体育"到"开门办体育"，2014年3月25日，与篮球、网球、乒乓球、游泳、登山、棋牌、健美操等27家市级体育协会、2家区级体育协会以及1家体育俱乐部签约，通过购买服务的方式，将2014年上海市民体育大联赛系列赛交给体育社会组织承办，努力激发社会组织活力（郭修金、戴健，2014）。政府和体育社会组织的"共荣利益"得到了有效保障，促进了社会组织的发展。

（二）市场逻辑下体育社会组织"产品"与市场关系的拉近

根据萨拉蒙公益性、互益性标准原则，社会组织分为公益性社会组织和互益性社会组织。上海市体育社会组织向社会提供公共体育服务，虽不是以经济利益为主要目的，但是市场逻辑并不会退场。上海对应的体育行政部门并不能充分发挥经济的调节作用和功能，必须有效发挥市场机制的作用。上海市政府通过引入市场机制，向体育社会组织购买公共服务的方式将社会组织"产品"与市场的关系逐步拉近，市场最终以妥协的方式加入社会组织的运行中，并最终形成了社会组织作为政府"代理人"的制度安排。2014年上海市体育局实行市场化运作，采取"单一来源采购"和"竞争性谈判"的招投标方式，引入第三方机构进行委托代理。市民体育大联赛创新性地引入了第三方评估机构——上海申权招标咨询有限公司，全权负责赛事的评估、招投标等工作，进行市场化运作，在评估办赛方案后给予不等额的资金支持，从而激活体育社会组织的办赛活力。上海市体育局、上海申权招标咨询有限公司根据办赛组织的实际情况，实施效益评估机制，对市民体育大联赛的各项赛事制定个性化的效益评估标准，并且对相关体育社会组织的办赛情况进行跟踪调查。市民体育大联赛组委会办公室还制定了《2014年上海市民体育大联赛赛事项目绩效评价实施办法》，从项目管理和项目绩效两个方面对市民体育大联赛各承办单位、社会组织进行综合性的考核和评价，从社会化运作模式、社会动员力度、社会宣传广度、社会合作深度、社会满意程度五个方面，确保购买服务"买得值"。同时市民体育大联赛引入"升降级"制度，根据绩效评价办法，于年底开展综合评估，评估考核排名最后两位的正式项目"降级"，不再列入下一年市民体育大联赛正式比

赛，对申报项目根据完成情况，排名前两位的可"升级"进入第二年市民
体育大联赛的正式项目。引入竞争机制，走市场化道路，在竞标谈判的过
程中，激发了体育社会组织的办赛思路，同时也明确了办赛方向，部分组
织更是站在市民体育大联赛的角度，把推广项目、提升市民体质的责任放
在第一位，激发了体育社会组织进行改革创新和自我能力提升的动力。

（三）"以人为本、适应需求"激发市民参与体育的热情

社会组织与公众的需求迫使社会组织要不断地进行创新。因此，与政
府购买公共服务相适应的社会组织"产品"迸发而出并且充满生命力。社
会组织虽受公众需求的限制，但依然拥有能动的空间，即按照其所处的条
件能动地"复写"与"拼装"场域内各要素的可能性——这是吉登斯定义
的结构化过程最终造就了社会组织的现实结构和行为特质（吉登斯，
2014）。在社会转型时期，社会组织在社会结构与行动间可能存在"脱耦"
或分离，可是提供服务适应公众需求这一基点一直没变，更可喜的是促成
了组织的多样化面貌。上海市民体育大联赛举办的初衷就是调动市民百姓
参与体育的热情，满足他们的体育健身需求，培育和扩大体育人口，进一
步推动群众体育的蓬勃发展。上海市政府、市体育局等相关部门为了进一
步推动市民体育大联赛的深入开展，鼓励和发动广大市民参与体育运动的
积极性，增强市民体质，特别制定了《2014 年上海市民体育大联赛竞赛规
程总则》（下称《总则》）。《总则》指出市民体育大联赛以创新办赛模式
和动员方式，激发和引导市民科学健身的热情，促进市民健身生活化、社
会化、大众化和专项化为指导思想，并且指出只要是在上海市工作、学
习、居住的人员都可以参加比赛，并且还设置了奖励，进一步激发了社会
各阶层群众的健身热情。2014 年上海市民体育大联赛赛事安排上充分考虑
了市民的体育需求，根据不同季节市民热衷的项目对大联赛赛事进行了设
置，春季以登高、路跑等赛事为主，夏季开展游泳、龙舟等运动，秋季则
进行健身操、木兰拳等赛事，冬季主要是冬泳、陆上划船器等赛事，球类
运动贯穿全年，各年龄阶段的群众都能找到适合自己、自己喜好的体育运
动。上海市民体育大联赛积极贯彻"以人为本、多方参赛"的精神，通过
各种渠道发动各阶层、各行业人群积极参与，促进人人参与一项运动、人
人学会一项运动、人人喜爱一项运动，有效增强了市民对群众体育的归属
感，营造了科学健康的群众体育文化氛围，对于提升上海市居民的身体素

质和幸福指数有着积极的影响。

三 体育社会组织承接购买服务的现实问题分析

（一）强制性制度逻辑阻碍市场的良性竞争

中国经济社会的转型及其带来的社会利益分层和社会问题的多元化，是中国社会组织面临的基本背景。在此背景下，"全能政府"角色受到了前所未有的冲击，全能主义式的社会控制被逐渐放弃（董宏伟，2014）。社会组织提供的服务更具有针对性和具体性，政府政策往往无法为部分特殊人群提供其需要的服务，社会组织则起到拾遗补缺阙的作用。但是社会组织作为非营利性组织，要在激烈的法治化的市场经济环境中争取到有限的资源，争夺优秀的管理人才和优秀的服务对象人群难度确实很大，尤其要通过市场竞争来承接购买服务，对于多数社会组织来说并不具备竞争优势。国家逻辑制度和市场逻辑制度的双重限制，削弱了社会组织"共荣利益"的可能性，对于竞标承接服务确实非常棘手。政府购买体育公共服务是为了让更多的社会力量参与到体育公共服务的提供中来，满足广大人民群众的体育健身需求。

2014 年的上海市民体育大联赛在办赛方式上进一步体现了管办分离、社会化办赛的办赛思路，引入市场化的招投标机制，引入第三方评估机构，对办赛方案进行评估后给予不等额的资金支持，从而激发体育社会组织的办赛活力。2014 年上海市民体育大联赛通过公开方式共签约了 30 家承办单位，其中市级体育协会 27 家、区级 2 家、体育俱乐部 1 家，而上海市各级各类体育协会有 918 家，市级体育协会有 86 家，但是主动提出参与投标承办市民体育大联赛赛事的体育协会只有 36 家，中标 27 家，中标率达到 75%，而区级体育协会和体育俱乐部参与投标承办赛事的则更少（周建新、王凯，2014）。这表明上海市体育社会组织参与竞标承办赛事的意识还不高，竞争性的市场还不完备，还不能形成有效的竞争，承接购买服务的过程存在没有竞争市场的尴尬，市场机制的调节作用还不能得到充分发挥。

（二）媒介讯息催生了体育社会组织信任危机

媒介即讯息是麦克卢汉在《理解媒介》中提出的核心概念，媒介对信息、知识、内容有强烈的反作用，它决定信息的清晰度和结构方式（麦克卢汉，2013）。作为媒介的主流手段——广告，自然而然地对信息、知识具有引领作用。广告使消费者神魂颠倒，它受到持续不断的压力，要尽量按照受众的动机和欲望来塑造自己的形象。受众参与程度增加时，产品本身的重要性随之降低，它脱离产品中消费者的形象，走向了开发过程中生产者的形象。因此，许多人对广告业表示不安，认为广告业是将自动化原理拓展到社会各个侧面的一种粗鲁的尝试。公众对广告的失望心态也宣告着广告正在失去民众的信任。另外，损害社会组织公信力的重大丑闻也被一一曝光，例如郭美美事件、中华体育基金会"2000万元事件"等，这些事件使公众对社会组织普遍失去了信心，降低了社会组织的公信力。社会组织的公信力是其赖以生存和发展的生命力，社会组织自身自愿性、自主性、公益性、非营利性的特点，使其更容易获得公众的信任和支持，社会组织承载和担负着服务大众、满足组织成员和社会大众公共需求的使命。对2014年上海体育社会组织承办的市民体育大联赛赛事举办情况进行调查时发现，在赛事举办的前两天，赛事举办地很少有相关的赛事标语和广告宣传，对承办赛事的体育组织了解不多，缺乏对体育组织办赛的信任感，并且赛事举办地居民对将要举办市民体育大联赛也知之甚少，使经常在赛事举办地锻炼的居民也没有成为参赛群体。赛事宣传不足是一小部分原因，公众对广告失去信心也是公众对体育赛事漠不关心的重要因素。这表明上海市体育社会组织在承办市民体育大联赛赛事过程中，对赛事前期的宣传推广不足，公众的认可度不高，提供的公共服务不能很好地满足社会大众的体育健身需求，体育社会组织的公信力有待进一步加强。

（三）结构性视角下的权力观阻碍体育社会组织合法身份的获得

在当前的中国，国家仍趋于重视社会管控和对重要社会资源的掌握。这就意味着国家从形式和实践两方面都重视对社会资源的吸收和控制。在这样的大背景下，体育社会组织赖以生存的基本要素大多受到国家行政的干预，与政府部门交流成为体育社会组织不可避免要面对的棘手问题，政府成为体育社会组织顺利运转的一种关键变量。国家对社会组织权力边界问题的界定难以找到一个平衡点。因此，中国模式下的权力观是影响社会组织独立性的关键因素。结构性视角的本质是权力观，像福柯就强调话语即权力，国家对社会组织权力性控制是其话语掌控的重要体现。各种各样的法律法规的出台就是国家话语对社会组织的掌控，这种掌控延缓了社会组织合法身份获得的进程。2013年9月26日国务院办公厅印发的《关于政府向社会力量购买服务的指导意见》明确规定："承接政府购买服务的主体包括依法在民政部门登记成立或经国务院批准免予登记的社会组织，以及依法在工商管理或行业主管部门登记成立的企业、机构等社会力量。"而上海市对承接政府购买公共服务的社会组织也有明确限定：在相关部门登记、注册，具备独立承担民事责任能力，有健全的法人治理结构、内部管理制度和民主监督制度，有独立的财务核算机制，具备相应的专业技能，获得3A级以上等级评估等。1998年10月25日发布并施行的《社会团体登记管理条例》对成立社会团体应具备的条件做了明确规定：有50个以上的个人会员或30个以上的单位会员；个人会员、单位会员混合组成的，总数不少于50个；有规范的名称和相应的组织机构；有固定的住所；有与其业务活动相适应的专职工作人员；有合法的资产和经费来源，全国性的社会团体有10万元以上活动资金，地方性的社会团体和跨行政区域的社会团体有3万元以上活动资金；有独立承担民事责任的能力。基层体育社会组织不具备《社会团体登记管理条例》所规定的成立组织的条件，不能在相关部门进行登记注册，身份得不到认可，因此也不具备承接政府购买公共服务、承办市民体育大联赛的资质，很难参与到大联赛中为社会大众提供公共体育服务，这使基层体育社会组织的发展有很大的局限性，同时也不利于体育社会组织提供公共体育服务，满足社会大众的体育健身需求。

四 体育社会组织承接购买服务的创新路径

（一）体育社会组织加强"内治"，主动参与市场竞争

资金和监管是体育社会组织生命的血液，体育社会组织出现的大多数问题，大部分源自资金的短缺和内部监管的松弛。体育社会组织应该在加强"内治"的基础上完善制度、加强审计监督，把自己推向市场的大潮，在市场中完善自我。体育社会组织成立和发展的根本宗旨就是为组织会员、社会大众提供公共体育服务，满足群众对体育运动的生理锻炼和心理愉悦的需求，提升人民的主观幸福感。上海市民体育大联赛的开展亦是为了调动市民参与体育的热情，满足市民的公共体育服务需求，推动群众体育的蓬勃发展。在市场经济条件下，体育社会组织应努力提升承接政府购买公共服务、承办赛事的意识，积极参与市场竞争，通过市场竞争发现自己的缺陷和不足，并且针对市场需求改善自身条件，增强服务意识，提升

承接服务能力；努力形成完备的承接政府购买公共服务竞争市场，充分发挥市场机制的调节作用，借助市场有效提升提供公共服务的水平和效率。相关政府部门也可出台部分措施，鼓励社会组织承接政府购买公共服务、参与市场竞争，促进竞争性市场的完备。只有将"内治"与"外修"相结合，才能有效增强体育社会组织的市场竞争力。

（二）体育社会组织加强道德保护，提升公信力

体育社会组织是提供公共服务的非营利性社会组织，但在运行过程中也存在道德失范的风险。体育社会组织应根据组织的具体情况制定普适性的道德规范，使其成为社会组织工作人员、会员、志愿者共同遵守的行为准则。另外，体育社会组织要增强自律意识，在筹款募捐、管理基金等过程中极力避免不当行为的发生，完善检举揭发制度。而且体育社会组织要进行信息公开，定期向利益相关方和公众公开组织信息，落实问责制，提高信息透明度，以此来提升社会组织的公信力。在政府购买体育公共服务的过程中，还存在政府放权，社会组织要有能力承接的问题。上海市民体育大联赛从"闭门办体育"到"开门办体育"，向社会组织购买服务，引入市场化的招投标机制，激发体育社会组织的办赛活力，这使体育社会组织的发展面临机遇的同时也迎来了挑战。面对社会大众日益增长的多层次、多样化的体育公共服务需求，体育社会组织只有加强道德保护，不断提高专业技术水平、树立品牌意识、搞好自身建设、加强内部治理，才能得到公众的广泛认可，提升承接政府购买服务的能力、提升服务质量、提升体育社会组织的公信力。

（三）降低"门槛"，实行登记备案双向制

从体育社会组织来看，由于当前的登记管理条例和购买服务指导意见中设置的准入门槛相对较高，大多数的基层体育社会组织因无法登记注册而面临身份困境，从而无法参与承接政府购买公共服务，不能很好地向社会大众提供体育公共服务。因此，应该通过修订登记管理条例降低登记门槛，降低承接服务门槛，在社区、街道进行备案等形式，采取登记备案双向制，努力解决基层体育社会组织的身份问题，给予其发展的空间。就承办上海市民体育大联赛来讲，基层体育社会组织虽然不能作为承接主体来承办大联赛赛事，但是应该给其提供机会，让基层体育社会组织参与到承办大联赛赛事的过程中，从中发现不足、学习经验，努力提升自身的服务水平，增强公共服

务能力，为组织自身的发展和承接政府购买体育公共服务奠定坚实的基础。

随着政府购买公共服务的逐步施行与推广，体育公共服务的供给主体也向着多元化发展，体育社会组织承接购买服务的可能性大大提高。上海市的探索实践表明，政府向体育社会组织购买公共服务，实现了服务主体的多元化，政府的指导与监管加上体育社会组织自身的不断改革完善，体育社会组织完全有能力在市场化的道路上成功举办市民体育大联赛、承接购买服务。体育社会组织是政府、市场之外的社会力量，体育社会组织可以对多样化、快速变化的体育需求做出及时的反应，从而为公众提供公共产品，满足公众多样化的体育需求。体育社会组织在承接购买服务的过程中也存在竞争性市场不完备、公信力缺失、难入"门槛"等困境。因此，政府急需解决基层社会组织的身份困境，降低准入"门槛"，为基层体育社会组织承接服务、承办赛事打开方便之门；社会组织应加强"内治"，增强服务意识，主动参与市场竞争，加强道德保护，提升公信力，提升承接政府购买服务质量。上海市体育社会组织承办市民体育大联赛的案例将为我国体育社会组织承接服务、承办赛事提供有益参考。

第二节 我国民间体育组织评估的政策变迁

当前我国民间体育组织已经走出了连续数年的增速下滑低谷，开始步入快速增长的阶段。本研究从斯科特新制度主义三要素理论与制度变迁的角度出发，分析当前我国民间体育组织评估政策的演进与发展，探讨民间体育组织评估的国家层面的政策变迁以及地方民间体育组织政策的再制定，在回答国家、地方民间体育组织评估政策的现实状况的同时，着重考察导致这些立法和政策发生演变的社会背景和原因，旨在为我国民间体育组织评估相关研究提供参考。

一 理查德·斯科特的新制度主义理论

理查德·斯科特（Richard Scott）在总结众多制度主义者观点的基础上对制度的概念下了一个综合性的定义，即制度包括为社会生活提供稳定性和意义的规制性、规范性和文化－认知要素，以及相关的活动与资源（斯科特，2010）。首先，他确定和阐明了构成制度的三种分析性的基础要素，并强调在健全的制度框架中，每一种基础要素都非常重要，并且有时其中一种或另一种要素会处于支配地位，但是更为经常、更为理想的是它们相互联合，共同发挥作用。其次，他认为规制性（regulative）、规范性（normative）和文化－认知（cultural－cognitive）要素在制度中构成了一个连续体，"其一端是有意识的要素，另一端是无意识的要素；其一端是合法地实施的要素，另一端被视为当然的要素"（Hoffman，1997：36）。最后，斯科特从遵守基础、秩序基础、扩散机制、逻辑类型、合法性基础等维度区分了制度的三个要素，在"遵守基础"维度中，规制性要素是"权宜性应对"，规范性要素是一种"社会责任"，文化－认知要素是"视若当然、共同理解"；在"秩序基础"维度中，规制性要素是"规制性规则"，规范性要素是一种"约束性期待"，文化－认知要素是"建构性图式"；在"扩散机制"维度中，规制性要素是"强制性"，规范性要素是"规范性"，文化－认知要素是"模仿"；在"逻辑类型"维度中，规制性要素是"工具性"，规范性要素是"适当性"，文化－认知要素是"正统性"；在"合法性基础"维度中，规制性要素是"法律制裁"，规范性要素是一种"道德支配"，文化－认知要素是"可理解、可认可的文化支持"（斯科特，2010）。

　　制度在对行为制约和禁止的同时，也会对行为者产生支持和使能的作用。制度尽管有促进稳定和秩序的功能，但不是一成不变的，它同样也会经历变迁，包括渐进的变迁与激进的革命。简而言之，原先由某一种基础要素所支持的制度，随着周围环境的改变与时间的流逝，会由另一种基础要素来替代。斯科特提出，制度变迁往往强调两个方面，即新制度要素的形成及其在众多组织形式之间的扩散，制度变迁指既有制度形式的去制度化、被新制度安排取代，而这种新的制度安排又会经历制度化的过程（斯科特，2010）。他着重强调的是在关注结构化的同时不要忽视去结构化与再结构化的过程。

二　民间体育组织评估的政策变迁研究

（一）国家层面政策变迁

　　在新制度主义看来，制度是为了满足人们的需要而创造出来的，当现存的制度不能满足人们的需要时，制度就会发生变迁，就需要进行制度设计。也就是说，制度变迁是既有的局面被打破，由制度环境的变化所引起的，是一种外在因素所致。因此，可以看出这种制度变迁是一个渐进的过程，它是对原来制度的一种创新和完善。同时新制度主义认为以前确立的政策和制度对以后政策制定具有非常重要的影响。正是因为新旧制度的不断变化，社会才会不断向前推进，国家政策同样也顺应制度变迁，适时地出台一些方针政策，同样我们也可以理解为：国家政策的制定与转变，也在暗示着制度的变迁。民间体育组织评估国家层面政策变迁概况如表6-2所示。

1. 1988~2004年：民间体育组织评估的规制阶段

评价一种强制手段的使用是否有效果，就必须提出相对明确的外在要求，进行有效的监督和重要的制裁、惩罚。除此之外，还需要权力机制来保驾护航，强制性权力通过既支持又制约权力实施的规范框架而合法化，从而使权力转化为权威，即强制权威，这对于强制的效果来说十分关键，例如国家政策、法律法规的颁布与实施（斯科特，2007）。就事实而言，我们看到的不仅仅是外在形式立法的逐渐变化，更多的是国家态度的不断变化，站在国家的角度考虑，民间组织的良性发展能够为国家的建设提供很好的助力作用。民政部之前负责主管社会团体的"社团管理司"改名为"民间组织局"，这就标志着我国民间组织取得了合法性，同样也意味着包括民间体育组织在内的一大批民间组织有了合法身份，对于之后民间体育组织的不断发展与完善有着里程碑的意义。

从1988年开始，随着十三大政治体制改革路线的确立，这时国家社会团体的立法走上正轨。结合新制度主义三大要素来解释，民间体育组织评估国家政策的演变，起初制度以规制性规则的形式出现，国家对民间组织评估哪些行为可以做、哪些行为不可以做作了明确规定，民间体育组织会基于利益计算和权宜考虑选择某种行为。1998年国务院颁布了重新修订后的《社会团体登记管理条例》以及《民办非企业单位管理暂行条例》，标志着民间组织管理开始规范化。为适应体育类民办非企业单位发展的需要，经国家体育总局第22次局长办公会议、民政部第13次部长办公会议讨论，通过《体育类民办非企业登记审查与管理办法》，表明了由国家这种高权力机制来规范组织的管理。《全国性体育社会团体管理暂行办法》加强了对全国性体育社团的业务指导和管理，保障社团依法行使行业管理职能，充分发挥其在体育改革和发展中的重要作用。这就标志着民间体育组织的管理模式初步确立，分组登记、双重管理体制伴随产生，民间体育组织由业务主管部门与登记部门共同管理。

一个稳定的规则系统，不管其是正式的还是非正式的，如果得到了监督和奖惩权力的支持，并且这种权力又伴随畏惧、内疚或者清白无愧、高尚、坚定等情感，那么就是一种流行的、起支配作用的制度（斯科特，2010）。

表 6-2　民间体育组织评估国家层面政策变迁

时　间	内　容	作　用
1986 年 6 月	民政部原先负责主管社会团体的"社团管理司"改名为"民间组织局"	民间组织取得了合法性
1989 年	国务院颁布了《社会团体登记管理条例》以及《民办非企业单位管理暂行条例》	确立了"分组登记、双重管理"的模式
1993 年 5 月 24 日	国家体委发布《国家体委关于深化体育改革的意见》	强调支持、鼓励群众性体育组织的发展,并且要充分发挥其重要作用
1998 年 9 月 25 日、1998 年 10 月 25 日	国务院颁布了重新修订后的《社会团体登记管理条例》以及《民办非企业单位登记管理暂行条例》	进一步完善社会团体与民办非企业单位的登记与管理
2000 年 10 月 24 日、2000 年 10 月 29 日	经国家体育总局第 22 次局长办公会议、民政部第 13 次部长办公会议讨论,根据国务院《民办非企业单位登记管理暂行条例》,通过《体育类民办非企业单位登记审查与管理办法》	适应体育类民办非企业单位发展的需要
2001 年 9 月 24 日	根据《社会团体登记管理条例》等有关规定,制定《全国性体育社团管理暂行办法》	加强对全国性体育社团的业务指导和管理,保障社团依法行使行业管理职能,充分发挥其在体育改革和发展中的重要作用
2002 年 7 月 22 日	《中共中央国务院关于进一步加强和改进新时期体育工作的意见》:明确政府和社会团体的事权划分,实行管办分离,体育行政部门要把工作重点转移到贯彻国家方针、政策,研究制定体育政策和发展规划,依法加强行业管理和提供服务上来	明确民间体育组织的重要性,指出在现行的法律法规基础上继续研究制定适应新形势的政策,加强行业管理
2004 年 3 月 8 日	国务院第 39 次常务会议通过《基金会管理条例》	规范了基金会的组织和活动

续表

时　间	内　　容	作　用
2005 年	国家民间组织管理局将民间组织评估作为当年的重点工作之一	深刻认识到了民间组织评估的重要性
2006 年	国家民间组织管理局在全国十多个城市开展了民间组织评估的试点工作，并开始了"评估课题组"的研究	民间组织评估工作迅速展开
2006 年 3 月	十届全国人大四次会议表决通过了《中华人民共和国国民经济和社会发展第十一个五年规划纲要》，明确指出：规范引导民间组织有序发展，发挥提供培养发展行业协会、学会、公益慈善和基层服务性民间组织，发挥提供服务、反映诉求、规范行为的作用	促进民间组织的规范有序发展
2007 年	《民政部关于推进民间组织评估工作的指导意见》，明确民间组织评估工作的重要意义与主要基本要求	于当年启动了首批全国性社会组织评估工作，参与评估的只有 62 家，评估对象仅仅是基金会
2007 年 8 月 16 日	为贯彻落实党的十六届六中全会关于"引导各类社会组织加强自身建设，提高自律性和诚信度"的精神，出台《全国性民间组织评估实施办法》以及《民政部关于推进民间组织评估工作的指导意见》	增强民间组织服务社会功能，提高民间组织社会公信力，促进民间组织健康有序发展
2010 年 3 月	颁布的《国务院办公厅关于加快发展体育产业的指导意见》中，进一步要求改革和创新体育社会团体管理模式，完善体育社团法人治理机制，充实体育社团体业务职能，发挥体育社会团体服务功能	提高体育社团自我发展、自我管理、自我服务和自律规范的能力
2010 年 12 月 27 日	民政部会议通过，自 2011 年 3 月 1 日起施行的《社会组织评估管理办法》	进一步规范社会组织评估工作，完善评估工作机制
2011 年 3 月	十一届人大四次会议通过的《中华人民共和国国民经济和社会发展第十二个五年规划纲要》，首次专设一章，就加强社会组织建设，并从促进社会组织发展和加强社会组织监管两个方面，对"十二五"期间我国社会组织建设的目标作出规划	我国社会组织得到快速发展，初步形成了门类齐全、层次不同、覆盖广泛的社会组织体系

续表

时 间	内 容	作 用
2011 年 7 月	出台的《中共中央国务院关于加强社会管理创新管理的意见》	这是我国第一份关于创新社会管理的正式文件
2012 年 11 月 7 日	根据《社会组织评估管理办法》关于分类评定的原则，民政部制定了全国性公益类社团和职业类社团的评估指标，并对全国性学术类社团评估指标进行了修订	进一步扩大了评估范围，将评估工作细化，完善了评估指标
2013 年 2 月 26 日、2013 年 3 月 5 日	党的十八届二中全会和在北京召开的十二届全国人大一次会议通过《国务院机构改革和职能转变方案》，对改革社会组织管理制度作出重大部署，健全社会组织管理制度，推动社会组织完善内部治理结构	明确宣告了双重管理制度正式终结，再一次明确组织治理的重要性，加大了组织管理的力度
2012 年 7 月 29 日	民政部正式印发《关于规范基金会行为的若干规定（试行）》，规范了基金会的发展	对于规范基金会的信息公开行为作了更具可操作性的指导

资料来源：根据国家民间组织管理局与国家体育局官方网站资料整理。

2. 2005～2010 年：民间体育组织评估的规范阶段

当制度依赖一种规范性基础要素出现，此时所强调的制度还存在说明性、评价性和义务性的维度，这种制度就是规范性的规则。规范系统包括价值观和规范。所谓价值观，就是指行动者所偏好的观念或者所需要的、有价值的观念，以及用来比较和评价现存结果或行为的各种标准。规范则规定事情应该如何完成，并规定追求所要结果的合法方式或手段（斯科特，2010）。从新制度主义视角出发，各组织已逐渐意识到组织评估的重要性，评估工作进入规范化阶段。此时民间组织评估相关制度以一种有约束力的社会期望出现，把有关组织评估的行为选择界定为社会责任，因此2005 年民间组织评估工作在我国展开。广泛开展民间组织的评估工作，建立起完善的民间组织评估机制，对民间组织的培育与发展、改进政府的监管方式有着重要的实际意义。

从国家层面来讲，中央对加强和改进民间组织监管工作有明确要求，例如 2007 年，为贯彻落实党的十六届六中全会关于"引导各类社会组织加强自身建设，提高自律性和诚信度"的精神，出台了《全国性民间组织评估实施办法》以及《民政部关于推进民间组织评估工作的指导意见》。《中华人民共和国国民经济和社会发展第十一个五年规划纲要》提出，"规范引导民间组织有序发展，培育发展行业协会、学会、公益慈善和基层服务性民间组织，发挥提供服务、反映诉求、规范行为的作用。完善民间组织自律机制，加强改进对民间组织的监管"。开展评估就是加强和改进监管的有效办法和重要环节。另外，新修订的《社会团体登记管理条例》也有规定："登记管理机关应当建立社会团体评估指标体系，鼓励和支持有关单位、专家和公众参与社会团体评估。对有突出贡献的社会团体，应当给予表彰、奖励。"国外和国内已有了成功做法和经验，国家层面也有积极的政策导向，开展大范围、大规模评估工作的条件基本具备。

3. 2011 年至今：民间体育组织评估政策文化认知阶段

新制度主义研究当中的两个重要人物马奇和奥尔森在一篇文章中"生造"了一个词叫"新制度主义"，认为制度会对各种社会行为产生影响，这里的制度不仅仅包括各种明确的实体要素，如组织、法规，还包括各种非正式习俗、惯例、意识形态等观念要素，它关注行为影响机制以及制度发展机制等问题（马奇，2011）。奥斯特罗姆夫妇认为制度就是，"规则被个人用以决定谁、什么被包括在决策情景中，信息如何建构，能采取什么样的行为，以什么顺序行为，个人行为如何被加总为集体决策"（Kiser，L. L.，& Ostrom，E.，2000）。新制度主义者将文化、习俗、习惯等也看作一种制度，这使制度的定义更为宽泛。

从 2006 年民政部正式开始启动评估工作以来，国家出台的专门针对民间组织评估的政策文件逐渐增多，无论是总目标、总意见的下达，还是民间组织评估的具体指标，国家在这一方面一直努力，民间组织的评估从之前的"经营"模式逐渐转变为"治理"模式。2012 年，民政部根据《社会组织评估管理办法》关于分类评定的原则，又将全国性公益类社团、联合类社团和职业类社团的评估指标进行了细化，并对全国性学术类社团评估指标进行了进一步的修订与完善，以更好地指导民间组织的评估工作。

民间体育组织在迅猛发展的同时，已经意识到评估的重要性，并且践行到今后的日常组织运行当中，此时，制度是以一种思维方式和认知图示的形式出现，构建了一套意义表征系统，暗示组织应将其作为有意义的事情在日后理所应当地坚持去做，即到了新制度理论的文化认知层次。但是要做到真正意义上的文化认知，还需要一定的时间，还需要国家大方向的指引、政策的积极导向，在相对稳定的制度环境之下，与组织自身一起努力，做到大大小小的民间体育组织都能够自觉自愿地进行评估，并依据评估结果的反馈来改正，最终达到组织规范发展。

（二）地方层面政策的再制定

在民间体育组织评估过程中，为什么同一类政策在不同地区、省份会产生不同的政策结果，为什么不同地区和省份对民间体育组织评估会有不同的政策，这些问题都涉及了制度结构的安排，我们可以用新制度主义相关理论来解释。当制度以一种有约束力的社会期望出现，把某些行为选择界定为社会责任，行为者会觉得在这种情况下就应该这么做。所以为了规范组织发展，增加民间组织公信力和透明度，有效发挥民间组织在扩大群众参与、反映群众诉求方面的积极作用，各省各地的民间组织开展了评估工作，包括民间体育组织在内的数量激增的民间组织加入了评估的行列。

1. 地方民间体育组织政策再制定解析

随着我国转型的不断深入，对民间组织的期望与要求也相对较高，民间体育组织已然不是之前的涣散队伍，国家对民间体育组织的政策支持逐渐明晰。地方层面民间体育组织评估政策再制定概况如表 6-3 所示。

表6-3 地方层面民间体育组织评估政策再制定概况

省份	制定时间	具体内容	效果反馈
上海市	2007年9月14日	上海市制定《上海市民间组织规范化建设评估办法（试行）》，明确了评估原则、组织管理、评估等级和应用、评估方法和程序。制定了《上海市体育社团组织规范化建设评估办法》	建立了评估框架；改进了监管方式；转变了政府态度；强化了自律意识；获得了社会认可
四川省	2001年8月22日	根据《中华人民共和国体育法》和《社会团体登记管理条例》以及有关法律、法规的规定，结合本省实际，制定《四川省体育社团管理办法》	加强对体育类社会团体（以下简称体育社团）的管理，维护其合法权益
江苏省	2011年7月20日	江苏省民政厅、省体育局联合出台了《江苏省体育类社会团体评估办法》及《江苏省体育类社团评估评分细则》	进一步增强了体育类社会团体服务社会功能，提升了体育类社会团体公信力和影响力，扎实开展社会组织评估工作
浙江省	2003年8月20日、2009年10月10日	为了适应青少年体育俱乐部的发展，制定《浙江省青少年体育俱乐部评估标准》的精神和《社会组织评估管理办法》的要求，印发《全省性社会组织评估实施办法》，省民政部关于推进民间组织评估工作的指导意见	认真贯彻落实，建立健全社会组织评估工作机制，完善评估标准，把评估工作列入对市县的年度目标考核任务，积极营造政策环境，取得了较好效果
广东省	2009年4月、2012年4月26日	出台了《广东省民政厅关于社会组织评估管理的暂行办法》，同时，还先后制定了《广东省全省性社会组织评估行业协会、基金会评估指标》《广东省全省性社会组织评估商会、基金会社会评价表》《广东省社会组织评估申报表》《广东省社会组织评估工作规范》等文件，并制定《关于进一步培育发展和规范社会组织发展的方案》	确立了评估工作的指导思想、基本原则、评估对象、管理职责、法律责任；明确了评估参评单位的任何费用，统一由财政拨付，促进了广东省民间组织有质有量的发展

续表

省份	制定时间	具体内容	效果反馈
黑龙江省	2009年3月4日	为贯彻落实民政部关于行业协会评估工作的有关精神，根据《黑龙江省民间组织评估工作实施方案》的要求，制定《黑龙江省行业性社会团体评估评分细则》	有利于加强对民间组织的规范管理；有利于促进民间组织的自我发展；有利于加强业务主管单位的管理职责
福建省	2009年4月13日	通过试点评估工作，福建省社会组织评估委员会结合实际，形成了《福建省社会组织评估暂行办法》《行业性社会团体评估指标》《学术性社会团体评估指标》《基金会评估指标》《民办非企业单位诚信评估指标》等系列指导性文件	创新了管理方式，完善了监督机制；确立了发展水准，促进了规范化建设；调动了积极性
青海省	2009年	制定了《青海省社会组织评估工作实施办法（试行）》、《青海省社会组织评估审查委员会工作规则》和《青海省社会组织评分规则》	青海社会组织评估指标体系基本成型，信息数据库初步建成，奖惩机制建设正在推进。社会组织信用意识逐步确立，社会公信力逐渐提升，社会服务功能明显增强

地方政策再制定依据：为贯彻落实党的十六届六中全会关于"引导各类社会组织加强自身建设，提高自律性和诚信度"的精神，进一步增强社会组织服务社会功能，提高社会组织社会公信力，促进社会组织健康有序地发展，根据《民政部关于推进民间组织评估工作的指导意见》（民发〔2007〕127号）的有关精神，以及《社会组织评估管理办法》的要求，建立健全社会组织评估工作机制，完善评估标准。

资料来源：根据国家民间组织管理局与国家体育总局官方网站资料整理。

随着民间体育组织的不断发展壮大，其管理问题也逐渐受到社会各界的关注，国家为地方民间组织政策的再制定提供总的目标与方向，各省市根据自己的情况，更有针对性、更细致地制定本地市的相关民间组织评估地方性文件，从国家到地方民间组织政策的变迁即为一个粗糙模糊—细致明晰的过程。

通过解读民间体育组织政策的再制定，不难看出地方不仅将制度以管制性规则的形式出现，对哪些行为可以做、哪些行为不可以做作了更为明确的规定，民间体育组织在活动中会自然权衡去选择自己的行为方式，而且着力将制度以一种思维方式和认知图示的形式出现，促使民间组织主动将组织评估作为理所当然的事情去做。

2. 影响地方民间体育组织评估政策再制定的因素

在不同的情境当中，制度的压力或者要求会导致组织结果走向同形，但是在很多方面，同样的制度要求可能导致并非趋同的结果而是恰恰相反，产生趋异性结果。

地方政策再制定时同样需要考虑很多因素，包括当前社会转型关键期，民间组织在社会运行中扮演重要角色，加之国家上级政策的引导，例如党的十六届六中全会提出关于"引导各类社会组织加强自身建设，提高自律性和诚信度"、《民政部关于推进民间组织评估工作的指导意见》和《社会组织评估管理办法》，要求各地方建立健全社会组织评估工作机制，完善评估标准。不同地区对制度规则的解码和解释不同，有些地区还会对制度的形式进行调整或者创新，这都会影响地方政策的再制定。再有就是需要结合各地市的民间组织实际发展情况，涉及各地的经济条件，地方政府是否有充裕的资金来开展民间组织的评估工作，同样也包括各地民间组织的数量、规模、质量等，这一系列因素都会影响到地方民间组织评估政策的再制定。

3. 地方民间体育组织评估政策的再制定实施效果评价

各地市结合自己的实际情况，开展不同程度、不同范围的评估。不言而喻，评估工作之后的反馈情况对组织的发展有至关重要的作用，若地方民间体育组织评估政策的再制定实施效果较好，则会加强对民间体育组织的规范管理，促进民间体育组织的自我发展，更会加强业务主管单位的管理职责。民间体育组织评估工作的开展，不仅进一步增强了其服务社会的功能，还可以提升民间体育组织的公信力和影响力。

新的制度取代旧的制度时，会有一系列的变化来检验这种变革带来的是阵痛还是发展，民间体育组织评估政策的出台与践行，同样接受着检验。理想的结果就是民间体育组织能够将评估工作视为自己应该做的也是必须做的事情，即在没有其他控制或者监督之下，自觉去完成本组织的评估，并针对评估结果制定一系列的改进措施，民间体育组织终将成为体育事业发展中不可或缺的中坚力量。

当前我国正加快从体育大国向体育强国迈进的步伐，民间体育组织在这样的背景下，只有不断提高和完善自身的素质，才能发挥自己应有的作用，而评估工作开展得好与坏正是衡量民间体育组织自身素质高低的重要环节。从国家宏观方面的政策制定与引导再到地方微观的政策实施与再制定，民间体育组织评估工作经历了从规制到规范再到文化－认知阶段，各组织在国家与地方的积极号召之下，对自身的评估有了新的认识，不仅仅要完成评估任务，履行评估义务，最终还要达到自觉自愿的一种状态。

第三节　体育社团评估指标体系政策构建

怎样有效实现"一手抓培育，一手抓监管"一直是政府和社团共同关心的问题。二十多年来，社团登记管理机关与业务机关在社团管理上积累了丰富的经验，社团管理体制日趋规范化、法治化。但是总的来说，对社团的监管和培育还处在粗放型阶段，依然存在"一管就死，一放就乱"的局面，不定期清理整顿仍是社团管理依赖的重要手段。粗放型社团管理体制与行政体制改革的总体方向越来越不吻合，与快速的社团发展之间的矛盾越来越突出。

社团评估作为引导社团健康发展的重要手段，越来越受到政府与社团的重视，不少部门和地方都已经开展了工作。建立社团评估体系是转变社团管理体制的需要，是提升社团能力建设的需要。

一　体育社团评估指标体系的构建

（一）体育社团评估指标设计的原则

评估是开展管理工作的理想工具，但是评估必然带有较强的主观性，因此，开展评估工作也不是一件易事。开展社会体育组织的评估不仅耗时费力，而且需要投入较高的成本，如果评估工作做得好，能够使多方受益，反之如果做得不好的话，就意味着资源的浪费。体育社团属于社会体育组织的重要组成部分，其治理问题受到多方关注，在体育社团评估工作开展之前，必须先确立既科学又系统合理的评估指标体系。体系设计得合理与否关系到体育社团评估最后的效果。根据体育社团的实际情况以及评估活动的特点，在体育社团治理评估指标体系构建时应遵循以下几个方面的原则。

1. 明确公开原则

体育社团评估在评估的程序以及具体指标与标准的明确上，必须向社会和体育社团明确公开。这样不仅能增加体育社团对评估机构的信任度，而且能在一定程度上减少评估的神秘色彩。对于评估的结果来说，应完全公开，只有这样体育社团才更愿意接受评估和更容易配合评估工作。

2. 综合性原则

治理视角下体育社团评估指标体系的设计要遵循综合性原则，把体育社团的治理活动看作一个运行的整体系统，在做到全面完整的基础上，又不能过于繁杂，根据体育社团自身发展的特点，综合地反映体育社团治理的静态结构和动态机制。在设计体育社团评估指标体系时，不仅要反映体育社团治理状况方面的内容，还要反映整体综合治理的效果；既要重视内部治理能力的提高，又要反映外部治理关系以及满足政府和公众的要求。

3. 科学合理原则

虽然开展体育社团的评估工作很困难，但是也应该尽量避免拍脑袋的评估方式。科学的评估主要体现在评估程序的恰当性、评估方法的正确性、评估指标的有效性与可信性和评估标准的合理性。科学合理原则是整个体育社团治理评估体系原则的核心和灵魂，直接影响评估结果最终被各界接受的程度以及评估对体育社团治理能力提高的作用。在指标设计过程中坚持科学性原则，要保持评估指标客观性与主观性之间的平衡，特别关注主观性的指标，尽可能减少歧义，提高认识和理解上的一致性。

4. 评估信息的有用性原则

评估的结果应尽可能对评估机构有用，而不是简单给出分数，要通过评估帮助体育社团诊断问题、找出原因，帮助其不断提升能力，强化评估的学习能力。

5. 可行性与可操作性原则

体育社团评估指标体系的设计要充分考虑评估对象的客观条件，估计实践上的可操作性，设计的指标具有一定的针对性，避免模糊性，以减少评估的困难，从而实现评估的目标，并使评估结果得到各界的认同。同时，由于各个体育社团情况不一而较为复杂，为了便于不同体育社团的比较，应选取最常用、最易获取的综合性强、信息量大的指标。

在体育社团评估指标体系的设计时要尽可能把体育社团治理的基本情况通过一定的数量反映出来，例如"组织会议召开的次数""章程须经多少会员通过"。社团治理情况即使无法用数字表达出来，也要尽量找到一定的对应关系，转化为一定的数量值，达到准确测量的目的。

6. 定性指标与定量指标相结合原则

在设计体育社团评估指标体系时既要注重定性指标又要注重定量指标，使定性指标与定量指标有机结合。定量指标具有较强的客观性和可比性，但不易从整体性和关联性中获得相关信息；定性指标只能用理性分析和感性判断来表示，主观性较强往往会造成评估结果和实际状况之间的误差。为了确保体育社团评估指标的科学性和完整性，要将定性指标和定量指标有机结合，既要重视定性指标的应用，以避免评估中的以偏概全，又要尽可能赋予定性指标一定的权重，使其定量化以避免评估中的随意性。

（二）体育社团评估指标体系的确定

1. 体育社团评估指标体系备选指标的确定

按照评估指标体系设计的原则，结合对专家的访谈，初步确定本研究的备选指标，如表 6-4 所示。

表 6-4　初步确定备选指标一览

一级指标	二级指标
A1 基本条件	B1 合法性
	B2 非营利性
	B3 自主性
	B4 组织宗旨
	B5 基础设施
	B6 组织规模

一级指标	二级指标
A2 组织管理与能力建设	B7 民主办会
	B8 组织制度
	B9 党的建设
	B10 人力资源管理情况
	B11 战略规划情况
A3 业务活动	B12 会员服务
	B13 业务职能
	B14 社会服务
	B15 公益活动
A4 社会影响	B16 会员认同
	B17 政府评价
	B18 社会公信度

2. 德尔菲法开展的基本情况

本课题专家征询以及专家调查问卷的发放与填写工作于 2014 年 10 月到 12 月进行，共进行了两轮德尔菲法专家征询（专家调查问卷的发放主要是借助参加《体育社会组织建设与管理》编写组会议，以及到各地实地调研之际进行的）。发放第一轮专家调查问卷时，为专家提供了本课题相关研究背景、资料及《体育社团评估指标体系研究专家调查问卷》（第一轮），请各专家对初步拟定的各层相关指标的重要性以及可操作性进行打分，并请专家对初拟不合理的相关指标提出修改意见与建议。

在第一轮专家问卷调查结束后，分析整理问卷结果，并对相关不合理指标进行删减与调整，并进行第二轮专家问卷调查，将第一轮问卷调查的统计结果反馈给专家以供参考。其中两轮专家调查问卷征询表后均有附表，请专家填写其基本情况及对指标体系中各指标的判断依据和熟悉程度。

根据学术背景，本研究遴选相关专家 15 人进行德尔菲专家调查，第一轮和第二轮专家征询分别发出问卷 15 份，对收回的调查问卷进行整理、统计，排除那些填写不完整、存在明显不准确性的问卷后，第一轮和第二轮回收有效调查问卷均为 14 份。

表 6 – 5　第一轮专家权威程度统计

指标名称	判断依据（Ca）	熟悉程度（Cs）	权威程度（Cr）
基本条件	0.6000	0.8857	0.7428
组织管理与能力建设	0.7000	0.9429	0.8214
业务活动	0.7000	0.8429	0.7714
社会影响	0.6714	0.8143	0.7428
合法性	0.7571	0.8857	0.8214
非营利性	0.7571	0.9429	0.8500
自主性	0.7429	0.9000	0.8214
组织宗旨	0.7143	0.9571	0.8357
基础设施	0.6857	0.9571	0.8214
组织规模	0.7143	0.9429	0.8286
民主办会	0.7000	0.9000	0.8000
组织制度	0.7286	0.8429	0.7857
党的建设	0.6000	0.8143	0.7071
人力资源管理情况	0.7143	0.8143	0.7643
战略规划情况	0.7429	0.8571	0.8000
会员服务	0.7143	0.8429	0.7786
业务职能	0.7286	0.8429	0.7857
社会服务	0.7143	0.8714	0.7928
公益活动	0.7286	0.8429	0.7857
会员认同	0.7286	0.8571	0.7928
政府评价	0.7286	0.8714	0.8000
社会公信度	0.7429	0.8429	0.7929

　　研究通过采用判断依据量化表和熟悉程度量化表，对所选专家针对各相关指标的判断依据（Ca）和熟悉程度（Cs）进行量化，再对专家的权威程度进行量化并加以计算。计算结果显示：各专家对征询内容的权威系数在 0.7071 ~ 0.8357，均大于 0.70。据此判断，本研究所遴选的专家对评价对象的权威程度较高。

　　各专家意见的协调程度主要是通过协调系数（W）来表示。协调系数代表各专家意见的一致性，同样也体现征询结果的可信程度。W 值在 0 ~ 1，W 值越高表示各专家意见越趋于一致。根据协调系数计算公式，第一轮征询协调系数 W 为 0.671，第二轮征询协调系数 W 为 0.888，差异具有统计学意义。

（1）专家调查问卷的信度检验

专家调查问卷的信度检验是可靠性分析的重要方面，克朗巴赫 α 系数是检验一致性信度的重要方法，它能够反映量表中各项指标的一致性情况。本研究采用求克朗巴赫 α 系数的方式对问卷进行了信度检验。

本研究通过运用 SPSS 软件求得第一轮专家征询的总体克朗巴赫 α 系数为 0.883，求得第二轮专家征询的总体克朗巴赫 α 系数为 0.893，根据"信度系数在 0.8 问卷可以接受"这一标准得出：本研究专家征询的问卷的内部一致性较好。

（2）专家调查问卷的效度检验

专家调查征询表是在查阅了大量相关文献以及调查、讨论的基础上拟定的，所设计的征询表在结构上、内容设计上，各指标能从不同角度反映体育社团发展的状况。通过调查问卷附表中专家对问卷的结构效度和内容效度进行打分评判之后，得出本问卷具有较好的效度。

3. 第一轮专家征询问卷评价及指标筛选情况

第一轮专家征询主要是确定本研究所需指标。第一轮发放征询问卷 15 份，回收 14 份，回收率为 93.3%，所回收的问卷全部为有效问卷。回收的问卷中，专家反馈宝贵意见。各指标统计情况见表 6 - 6。

表 6 - 6　第一轮专家征询情况一览

指标名称	满分率	平均得分	累计得分	累计满分率	标准差	均值	变异系数
A1 基本条件	64.30	8.2857	8.2857	4.5959	0.9945	8.2857	0.1200
A2 组织管理与能力建设	100.00	9.0000	17.2857	9.5880	0.0000	9.0000	0.0000
A3 业务活动	50.00	7.8571	25.1428	13.9461	1.2924	7.8571	0.1645
A4 社会影响	35.70	7.2857	32.4285	17.9873	1.5407	7.2857	0.2115
B1 合法性	78.60	8.5714	40.9999	22.7416	0.8516	8.5714	0.0994
B2 非营利性	78.60	8.4286	49.4285	27.4168	1.2225	8.4286	0.1450
B3 自主性	71.40	8.2857	57.7142	32.0127	1.2667	8.2857	0.1529

续表

指标名称	满分率	平均得分	累计得分	累计满分率	标准差	均值	变异系数
B4 组织宗旨	85.70	8.4286	66.1428	36.6878	1.6508	8.4286	0.1959
B5 基础设施	71.40	8.2857	74.4285	41.2837	1.2667	8.2857	0.1529
B6 组织规模	28.57	6.1429	80.5714	44.6910	1.0271	6.1429	0.1672
B7 民主办会	21.40	6.7143	87.2857	48.4152	1.5407	6.7143	0.2295
B8 组织制度	92.90	8.7143	96.0000	53.2488	1.0690	8.7143	0.1227
B9 党的建设	28.60	6.5714	102.5714	56.8938	1.7852	6.5714	0.2717
B10 人力资源管理情况	85.70	8.7143	111.2857	61.7274	0.7263	8.7143	0.0833
B11 战略规划情况	78.60	8.4286	119.7143	66.4026	1.2225	8.4286	0.1450
B12 会员服务	78.60	8.5714	128.2857	71.1569	0.8516	8.5714	0.0994
B13 业务职能	85.70	8.7143	137.0000	75.9905	0.7263	8.7143	0.0833
B14 社会服务	85.70	8.5714	145.5714	80.7449	1.1579	8.5714	0.1351
B15 公益活动	78.60	8.2857	153.8571	85.3408	1.4899	8.2857	0.1798
B16 会员认同	92.90	8.8571	162.7142	90.2536	0.5345	8.8571	0.0603
B17 政府评价	85.70	8.5714	171.2856	95.0079	1.1579	8.5714	0.1351
B18 社会公信度	100.00	9.0000	180.2856	100.0000	0.0000	9.0000	0.0000

4. 第二轮专家征询问卷评价及指标筛选情况

通过对第一轮专家征询问卷进行统计分析后，综合各专家的意见和建议，对专家调查问卷的各级指标进行了进一步的筛选、修改与整合，形成第二轮专家征询问卷并进行发放。指标统计情况见表6-7。

表6-7　第二轮专家征询情况一览

指标名称	满分率	平均得分	累计得分	累计满分率	标准差	均值	变异系数
A11	42.9	7.7143	7.7143	1.9956	1.2666	7.7143	0.1642
A12	64.3	8.0000	15.7143	0.0407	1.5191	8.0000	0.1899
A1	57.1	7.5714	23.2857	0.0602	1.9890	7.5714	0.2627
A14	78.6	8.2857	31.5714	0.0817	1.4899	8.2857	0.1798
A21	64.3	8.0000	39.5714	0.1024	1.5191	8.0000	0.1899

指标名称	满分率	平均得分	累计得分	累计满分率	标准差	均值	变异系数
A3	35.7	7.4286	47.0000	0.1216	1.3986	7.4286	0.1883
A41	64.3	8.1429	55.1429	0.1426	1.2924	8.1429	0.1587
A51	57.1	7.5714	62.7143	0.1622	1.8277	7.5714	0.2414
A61	21.4	6.5714	69.2857	0.1792	1.6036	6.5714	0.2440
A62	7.1	6.0000	75.2857	0.1948	1.5191	6.0000	0.2532
B11	50	7.7143	83.0000	0.2147	1.4899	7.7143	0.1931
B12	28.6	7.1429	90.1429	0.2332	1.4601	7.1429	0.2044
B13	50	5.7143	95.8571	0.2480	1.2666	5.7143	0.2217
B14	7.1	5.7143	101.5714	0.2627	1.2666	5.7143	0.2217
B21	71.4	8.4286	110.0000	0.2846	0.9376	8.4286	0.1112
B22	71.4	8.4286	118.4286	0.3064	0.9376	8.4286	0.1112
B23	35.7	6.8571	125.2857	0.3241	1.9945	6.8571	0.2909
B31	14.3	6.4286	131.7143	0.3407	1.4525	6.4286	0.2260
B32	14.3	6.4286	138.1429	0.3574	1.6508	6.4286	0.2568
B33	7.1	6.4286	144.5714	0.3740	1.2225	6.4286	0.1902
B34	35.7	7.0000	151.5714	0.3921	1.7541	7.0000	0.2506
B41	71.4	8.1429	159.7143	0.4132	1.5119	8.1429	0.1857
B42	14.3	6.4286	166.1429	0.4298	1.4525	6.4286	0.2260
B43	14.3	6.0000	172.1429	0.4453	1.5191	6.0000	0.2532
B44	35.7	6.8571	179.0000	0.4630	1.8337	6.8571	0.2674
C11	71.4	8.1429	187.1429	0.4841	1.5119	8.1429	0.1857
C12	50	7.7143	194.8571	0.5041	1.4899	7.7143	0.1931
C13	7.1	6.4286	201.2857	0.5207	1.2225	6.4286	0.1902
C14	21.4	6.8571	208.1429	0.5384	1.4601	6.8571	0.2129
C15	7.1	5.8571	214.0000	0.5536	1.2924	5.8571	0.2207
C16	7.1	6.2857	220.2857	0.5698	1.2666	6.2857	0.2015
C21	14.3	6.7143	227.0000	0.5872	1.3260	6.7143	0.1975
C22	14.3	6.8571	233.8571	0.6050	1.2315	6.8571	0.1796
C23	35.7	7.1429	241.0000	0.6234	1.6575	7.1429	0.2320
C24	57.1	8.0000	249.0000	0.6441	1.3009	8.0000	0.1626

续表

指标名称	满分率	平均得分	累计得分	累计满分率	标准差	均值	变异系数
C31	42.9	7.5714	256.5714	0.6637	1.4525	7.5714	0.1918
C32	7.1	6.1429	262.7143	0.6796	1.2924	6.1429	0.2104
C33	21.4	7.0000	269.7143	0.6977	1.3587	7.0000	0.1941
C41	14.3	6.4286	276.1429	0.7143	1.4525	6.4286	0.2260
C42	14.3	6.7143	282.8571	0.7317	1.3260	6.7143	0.1975
C51	21.4	6.7143	289.5714	0.7491	1.5407	6.7143	0.2295
C52	21.4	6.5714	296.1429	0.7661	1.6036	6.5714	0.2440
C53	28.6	6.7143	302.8571	0.7834	1.7289	6.7143	0.2575
C54	21.4	6.5714	309.4286	0.8004	1.6036	6.5714	0.2440
C55	14.3	6.5714	316.0000	0.8174	1.3986	6.5714	0.2128
D11	78.6	8.4286	324.4286	0.8392	1.2225	8.4286	0.1450
D12	57.1	8.1429	332.5714	0.8603	1.0271	8.1429	0.1261
D13	64.3	8.2857	340.8571	0.8817	0.9945	8.2857	0.1200
D21	64.3	8.1429	349.0000	0.9028	1.2924	8.1429	0.1587
D22	50	7.7143	356.7143	0.9228	1.4899	7.7143	0.1931
D23	14.3	6.2857	363.0000	0.9390	1.6838	6.2857	0.2679
D31	78.6	8.4286	371.4286	0.9608	1.2225	8.4286	0.1450
D32	35.7	7.2857	378.7143	0.9797	1.5407	7.2857	0.2115
D33	42.9	7.8571	386.5714	100.0000	1.0271	7.8571	0.1307

　　通过两轮的专家征询，以及对三级指标的标准差、均值、标准误统计，并进行重要性的排序，进行最终的指标筛选，如表 6-8 所示。

表 6-8　两轮专家征询之后最终指标筛选

一级指标	二级指标	三级指标
基本条件	合法性	①活动资金保持注册资金足额 ②按规定办理成立、变更登记、注销登记 ③按时参加年检，并且年检结论合格 ④无违反国家法律、法规和政策的行为
	非营利性	未进行利润分配

续表

一级指标	二级指标	三级指标
基本条件	自主性	①没有政府领导干部兼任社团领导 ②决策自主性 ③活动开展自主性 ④内部管理自主性
	组织宗旨	宗旨能够准确说明组织的非营利性、工作内容、工作缘由和服务对象
	基础设施	拥有固定的活动场所、办公场所
	组织规模	①拥有会员的数量 ②上一年度的财政支出规模 ③工作人员数量
组织管理与能力建设	民主办会	①按时召开会员代表大会 ②社团主要领导产生方式 ③上年度召开大会的次数 ④所召开大会的出席率
	组织制度	①人力资源管理制度 ②财务管理制度 ③后勤管理制度
	人力资源管理情况	①专职工作人员的数量 ②是否有专职秘书长 ③是否有志愿者 ④是否建立和实施了工作人员培训制度
	战略规划情况	①有与组织宗旨一致的详细的战略规划 ②过去三年会费＋服务收入/总收入 ③过去三年业务活动开支/总支出 ④过去三年的会员增长率
业务活动	会员服务	①为会员提供活动场所 ②制定会员行为规范 ③每年为会员提供科学健身或相关业务知识培训 ④为会员提供政策咨询、信息服务，维护会员合法权益，配合政府解决会员诉求 ⑤承担评估论证或技能资质考核 ⑥开展调研，统计发布相关情况资料

一级指标	二级指标	三级指标
业务活动	信息公开与宣传	①向社会公开本团体接受和使用社会捐赠情况 ②其他事项公开 ③设立网站、网页、刊物
	业务职能	①年度开展项目数量 ②项目平均资金规模 ③项目运作规范（事前有论证和计划、事中有监督和反馈、事后有总结和评估） ④项目的创新和可持续性
	社会服务	①年均接受社会捐赠额 ②年均接受政府资助或购买服务额
	公益活动	①公益活动支出金额 ②公益活动会员参与度 ③公益活动受益者人数 ④年公益活动费用占总收入的比例 ⑤年管理费用占总支出的比例
社会影响	内部评价	①会员、理事、常务理事的满意度 ②工作人员的满意度 ③资助人的评价
	政府评价	①业务主管单位评价（奖励情况） ②登记管理机关评价（按时年检、及时办理法定手续） ③其他相关部门评价（例如行政部门的处罚）
	社会公信度	①社会服务受益人评价 ②志愿者评价 ③新闻媒体评价 ④社会大众评价

5. 指标内涵解释

（1）第一部分：基本条件

合法性：体育社团从成立到发展，合法性是其所要达到的基本要求与前提，学术界所研究的组织的合法性包括行政合法性和社会合法性，现在的体育社团仍存在合法性困境。

非营利性：非营利性是体育社团的基本属性。企业虽千差万别，但最终都以获取利润即营利为主要目的。体育社团则不同，其非营利性表现在以下三个方面。首先，其不以营利为目的。体育社团可以营利，但其目的不是积累财富，经营所得必须继续用于服从组织使命的活动。其次，其所得不能进行利润的分配。体育社团可以开展一定形式的经营性业务活动，可能会产生一定的剩余收入，但是这一部分剩余经营收入不能作为利润进行分配，而只能用于组织所开展的各种社会活动及自身发展。最后，非营利性体现在不得将组织的资产以任何形式、任何理由转变为私人财产。

自主性：政府是一个统一完整的国家政权，它的下属由一些相对独立的部门、机构以及各级组织组成，但这些下属机构又不完全独立，否则就难以行使国家的职能。体育社团是一种自治组织，它具有相对独立性，这些体育社团都有独立自主的判断力、决策力和行为能力。

组织宗旨：在体育社团发展过程中，明确的组织宗旨起到关键性的作用。没有具体可行的组织宗旨，要制定清晰的目标和实施战略是不可能的。还需要表达的是一个组织的宗旨不仅要在成立之初加以明确，而且在组织遇到困难或组织繁荣之时，也必须经常再予以确认与重申。这里所说的宗旨能够准确说明组织的非营利性、工作内容、工作缘由以及服务对象。

基础设施：基础设施是组织开展活动的基础，作为体育社团来说，为会员提供固定的活动场所与办公场所是基本的条件。

组织规模：为了对组织的规模程度进行了解，其中不仅包含所拥有会员的数量以及工作人员的数量，组织财政支出规模也在一定程度上体现出组织的规模。

（2）第二部分：组织管理与能力建设

民主办会：体育社团在组织管理这方面，最初所体现的社团领导是怎么产生的，是不是由组织成员一致选举的，组织成立之后是否按时召开会议，以及召开会议的次数和成员的出席率都体现的是该组织是否民主，是否在组织发展当中将民主精神贯彻落实。

组织制度：社团发展的好坏在很大程度上受到组织制度的影响，这里所说的组织制度主要包括社团的人力资源管理、财务管理以及后勤其他方面的组织管理，只有社团组织制度健全且良性发展，社团才会更好地开展活动，为组织成员服务。

人力资源管理情况：在组织制度相对完备情况之下，社团的人力资源情况也很重要，专职秘书长的设置以及专职人员的数量体现一个社团组织的规模与正规程度，有能力以及发展较好的社团还会进行工作人员的相关培训，以促进社团更合理更完备地发展。

战略规划情况：确定一个社团发展前景，最重要的是社团根据近几年自身发展结合国家政策，制定出与组织宗旨相一致的详细的战略规划以及逐步实施的年度计划，还是仅仅做一个粗略的年度计划。

（3）第三部分：业务活动

会员服务：体育社团为会员提供服务是最基本的职能，不仅是简单地提供活动场所，还需要制定会员行为规范，定期为会员提供一些科学健身方面的知识，为组织会员提供政策咨询、信息服务，维护会员的合法权益，积极配合政府解决会员诉求。

业务职能：从评估的角度来看，业务职能的高低在很大程度上体现体育社团的水平，体育社团开展活动项目的规模、数量以及项目活动开展前后的运作与总结，都体现其业务水平的高低，尤其是在活动项目的创新方面会给体育社团评估加分不少。

信息公开与宣传：体育社团在发展过程中，不能只顾关起门来搞自己的、闭门造车，要让公众以及政府了解自己社团的发展，通过建立本社团的网站以及定时向社会公开一些社团事务，使社团活动真的出现在人的视线里，既体现社团的宗旨还能吸引更多的人加入。

社会服务：当前政府放权，将一定的社会事务转移给社会组织，发展较好的体育社团能够得到政府购买公共服务的机会，就评估而言，这也是判断一个社团发展好坏的重要依据与标准。

公益活动：公益活动是组织从长远着手，不计眼前利益，体育社团同样通过支持体育社会公益事业的实务活动，不仅以此扩大了社团影响、提高了美誉度，还为政府和国家贡献了自己的力量。

（4）第四部分：社会影响

内部评价：体育社团开展活动最直接的受益者是组织内部成员，组织内部成员的认可很重要，如果组织成员内部对组织的评价不高，则可以从另一方面反映出组织发展状态不佳。

政府评价：从组织的登记管理单位到组织的业务主管单位，从社团的成立到社团开展活动、组织的奖惩情况、年检是否合格，都体现社团发展的好坏，是社团评估的重要指标。

社会公信度：大众对组织的态度与看法，以及体育社团被媒体的关注程度、正面报道与反面报道，这些都体现社团的社会公信度，社团的社会公信度越高说明其发展越好。

二 体育社团评估各项指标的权重设置

(一) 建立体育社团评估的层次结构模型

根据前文所述，体育社团评估的层次结构模型如图6-1所示。

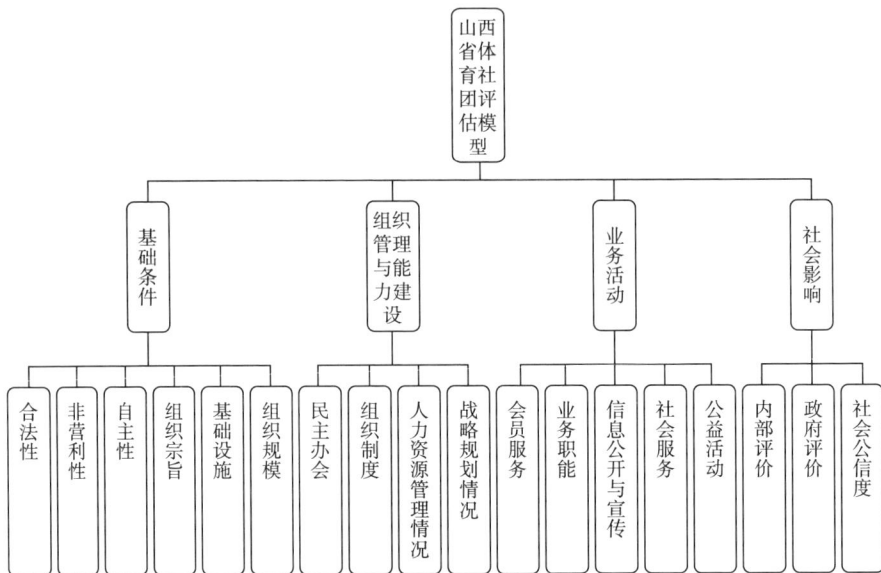

图6-1 体育社团评估的层次结构模型

(二) 建立体育社团评估的成对比较判断优选矩阵

根据研究需要，现将体育社团评估的成对比较判断优选矩阵列表呈现出来。一级指标的成对比较的判断优选矩阵及其各分项的二、三级指标判断优选矩阵分别如表6-9至表6-17所示。

表6-9 一级指标的成对比较的判断优选矩阵

	A 基本条件	B 组织管理	C 业务活动	D 社会影响	权重
A 基本条件	1.000	0.683	0.736	0.995	0.207
B 组织管理	1.464	1.000	1.077	1.456	0.303
C 业务活动	1.359	0.928	1.000	1.352	0.281
D 社会影响	1.005	0.687	0.740	1.000	0.208

表 6-10　A 基本条件二级指标判断优选矩阵

	A1	A2	A3	A4	A5	A6	权重
A1	1.000	1.019	0.919	0.839	1.083	1.329	0.1684
A2	0.981	1.000	0.902	0.824	1.063	1.304	0.1653
A3	1.089	1.109	1.000	0.913	1.179	1.447	0.1833
A4	1.192	1.214	1.095	1.000	1.290	1.584	0.2007
A5	0.924	0.941	0.848	0.775	1.000	1.227	0.1556
A6	0.753	0.767	0.691	0.631	0.815	1.000	0.1267

表 6-11　A 基本条件三级指标判断优选矩阵

	A11	A12	A13	A14	A21	A31	A41	A51	A61	A62	权重
A11	1.0000	0.9643	1.0189	0.9310	0.9643	1.0385	0.9474	1.0189	1.1739	1.2857	0.1057
A12	1.0370	1.0000	1.0566	0.9655	1.0000	1.0769	0.9825	1.0566	1.2174	1.3333	0.1057
A13	1.0370	1.0000	1.0566	0.9655	1.0000	1.0769	0.9825	1.0566	1.2174	1.3333	0.1095
A14	1.0741	1.0357	1.0943	1.0000	1.0357	1.1154	1.0175	1.0943	1.2609	1.3810	0.1057
A21	1.0370	1.0000	1.0566	0.9655	1.0000	1.0769	0.9825	1.0566	1.2174	1.3333	0.0982
A31	0.9630	0.9286	0.9811	0.8966	0.9286	1.0000	0.9123	0.9811	1.1304	1.2381	0.1076
A41	1.0556	1.0179	1.0755	0.9828	1.0179	1.0962	1.0000	1.0755	1.2391	1.3571	0.1001
A51	0.9815	0.9464	1.0000	0.9138	0.9464	1.0192	0.9298	1.0000	1.1522	1.2619	0.0869
A61	0.8519	0.8214	0.8679	0.7931	0.8214	0.8846	0.8070	0.8679	1.0000	1.0952	0.0786
A62	0.7778	0.7500	0.7925	0.7241	0.7500	0.8077	0.7368	0.7925	0.9130	0.9130	0.1020

表 6 - 12　B 组织管理与能力建设二级指标判断优选矩阵

	B1	B2	B3	B4	权重
B1	1	0.5195	0.565	1.0725	0.1781
B2	1.925	1	1.0875	2.0643	0.3422
B3	1.77	0.9195	1	1.8982	0.3153
B4	0.932	0.4844	0.5268	1	0.1664

表 6 - 13　B 组织管理与能力建设三级指标判断优选矩阵

	B11	B12	B13	B14	B21	B22	B23	B31	B32	B33	B34	B41	B42	B43	B44	权重
B11	1	1.08	1.35	1.35	0.92	0.92	1.13	1.2	1.2	1.2	1.1	1.06	1.2	1.29	1.13	0.07
B12	0.93	1	1.25	1.25	0.85	0.85	1.04	1.11	1.11	1.11	1.02	0.88	1.11	1.19	1.04	0.07
B13	0.74	0.8	1	1	0.68	0.68	0.83	6.43	0.89	0.89	0.82	0.7	0.89	0.95	0.83	0.06
B14	7.71	0.8	1	1	0.68	0.68	0.83	0.89	0.89	0.89	0.82	0.7	0.89	0.95	0.83	0.06
B21	1.09	1.18	1.48	1.48	1	1	1.23	1.31	1.31	1.31	1.2	1.04	1.31	1.41	1.23	0.08
B22	1.09	1.18	1.48	1.48	1	1	1.23	1.31	1.31	1.31	1.2	1.04	1.31	1.41	1.23	0.08
B23	0.89	0.96	1.2	1.2	0.81	0.81	1	1.07	1.07	1.07	0.98	0.84	1.07	6	1	0.07
B31	0.83	0.9	1.13	1.13	0.76	0.76	0.94	1.07	1	1	0.92	0.79	1	1.07	0.94	0.06
B32	0.83	0.9	1.13	1.13	0.76	0.76	0.94	1	1	1	0.92	0.79	1	1.07	0.94	0.06
B33	0.83	0.9	1.13	1.13	0.76	0.76	0.94	1	1	1	0.92	0.79	1	1.07	0.94	0.06
B34	0.91	0.98	1.23	1.23	0.83	0.83	1.02	1.09	1.09	1.09	1.09	0.86	1.09	1.17	1.02	0.07

续表

	B11	B12	B13	B14	B21	B22	B23	B31	B32	B33	B34	B41	B42	B43	B44	权重
B41	1.06	1.14	1.43	1.43	0.97	0.97	1.19	1.27	1.27	1.27	1.16	1	1.27	1.36	1.19	0.08
B42	0.83	0.9	1.13	1.13	0.76	0.76	0.94	1	1	1	0.92	0.79	1	1.07	0.94	0.06
B43	0.78	0.84	1.05	1.05	0.71	0.71	0.88	0.93	0.93	0.93	0.86	0.74	0.93	0.93	0.88	0.06
B44	0.89	0.96	1.2	1.2	0.81	0.81	1	1.07	1.07	1.07	0.98	0.84	1.07	1.14	1.14	0.07

表 6 - 14　C 业务活动二级指标判断优选矩阵

	C1	C2	C3	C4	C5	权重
C1	1.0000	1.1647	1.6918	1.2540	1.5154	0.2560
C2	0.8586	1.0000	1.4526	1.0767	1.3012	0.2198
C3	0.5911	0.6884	1.0000	0.7412	0.8958	0.1513
C4	0.7975	0.9288	1.3491	1.0000	1.2085	0.2041
C5	0.6599	0.7685	1.1164	0.8275	1.0000	0.1689

表 6 - 15　C 业务活动三级指标判断优选矩阵

	C11	C12	C13	C14	C15	C16	C21	C22	C23	C24	C31	C32	C33	C41	C42	C51	C52	C53	C54	C55	权重
C11	1	1.06	1.27	1.19	1.39	1.3	1.21	1.19	1.14	1.02	1.08	1.33	1.16	1.27	1.21	1.21	1.24	1.21	1.24	1.24	0.06
C12	0.95	1	1.2	1.13	1.32	1.23	1.15	1.13	1.08	0.96	1.02	1.26	1.1	1.2	1.15	1.15	1.17	1.15	1.17	1.17	0.06
C13	0.79	0.83	1	0.94	1.1	1.02	0.96	0.94	0.9	0.8	0.85	1.05	0.92	1	0.96	0.96	0.98	0.96	0.98	0.98	0.05

续表

	C11	C12	C13	C14	C15	C16	C21	C22	C23	C24	C31	C32	C33	C41	C42	C51	C52	C53	C54	C55	权重
C14	0.84	0.89	1.07	1	1.17	1.09	1.02	1	0.96	0.86	0.91	1.12	0.98	1.07	1.02	1.02	1.04	1.02	1.04	1.04	0.05
C15	0.72	0.76	0.91	0.85	1	0.93	0.87	0.85	0.82	0.73	0.77	0.95	0.84	0.91	0.87	0.87	0.89	0.87	0.89	0.89	0.04
C16	0.77	0.81	0.98	0.92	1.07	1	0.94	0.92	0.88	0.79	0.83	1.02	0.9	0.98	0.94	0.94	0.96	0.94	0.96	0.96	0.05
C21	0.82	0.87	1.04	0.98	1.15	1.07	1	0.98	0.94	0.84	0.89	1.09	0.96	1.04	1	6.71	1.02	1	1.02	1.02	0.05
C22	0.84	0.89	1.07	1	1.17	1.09	1.02	1	0.96	0.86	0.91	1.12	0.98	1.07	1.02	1.02	1.04	1.02	1.04	1.04	0.05
C23	0.88	0.93	1.11	1.04	1.22	1.14	1.06	1.04	1	0.89	0.94	1.16	1.02	1.11	1.06	1.06	1.09	1.06	1.09	1.09	0.05
C24	0.98	1.04	1.24	1.17	1.37	1.27	1.19	1.17	1.12	1	1.06	1.3	1.14	1.24	1.19	1.19	1.22	1.19	1.22	1.22	0.06
C31	0.93	0.98	1.1	1.1	1.29	1.2	1.13	1.1	1.06	0.95	1	1.23	1.08	1.18	1.13	1.13	1.15	1.13	1.15	1.15	0.05
C32	0.75	0.8	0.96	0.9	1.05	0.98	0.91	0.9	0.86	0.77	0.81	1	0.88	0.96	0.91	0.91	0.93	0.91	0.93	0.93	0.04
C33	0.86	0.91	1.09	1.02	1.2	1.11	1.04	1.02	0.98	0.88	0.92	1.14	1	1.09	1.04	1.04	1.07	1.04	1.07	1.07	0.05
C41	0.79	0.83	1	0.94	1.1	1.02	0.96	0.94	0.9	0.8	0.85	1.05	0.92	1	0.96	0.96	0.98	0.96	0.98	0.98	0.05
C42	0.82	0.87	1.04	0.98	1.15	1.07	1	0.98	0.94	0.84	0.89	1.09	0.96	1.04	1	6.71	1.02	1	1.02	1.02	0.05
C51	0.82	0.87	1.04	0.98	1.15	1.07	1	0.98	0.94	0.84	0.89	1.09	0.96	1.04	1	6.71	1.02	0.98	1.02	1.02	0.05
C52	0.81	0.85	1.02	0.96	1.12	1.05	0.98	0.96	0.92	0.82	0.87	1.07	0.94	1.02	0.98	0.98	1	1	1	1	0.05
C53	0.82	0.87	1.04	0.98	1.15	1.07	1	0.98	0.94	0.84	0.89	1.09	0.96	1.04	1	6.71	1.02	0.98	1.02	1.02	0.05
C54	0.81	0.85	1.02	0.96	1.12	1.05	0.98	0.98	0.92	0.82	0.87	1.07	0.94	1.02	0.98	0.98	1	1	1	1	0.05
C55	0.81	0.85	1.02	0.96	1.12	1.05	0.98	0.98	0.92	0.82	0.87	1.07	0.94	1.02	0.98	0.98	1	0.98	1	1	0.05

表 6 - 16　D 社会影响二级指标判断优选矩阵

	D1	D2	D3	权重
D1	1.0000	1.1780	1.0589	0.3580
D2	0.8489	1.0000	0.8989	0.3039
D3	0.9443	1.1124	1.0000	0.3381

表 6 - 17　D 社会影响三级指标判断优选矩阵

	D11	D12	D13	D21	D22	D23	D31	D32	D33	权重
D11	1.00	1.04	1.02	1.04	1.09	1.34	1.00	1.16	1.07	0.12
D12	0.97	1.00	0.98	1.00	1.06	1.30	0.97	1.12	1.04	0.12
D13	0.98	1.02	1.00	1.02	1.07	1.32	0.98	1.14	1.05	0.12
D21	0.97	1.00	0.98	1.00	1.06	1.30	0.97	1.12	1.04	0.12
D22	0.92	0.95	0.93	0.95	1.00	1.23	0.92	1.06	0.98	0.11
D23	0.75	0.77	0.76	0.77	0.81	1.00	0.75	0.86	0.80	0.09
D31	1.00	1.04	1.02	1.04	1.09	1.34	1.00	1.16	1.07	0.12
D32	0.86	0.89	0.88	0.89	0.94	1.16	0.86	1.00	0.93	0.10
D33	0.93	0.96	0.95	0.96	1.02	1.25	0.93	1.08	1.00	0.11

（三）体育社团评估指标权重

对上述结果进行总结，最后整理得出体育社团评估指标权重表（见表 6 - 18）。

表 6 - 18　体育社团评估指标权重一览

	一级指标权重	二级指标权重	三级指标	
			内　容	权重
治理视域下山西省体育社团评估指标权重	基本条件（0.207）	合法性（0.1684）	①活动资金保持注册资金足额	0.1057
			②按规定办理成立、变更登记、注销登记	0.1057
			③按时参加年检，并且年检结论合格	0.1095
			④无违反国家法律、法规和政策的行为	0.1057
		非营利性（0.1653）	未进行利润分配	0.0982
		自主性（0.1833）	没有政府领导干部兼任社团领导	0.1076

续表

一级指标权重	二级指标权重	三级指标	
		内　　容	权重
治理视域下山西省体育社团评估指标权重	基本条件 (0.207)	组织宗旨 (0.2007)：宗旨能够准确说明组织的非营利性、工作内容、工作缘由和服务对象	0.1001
		基础设施 (0.1556)：拥有固定的活动场所、办公场所	0.0869
		组织规模 (0.1267)：①拥有会员的数量	0.0786
		②上一年度的财政支出规模	0.1020
	组织管理与能力建设 (0.303)	民主办会 (0.1781)：①按时召开会员代表大会	0.073
		②社团主要领导产生方式	0.067
		③上年度召开大会的次数	0.061
		④所召开大会的出席率	0.063
		组织制度 (0.3422)：①人力资源管理制度	0.079
		②财务管理制度	0.079
		③后勤管理制度	0.072
		人力资源管理情况 (0.3153)：①专职工作人员的数量	0.060
		②是否有专职秘书长	0.060
		③是否有志愿者	0.060
		④是否建立和实施了工作人员培训制度	0.066
		战略规划情况 (0.1664)：①有与组织宗旨一致的详细的战略规划	0.077
		②过去三年会费＋服务收入/总收入	0.060
		③过去三年业务活动开支/总支出	0.056
		④过去三年的会员增长率	0.065
	业务活动 (0.281)	会员服务 (0.2560)：①为会员提供活动场所	0.06
		②制定会员行为规范	0.06
		③每年为会员提供科学健身或相关业务知识培训	0.05
		④为会员提供政策咨询、信息服务，维护会员合法权益，配合政府解决会员诉求	0.05
		⑤承担评估论证或技能资质考核	0.04
		⑥开展调研，统计发布相关情况资料	0.05

续表

一级指标权重	二级指标权重	三级指标	
		内　容	权重
治理视域下山西省体育社团评估指标权重	业务活动（0.281）	业务职能（0.2198）①年度开展项目数量	0.05
		②项目平均资金规模	0.05
		③项目运作规范（事前有论证和计划、事中有监督和反馈、事后有总结和评估）	0.05
		④项目的创新和可持续性	0.06
		信息公开与宣传（0.1513）①向社会公开本团体接受和使用社会捐赠情况	0.05
		②其他事项公开	0.04
		③设立网站、网页、刊物	0.05
		社会服务（0.2041）①年均接受社会捐赠额	0.05
		②年均接受政府资助或购买服务额	0.05
		公益活动（0.1689）①公益活动支出金额	0.05
		②公益活动会员参与度	0.05
		③公益活动受益者人数	0.05
		④年公益活动费用占总收入的比例	0.05
		⑤年管理费用占总支出的比例	0.05
	社会影响（0.208）	内部评价（0.3580）①会员、理事、常务理事的满意度	0.12
		②工作人员的满意度	0.12
		③资助人的评价	0.12
		政府评价（0.3039）①业务主管单位评价（奖励情况）	0.12
		②登记管理机关评价（按时年检、及时办理法定手续）	0.11
		③其他相关部门评价（例如行政部门的处罚）	0.09
		社会公信度（0.3381）①社会服务受益人评价	0.12
		②志愿者评价	0.10
		③新闻媒体评价	0.11

三　对山西省老年人体育协会的试评估

（一）试评估对象的选取

笔者选取山西省老年人体育协会作为本研究评估指标体系的试评估对

象，是基于以下两方面的原因。

首先，笔者与山西省体育局社会体育指导中心主任 FWP、群众体育处处长 YNP 和培训部部长 WXF 取得联系后，他们推荐山西省老年人体育协会，这是全山西省办得最好、名气最大、最为典型的体育社团，研究价值较高，详细资料的获取也较为便捷。

其次，随着社会的不断发展与进步，人们的需求已上了一个新的高度，人们的健康意识也在逐渐提升，尤其是闲暇时间较多的老年人，是锻炼的主要人群，山西省各个地区已建立起不同的城市社区老年人体育组织、乡镇体育组织，并开展了一系列丰富多彩的老年人体育活动，已初步形成了纵向到底、横向到边的老年人体育组织网络，可见在众多的体育社团中老年人体育协会不论在数量上还是覆盖面上都具有较强的代表性。

（二）试评估采用的方法与步骤

1. 被评估单位的自评

将笔者构建的评估指标体系发放给山西省老年人体育协会，由其进行第一阶段的自评，并填写相应表格，提供相应的支撑材料。

2. 现场考察与检验

在被评估单位完成第一阶段的自我评估之后，现场考察与检验被评估单位所提供的自评报告和相应支撑材料。

3. 评估专家的审核

进行现场考察与检验之后，邀请专家对评估结果进行审核，并给出相应的意见与建议。

4. 评估结果的公示

向被评估单位进行评估结果的公示，并将专家的意见与建议反馈给被评估单位。

5. 评估结果的反馈

在公示评估结果之后，笔者及时联系被评估单位的负责人，被评估单位根据评估结果进行调整和改正。

（三）试评估后的思考与建议

进行试评估的主要目的就是要检验所建立的评估指标是否合理、操作系数大或者小，希望通过试评估来得到一些反馈信息，根据这些反馈信息对指标进行部分调整与修改。从一级指标到二、三级指标，山西省老年人体育协会都认真进行了自评，评估结果为优秀。总的来说，各指标较为合理，尤其是山西省老年人体育协会在组织宣传方面做得较好，但是也出现了一些问题，例如在组织的财务管理方面所获得的资料不是很全面，在这一方面还需不断完善。构建合理、可操作性强的指标体系不是一蹴而就的，需要在实践中不断完善与修改，最终的目的是构建出符合体育社团发展的评估指标体系，服务于各体育社团的发展。

四　结论

第一，当前社会组织发展势头迅猛，体育社团作为体育社会组织的重要组成部分，在全民健身进程中扮演着重要角色，但是目前社会组织中诚信危机屡见不鲜。在机会与挑战并存的环境下，体育社团自身建设尤为重要，作为组织建设中的重要一环，评估工作的开展势在必行。

第二，通过对社会组织评估大背景进行梳理与研究，在结合山西省体育社团发展的具体情况的基础上认为，构建出一套合理、可操作性强的体育社团评估体系，无论是对于政府部门还是组织自身的发展均有积极的作用。

第三，本章在按照指标体系构建的基本原则与程序下，设计出治理视域下体育社团评估体系构建的框架与步骤，按照该步骤进行指标体系的构建。运用德尔菲法，确定专家人选，并进行两轮专家征询，在收回第一轮专家征询意见的基础上进行修改与调整，最终确立了基本条件、组织管理与能力建设、业务活动、社会影响4个一级指标；合法性、非营利性、组织宗旨、组织规模等18个二级指标；人力资源管理制度、财务管理制度、后勤管理制度等54个三级指标。

第四，在确立指标体系的基础上，立足于层次分析法，对各个指标的重要程度进行两两比较，依照层次分析法的原理与步骤确立各个指标的权重。其中一级指标权重为基本条件（0.207）、组织管理与能力建设（0.303）、业务活动（0.281）、社会影响（0.208）。

第五，在确定评估指标体系与各指标权重之后，选取山西省老年人体育协会进行试评估，运用设计的指标问卷了解到山西省老年人体育协会的组织结构、管理方式、经费运作、活动开展情况以及信息化工程，挖掘山西省老年人体育协会"家业变产业"的过程，通过试评估所反馈的内容对指标体系进行适当的修改与调整。

第四节　小结与思考

基于合作的政府购买公共体育服务模式已经成为民间体育组织发展与治理的重要政策路径。1996年上海市向民办非企业单位罗山会馆购买服务，开创了国内政府购买社会组织服务的先河。2013年9月，国务院办公厅《关于政府向社会力量购买服务的指导意见》颁布，标志着我国政府购买公共服务由地方探索上升为国家战略。政策提出，到2020年，在全国基本建立比较完善的政府向社会力量购买服务制度，把"购买公共体育服务"列为政府购买公共服务的8个重点领域之一。2014年10月颁布的《国务院关于加快发展体育产业促进体育消费的若干意见》中，8次提到要采取各种措施吸引社会资本参与全民健身，5次提到各级政府将主要通过购买公共体育服务方式满足全民健身需求。2016年5月，《体育发展"十三五"规划》明确提出："进一步健全政府购买体育服务体制机制，完善资金保障、监督监管、绩效评价等配套政策。"截至2016年底，我国所有省份均已尝试了政府购买公共体育服务的实践活动。

目前国家对社会组织的关注度已然上升到了新的高度，无论是对社会组织的培育还是对社会组织的发展支持都上升到了国家战略层面。社会组织作为连接政府与社会的纽带和桥梁，在促进政府转变职能的同时，承接政府不能做的和做不到的相关职能，完成重要的任务，使社会组织真正成为社会治理这一大网络的主体之一。在中国知网搜索篇名"政府购买公共体育服务"，截至2017年12月，共有156篇相关研究文章。学者们的共识为：政府购买公共体育服务已经成为国家治理体系和治理能力现代化的重要一环，制定了政府购买公共体育服务的相关政策法规，初步实现了政府职能的转变，各地已经开始在财政资金扶持体育社会组织和购买公共体育服务方面进行了诸多实践探索并取得了丰富的实践经验，培育了一大批社会体育组织。

当前存在的主要问题有如下四个方面。一是相关政策法规还不健全、不完善、不规范。目前从国家层面来看，具体针对政府购买公共体育服务的政策文件仅有《全民健身计划（2016—2020年）》和《国务院关于加快发展体育产业促进体育消费的若干意见》，还没有专门的关于政府购买公共体育服务的具体实施办法或条例。国家政策层面仍缺乏能够科学、准确引导和规范政府购买公共体育服务的政策法规文件。地方虽然也相应出台了政策规定，但多数公共体育服务购买仍属于体育部门和体育社会组织直接协商或委托的结果，真正通过公开招标挑选承接公共体育服务的还是少数。二是民间体育组织承接主体区域发展还不够均衡，承接公共体育服务购买的能力普遍不够，特别是县级民间体育组织的能力最弱。东西部民间体育组织自身能力差异显著，"无经费、无人员、无场所"的"三无"问题已经成为制约民间体育组织发展的主要因素。相当数量的民间体育组织业务能力低，自治能力不足，没有开展活动的能力，无力承接政府职能转移，难以承担起政府和社会期望的责任。三是购买内容不能满足民众的实际需求，同时造成政府财政资金的浪费。政府购买公共体育服务以政府主管部门内部决策为主，购买计划的制订多是自上而下单方面由政府自身决定，并没有听取民众意见，进而会出现政府所购买的体育服务与民众体育意愿需求相违背的情况，从而造成一定的资源浪费。四是政府购买公共体育服务的监督与评估机制尚未建立。目前在我国还未形成完善的监督管理机制，购买公共体育服务的价格缺少标准，服务质量缺少标准，自由裁量权大。体育管理部门作为购买公共体育服务的主体和出资者，与民间体育组织完成签约后，既要对服务项目的实施过程进行监管，又要对完成的服务质量进行绩效评价，但目前政府购买公共体育服务的多数购买案例没有进行评估，或在评估时多是依靠政府人员、专家或民众的主观感受，而缺乏客观评估标准，最终导致实践效果减弱，承接主体所提供的公共服务质量下降等。

　　规范政府购买公共体育服务是一项制度创新，首先需要政府和民间体育组织双方进一步转变观念、提高认识，牢固树立契约精神和责任意识；其次要完善相关政策法规的配套体系建设，根据政府购买公共体育服务过程中所涉及的主体以及核心环节进行专门性的政策制定，出台更加具体、科学的实施办法或开展工作的条例；再次要加强民间体育组织自身能力建设，增强专业服务能力，增强协调合作能力，着力培养民间体育组织负责人和秘书长的能力；最后要建立多元、公正和科学的监督与评估制度体系，从资质标准、服务质量标准、服务计量标准、服务成果评价标准等方面设定评估标准，事前资质评估，事中抽查和听取公众监督，事后组织第三方按照合同进行评估。对评估优秀的可以给予经费资助，对评估差的要求其整改或者终止其承担的服务任务，严重的可以取消服务资格。

第七章 "金字塔"式民间体育组织治理模式的理论构建

十八大以来提出的推进国家治理体系和治理能力现代化改革的总目标，体现了中国的文化传承、制度选择，符合中国的现实国情，是具有鲜明特色的中国式治理体系。作为中国体育事业多元治理结构中的重要一元，民间体育组织的中国式治理体系和治理能力就是民间体育组织的制度建设和运用这套制度管理民间体育组织各方面事务的能力。

2014年2月，习近平同志在省部级主要领导干部全面深化改革专题研讨班上强调，"一个国家选择什么样的治理体系，是由这个国家的历史传承、文化传统、经济社会发展水平决定的，是由这个国家的人民决定的。我国今天的国家治理体系，是在我国历史传承、文化传统、经济社会发展的基础上长期发展、渐进改进、内生性演化的结果。我国国家治理体系需要改进和完善，但怎么改、怎么完善，我们要有主张、有定力。中华民族是一个兼容并蓄、海纳百川的民族，在漫长历史进程中，不断学习他人的好东西，把他人的好东西化成我们自己的东西，这才形成我们的民族特色"。培育和发展民间体育组织，有利于落实全民健身国家战略、加快体育职能部门转变职能、完善公共体育服务体系和建设体育强国，有利于促使民间体育组织从单一主体的政府管理向多元化公共治理转变，有利于促进体育治理体系和治理能力的现代化。民间体育组织的治理体系，是基于我国现实发展需求和自身特点的，不是一味地盲目使用和借鉴西方治理理论的"西化"，而是应该"化西"为自己民族和国家特色的中国式治理体系。

第一节 民间体育组织治理现状

在第三章至第五章，我们通过实证调研，对体育社团、体育民办非企业、草根体育组织的发展现状进行了研究，并运用相关中观理论进行了理论解析。下面笔者再结合部分学者的研究成果，将发展现状与面临的问题进行整理汇总。

一　各类民间体育组织蓬勃发展，数量逐年增长

总体来看，在 2013 年我国实施民间组织直接登记等管理制度改革后，各类民间体育组织数量在多年缓慢增长后呈现高速增长的发展态势。民政部《2013 年社会服务发展统计公报》显示，体育社团数量为 17869 个，比 2012 年增长 19%，是所有社会团体中增速最快的；体育类民办非企业数量为 10353 个，比 2012 年增长 22%，增速位居所有民办非企业类的第三（王建军、廖鸿、徐家良等，2013）。民政部《2014 年社会服务发展统计公报》显示，体育社团数量为 20848 个，比 2013 年增长 17%；体育类民办非企业数量为 11901 个，比 2013 年增长 15%。这里的统计数据仅限于法定类体育组织，草根类体育组织不包括在内（黄晓勇、潘晨光、蔡礼强等，2014）。《中国民间组织报告（2008）》研究发现，全国未登记的社会组织数量是登记在册的社会组织数量的 10 倍以上。《中国体育社会组织发展报告（2016）》研究发现，总体来看，近年来各类民间体育组织数量急剧增长，增速超过了 GDP 增长速度，一方面，正式登记的体育社会组织数量在 2014 年底已达到 32749 个，年均增速 10.75%；另一方面，未登记的体育社会组织数量超过百万个，而且网络草根体育组织是近年来发展最为迅速的新兴体育组织，据不完全统计其数量已经超过 80 万个（刘国永、裴立新、范广升等，2016）。

从数量上来看，草根体育组织数量最为庞大增速也最快，体育社团位居第二，体育类民办非企业位居第三，体育基金会数量偏少。我国逐步形成了以草根体育组织为主体，以法人登记体育社会组织为骨干，类别多样的民间体育组织网络。这说明随着我国整体经济的持续增长、百姓居民收入的提高，群众对社会交往和体育健身的需求日益旺盛，从而使体育社会组织保持了强劲的增长势头。

二　国家层面的民间体育组织体制改革顶层制度设计趋于完善

从 2006 年党的十六届六中全会提出对社会组织双重管理体制进行改革以来，经过十余年的从单项推进到整体突破，我国对包括民间体育组织在内的社会组织管理体制在指导思想和顶层设计方面已经完成了全面部署，民间体育组织开始进入一个突破性的全新发展阶段。

2006 年，十六届六中全会通过的《中共中央关于构建社会主义和谐社会若干重大问题的决定》，首次以国家身份阐述了对社会组织的态度、希望和要求。态度就是"鼓励社会力量在教育、科技、文化、卫生、体育、社会福利等领域兴办民办非企业单位"，目标就是"健全党委领导、政府负责、社会协同、公众参与的社会管理格局，建设服务型政府，健全社会组织，统筹协调各方面利益关系，发挥各类社会组织提供服务、反映诉求、规范行为的作用"。

2006 年至 2012 年，国务院和国家体育总局以党的十七大提出的"重视社会组织建设和管理"为要求，以和谐社会建设为背景，以科学发展观为指导，相继下发了《中华人民共和国国民经济和社会发展第十二个五年规划纲要》《全民健身计划（2011—2015 年）》《国家基本公共服务体系"十二五"规划》《体育事业"十一五"规划》《全民健身条例》《关于发挥乡镇综合文化站的功能进一步加强农村体育工作的意见》等文件。明确提出了社会组织管理体制改革的方向，即"建立健全统一登记、各司其职、协调配合、分级负责、依法监管"，同时提出具体要求，即"进一步建立健全群众体育组织网络，形成遍布城乡、规范有序、富有活力的社会化全民健身组织网络"，实现了对原先"归口登记、双重负责、分组管理"管理体制的重大突破，为后续具体操作奠定了基础。

2012 年至今，党和国家在创新社会治理体制、加快转变政府职能、优化社会组织政策环境等方面进一步完善了顶层制度设计，民间体育组织体制改革进入全面突破的创新发展阶段。首先，党的十八大报告、十八届三中全会和十八届四中全会通过的《中共中央关于全面深化改革若干重大问题的决定》《中共中央关于全面推进依法治国若干重大问题的决定》，提出以"推进治理体系和治理能力现代化"为改革总目标，强调"激发社会组织活力"，"正确处理政府和社会的关系"，"加快实施政社分开"，"建立社会组织法人治理结构"，"建立健全社会组织参与社会事务的机制和制度化渠道"，进一步明确了社会组织在社会治理中的重要主体地位，并且明确了社会组织建设的法治化方向，明确了建立多方参与、多元主体、向社会力量放权是社会治理体制的根本。可以说，从党的十八大提出加快形成政社分开、权责明确、依法自治的现代社会组织体制，到党的十八届二中全会确定改革社会组织管理制度，到党的十八届三中全会提出要激发社会组织活力，再到十八届四中全会强调依法治理社会组织，这种理念的变化是实现国家治理体系和治理能力现代化的前提，是中国特色社会主义的重大理论创新，党中央对社会组织改革方向和目标已经十分明确，就是要实现国家政府、市场和社会各归其位、各负其责、协同共治的"善治"。其次，国务院各部门相继制定了《关于加快发展体育产业促进体育消费的意见》《行业协会商会与行政机关脱钩总体方案》《关于中国足球改革发展总体改革方案的通知》《中国足球协会调整改革方案》《关于发展众创空间推进大众创新创业的指导意见》《关于政府向社会力量购买服务的指导意见》《关于做好政府购买服务工作有关问题的通知》《关于支持和规范社会组织承接政府购买服务的通知》《政府采购法实施条例》《关于支持和促进重点群体创业就业有关税收政策具体实施问题的公告》等多项落地办法，加快推进体育行业协会与行政机关脱钩，将适合由民间体育社会组织提供的服务交由民间体育社会组织承担，就政社分开、管办分离、服务购买、政策优惠等方面提出了具体要求和实施意见。

三 部分省份先行先试，积极探索民间体育组织治理路径

近年来，许多省份在民间体育组织治理中转变政府职能、推进政社分开、探索评估考核制度、强化组织自身能力建设、推广政府购买服务等方面先行先试，制定了一系列改革措施，进一步激发了民间体育组织的活力。

在转变政府职能、推进政社分开方面，广东、上海、安徽、江苏、江西、宁夏、新疆等省份开展了民间体育组织改革试点工作。广东省实行行业协会直接由民政部门登记制度，将业务主管单位改为业务指导单位，全面实现了"五自四无"（自愿发起、自选会长、自筹经费、自聘人员、自主会务；无行政级别、无行政事业编制、无行政业务主管部门、无政府公务员兼职）的改革目标，真正做到民间化和自治化。对不具备登记条件的社区文体娱乐类社会组织试行备案管理，将体育民办非企业单位业务主管单位改为业务指导单位，实行由民政部门直接登记的改革试点。取消了大部分业务主管单位对社会组织成立登记的前置审批权，改由民政部门直接受理，征求有关部门意见后办理审批。为激发社会组织活力、鼓励社会力量参与体育发展的积极性，广东在积极探索"一地一业多会"制度中批准成立了"广东省五人制足球协会"。上海市在打破行业协会与政府的依存关系上态度坚决，在《关于本市进一步支持行业协会商会加快改革和发展

的实施意见》中明确指出：各有关部门要从职能、机构、人员、财务等方面将行业协会与政府部门、企事业单位彻底分开，不得干涉行业协会依法独立自主开展活动。安徽省体育总会印发了《关于加强体育社会社团组织规范化建设的指导意见》，从基础建设、组织建设、制度建设、能力建设、信息化建设和党的建设六个方面，进一步完善体育社团组织以章程为核心的法人治理结构，健全内部管理制度，规范组织运作行为，增强服务社会、服务体育的能力。在政社分开方面严格规范领导干部兼职，按照安徽省委组织部文件精神，严格规范领导干部在社团组织兼职。确因工作需要必须兼职的，应严格按干部管理权限进行报批。

在探索评估考核制度方面，各试点省份都采取体育部门与民政部门合作制定评估办法，开展联合评估。以江苏省为例，江苏省体育局在全面推进体育社团改革发展的基础上，会同省民政厅联合出台了《江苏省体育类社会团体评估办法（试行）》。体育社团评估内容主要包括体育类社会团体的基础条件、内部治理、工作业绩、社会评价四个部分，共94条。评估结果分为五个等级，由高至低依次为5A级、4A级、3A级、2A级、1A级。体育社团评估等级有效期为3年。获得3A级以上（含3A级）的体育类社会团体，可以优先获得政府职能转移、政府购买服务资格，可以优先获得政府奖励。评估工作按照体育社团自评、申请、专家委员会初审、省社会组织评估委员评定、公示颁发证书和牌匾等程序进行。上海市制定了《上海市体育社团组织规范化建设评估办法》，并成立了上海市体育社团规范化建设评估委员会。另外，广东省还招标批准"全民健身促进会"为第三方评估机构，积极探索民间体育组织评估制度，加强对民间体育组织的监管。

在推广政府购买服务方面，全国已有20多个省份制定了政府购买服务的指导性文件，积极探索使用财政资金或体育彩票公益金专项支持民间体育组织承接大型赛事。例如，2014年江苏省体育局、财政局联合制定的《江苏省本级向社会组织购买公共体育服务暂行办法》，通过政府采购的规范程序，把省本级向社会公众提供的部分公共体育服务事项交由具备条件的社会组织承担，并根据服务数量和质量向其支付费用。从承接提供公共体育服务的社会组织应具备的条件、购买公共体育服务的主要内容、购买方式、支付金额类型、签订购买服务合同到明确购买服务的范围、标的、数量、质量要求以及服务期限、资金支付方式、权利义务和违约责任等方面给予了详细规定。2014 年的上海市民体育大联赛，政府尝试采用竞争机制，通过公开招投标的方式向体育社会组织购买服务，引入第三方评估机构，走市场化道路，充分激发社会组织的活力，将市民体育大联赛的各项赛事交由中标的体育社会组织承办。相关部门还制定了《2014 年上海市民体育大联赛竞赛总则》，对市民体育大联赛的指导思想、主办单位、举办日期、项目设置、参赛条件等进行了详细说明。2014 年的上海市民体育大联赛竞赛项目由正式项目、申报项目和展示项目组成，数量由 2013 年的 11 个扩展至 38 个，并且考虑市民的实际需求，根据不同季节对赛事项目进行灵活机动的安排。除上海市社会体育管理中心以及各区的社体中心以外，2014 年的上海市民体育大联赛有 34 个协会承办赛事，2013 年新增协会 22 个。自 1 月 1 日起至 12 月 16 日，2014 年上海市民体育大联赛历时 350 天，共举办各类赛事 3810 场，吸引 1478915 名市民参赛，取得了显著的成效。

第二节 民间体育组织治理面临的问题与分析

问题的发现和寻找应该从目标任务这个源头着手着眼，只有紧盯目标任务，发现的问题才能是真问题，才能对问题形成清晰而准确的事实判断。当前，党和国家对社会组织建设的总目标任务是：到 2020 年，建立健全统一登记、各司其职、协调配合、分级负责、依法监管的社会组织管理体制；营造法制健全、政策完善、待遇公平的社会组织发展环境，构建结构合理、功能完善、诚信自律、有序竞争的社会组织发展格局；形成政社分开、权责明确、依法自治的现代社会组织体制。这个目标任务深刻蕴含了治理理论的思想内核，治理理论的核心其实就是"合作"两个字。从"管理"到"治理"，一字之差但意义迥然，管理体现了单向度的一元中心，治理则体现了双向度或多向度的多元中心。也就是说，治理意味着公共事务不再是政府一家的事务，不再是由政府在公共事务中唱"独角戏"，而是将政府的"他治"、市场的"自治"、社会组织的"互治"良好地结合起来，形成政府、市场、社会组织协同共治的"善治"模式，使公共事务管理目的由工具化向价值化转变，从而形成对公共权力和资源的合理配置与运用。因此，民间体育组织发展问题应从政府、市场、民间体育组织三个维度来进行探寻。

一 政府层面存在的问题

（一）政府的权威与权力思想依然存在，平等和服务意识依然不足

在关于民间体育组织发展的调查中，民间体育组织负责人普遍认为政府在管理过程中，依然没有将民间组织与政府部门放在一个平等的位置上，仍然以管理者的身份高高在上，对于民间组织提出的问题往往不能及时解决，总是以政策依据不足来敷衍，他们将"希望政府转变观念，进一步放权"排在首位，访谈中也一再谈到希望政府加快转移有关职能，充分发挥民间组织的自主性和能动性。政府治理体系改革本质上就是厘清政府权力的边界，明确政府权力的有限性。李克强总理多次强调："我们现在管的事情确实是多了，不该管的管多了，要把我们不该管的放出去，放给市场，交给社会。"十八届三中全会决定进一步转变政府职能，最大限度减少政府对微观事务的管理。但在实际资源不足的情况下，资源的分配与再分配势必会影响利益集团的政治、经济、权力利益。例如民间体育组织发展中最大的困难就是资金缺乏问题，国家需要使用财政专项资金去培育和发展民间体育组织，但"费随事转"是财政专项资金使用的一项原则，批给谁不批给谁，这就势必涉及权力与资源的分配问题，涉及对权力和服务的认识和观念问题。

（二）民间体育组织行政化现象依然严重，在"政社分开"中政府职能转变步伐较慢

黄亚玲研究团队的调研结果显示，在6个省份的174个体育社团中，离退休行政领导干部在体育社团兼任负责人的有129个，占74%；行政在职领导干部兼任领导的有118个，占68%；其他人员兼任社团工作的有35个，占20%；行政在职一般干部兼任社团工作的有26个，占15%（刘国永等，2016）。冯晓丽、畅欣（2014）在对山西省老年人体育协会的个案研究中发现，自该协会成立以来，先后选举产生了6届委员会，共选举产生了3位主席。他们均是退休前在政府部门担任重要职务的省级领导干部。山西省老年人体育协会的管理人员中绝大部分带有政府工作背景，每届主席、副主席均由退休的省级领导担任，常委中80%以上是厅级干部。

这种特殊的领导格局被山西省老年人体育协会自己戏称为"小庙高僧"。2013 年 9 月，民政部副部长顾朝曦指出："部分体育社会组织行政化色彩太浓，有些体育社会组织属于'被动'成立，往往是在运动管理中心基础上加挂一块协会的牌子。在日常工作中，有的体育社会组织是空架子，职能多由体育部门或项目中心代行，负责人多由体育部门领导兼任，银行账户真正独立的不多。如在民政部登记的全国性体育社团共 94 家，其中有 76 家没有自己的独立账户。"（刘国永等，2016）"政社不分"会带来权责不明、边界不清，体育部门与体育社会组织实质上是不平等的隶属关系，体育社会组织缺乏独立性和自主性，表面上可以依附政府获得利益资源，但在长期发展中会形成"等靠要"的依赖思想，致使自我主动发展的活力明显不足。"政社分开"不是要求政府退出社会管理，不是削弱政府的权威，而是为了更好地明晰政府与社会的权力边界，各自明确各自的权力范围和权力空间，使政府将那些管不了、管不好、管不到、不该管的事情剥离出去，推动社会组织积极参与到公共服务和管理等公共事务中。

（三）国家对社会组织管理的政策法律体系不完善，地方政府对民间体育组织相关政策缺乏分层对接和政策细化

在调查中发现，山西省民政厅于 2014 年 9 月发布的《社会团体成立登记》和《民办非企业单位成立登记》中对"行政许可程序"明确规定为"业务主管单位审核并出具正式函件"，"业务主管单位对拟成立的民办非企业单位进行审查，认为情况属实，并符合成立民办非企业单位的各项条件后，签发同意成立的文件"，其行政许可依据分别为：《社会团体登记管理条例》（国务院令第 250 号，1998 年 10 月 25 日发布）和《民办非企业单位登记管理暂行条例》（国务院令第 251 号，1998 年 10 月 25 日发布施行）。河南省民政厅于 2013 年 11 月发布的《社会团体办事指南》明确规定："申请成立社会团体，须经过申请名称预先核准、申请筹备成立和申请成立登记三个阶段，均先经业务主管单位审查同意，再向登记管理机关提交申请。"《民办非企业单位办事指南》规定："申请成立民办非企业单位的程序：经业务主管单位审查同意，申请人向登记管理机关提交名称核准申请材料；登记管理机关审查批准的，向申请人发同意名称核准文件；经业务主管单位审查同意，申请人向登记管理机关提交成立登记申请材料；登记管理机关审查后，准予登记的，发给《民办非企业单位（法人）

登记证书》。"我国社会组织长期发展受限于既要接受业务管单位领导还要接受民政部门领导的"双重管理体制"。大量民间社会组织因找不到业务主管单位而不能申请登记，严重影响了民间社会组织的数量增长。本届政府致力于治理体系和治理能力现代化，致力于构建产权明晰、权责明确、运转协调、制衡有效的法人治理结构，以增强社会组织自治能力，激发社会组织活力。2013 年国家公布了《国务院机构改革和职能转变方案》，明确规定了"成立行业协会商会类、科技类、公益慈善类、城乡社区服务类社会组织，直接向民政部门依法申请登记，不再需要业务主管单位审查同意"。尽管国家层面已经出台了明文规定，放开了对民间社会组织的登记门槛，但由于这些规定还停留在政策文件的非法律层面阶段，缺乏国家对社会组织管理的政策法律体系，使地方政府在政策执行上受到法律限制，从而对民间体育组织缺乏政策分层对接和政策细化。黄亚玲在研究中呼吁建立与宪法相衔接的社会团体基本法和与基本法相适应的集行政法规、地方性法规和各种具体的规章制度于一体的法律体系，建议国家尽快出台社会组织基本法，对社会组织的性质、地位、权利、义务、设立条件、审批程序，以及税收和优惠政策做出明确具体规定。

二　市场层面存在的问题

（一）我国公民的社会体育捐赠公益意识不强，社会捐赠氛围和数额远远不足

社会组织是社会力量参与公益事业的重要形式，具有非营利性、公益性、志愿性等特点，来自社会的捐赠是社会组织开展公益活动和发展的重要资金来源。在社会组织发展较好的国家，社会捐赠在社会组织收入中占有较大的比重。根据约翰·霍普金斯项目公布的数据，在 39 个有可靠数据支持的国家中，慈善捐赠占社会组织收入总额的比例平均为 15%，其中西班牙为 19%，美国为 13%，南非为 25%，英国为 11%。2014 年，仅美国慈善捐款总额达到 3580 亿美元。与其他慈善发达的国家和地区相比，我国公民慈善意识还很低，公民慈善意识的普及远远不够，社会捐赠数额不高。究其原因，一是我国一些藏富、炫富、仇富、杀富济贫等非理性的财富心理和价值观念限制了富人参与慈善的热情，阻碍慈善事业的发展。二是强行摊派或者变相摊派的被动式捐赠严重阻碍人们开展慈善捐赠的热

情，违背慈善自觉自愿的原则，阻碍发掘普通大众的慈善资源，打击人们参与慈善的积极性。三是慈善组织和民办组织的公信力不强。近年来，郭美美事件、汶川地震后救助款的去向问题等社会丑恶事件使慈善组织的公信力大打折扣。慈善组织作为慈善事业的组织载体，其社会公信力直接影响公民对待慈善的态度和参与慈善的热情。如果人们相信慈善组织能够把他们所捐献的钱真正用于他们所关注的对象上，他们会更积极地为慈善事业捐款；相反如果慈善组织丧失了公信力，就会丧失资源、丧失力量，甚至丧失存在的价值。失去社会公信力就等于失去慈善组织的生命。

（二）第三方监督和评估市场尚未普遍建立

在民间体育组织蓬勃发展的同时，不仅需要降低准入门槛，以便让更多的没有上级业务主管单位的民间体育组织可以有立足之地，更需要在其发展中给予培育和监督管理，使其能够茁壮成长，提升组织自身活力，满足社会合理需求，发挥服务社会、服务民众的积极作用。这就犹如人的生育和成长的过程，生育的过程使人成了具有生命的个体，成长的过程中父母、老师、学校、社会在德智体等方面进行严格的监督管理，使之逐渐社会化，最终成为社会有用之才。如果没有严格的监督管理，任由个体自由成长，个体就会朝着不可预测的方向发展，能否成为合格的社会人就不是一个肯定的答案。民间体育组织管理包括登记、年检、培育、评估、执法等一系列活动，其中民间体育组织的评估是其有机组成部分，评估使政府和社会了解民间体育组织的实际运行状况，有利于提升组织活力与能力。

自 2005 年社会组织评估被提上议事日程，"建立政府指导、社会参与、独立运作的民间组织综合评估机制"就成了民间组织评估的指导思想。2006 年各类社会组织评估指标基本理论研究框架形成，2007 年基金会评估正式开始，2008 年全国行业协会商会评估开始，2009 年民办非企业单位评估开始，2011 年全国性学术类社团评估开始，2012 年全国性联合类社团、公益类社团、职业类社团评估开始。目前，民间组织评估的主体中，评估委员会主要由政府部门、科研机构、大专院校、社会组织等机构工作人员组成，政府部门工作人员仍然占有较高的比例。这种评估模式虽然按照一定的秩序，由评估主体对政策制定、执行过程等进行评估，但多数情况下作为评估主体的政府机构既是运动员，又是裁判员，集多种角色于一身的评估行为很难保证政策评估的真实性与公正性，评估的功能难以有效实现。因此，在利益关系上与政府政策的制定者和执行者保持距离的民间组织第三方评估就应该走上舞台。

第三方评估作为外部评估形式，是由独立于政府之外的社会组织、团体或个体对政府工作绩效进行评估的过程，具有一定的独立性、专业性、权威性等特征。2015年3月，江苏省体育局、南京财经大学联合成立了"公共体育发展研究院"，研究院最重要的职能就是作为第三方评估机构，参与江苏省公共体育服务政策实施效果指标体系的编制和评估工作，这在全国尚属首家。但由于缺乏稳定的资金，这样的第三方评估市场还非常小，需要政府给予相应的授权和资金支持进一步扩大其规模，既能减轻政府部门开展社会组织评估的压力，又能形成社会组织之间的服务产业链，发挥第三方评估的独立性和专业性，保证评估的客观性和权威性。

三　民间体育组织自身层面存在的问题

（一）数量庞大的草根民间体育组织面临"合法性困境"，处于治理的盲点和真空

民政部《2014年社会服务发展统计公报》显示，截至2014年底，全国正式登记的体育类社会组织为32785个，其中体育社团20848个，体育类民办非企业数量为11901个，这里的统计数据仅限于法定类体育组织，草根类体育组织不包括在内。《中国民间组织报告（2008）》研究发现，全国未登记的社会组织数量是登记在册的社会组织数量的10倍以上。另外，随着网络的发展，依赖虚拟网络成立的体育组织数量也是非常庞大的，以2013年底我国网民数量6.18亿人计算，网络体育组织数量至少已达80万个。截至2014年底，我国村/居委会、居民小组共计674万个，城乡基层社区未登记的民间体育组织数量在百万个以上。据此推算，我国未登记的民间体育组织数量远远超过200万个。如此数量庞大的社会组织由于登记门槛、政府疏于管理等种种原因未进行登记，它们处于监督管理的盲点，既不利于组织自身的发展，也不利于组织发挥它应有的功效，容易被不良用心者操纵并成为社会不稳定因素滋生的温床。

（二）民间体育组织法人内部治理结构、机制、制度不完善，造成自身组织活力不强

在内部治理结构方面。一般而言，健全的民间体育组织内部治理结构

应包括会员大会（权力机构）、理事会（决策机构）、秘书处（执行机构）和监事会（监督机构）四个主体。四个主体间应是一种相互配合、分权配合的"权力共同体"关系，四者缺一就会造成组织使命和目标的无法达成。但我国民间体育组织内部治理机构却不健全，会员大会、理事会、秘书处基本都设置，但监事会不设或虚设的现象普遍存在。例如在民政部注册的中国击剑协会就没有监事会这一监督机构。民非章程样本中虽然规定了民非单位需要设立监事会，但具体操作中虚设监事会、未设监事会或监督机构的状况极为普遍。尤其是在行政领导（经理、主任）负责制的治理形式中，体育民非对挂靠单位的依赖关系，极易造成挂靠单位对体育民非的监督呈现一种表面化倾向。在草根体育组织中，往往不存在正式的组织结构，民间"精英"或"能人"在组织运转中扮演了极具重要的角色和凸显了十分重要的作用，草根体育组织的内部治理结构表现出了一种"卡里斯玛"式的治理特性。

在内部治理机制方面。民间体育组织内部治理的决策机制、执行机制和监督机制三个方面都存在执行缺失的问题。例如，虽然体育社团的章程中都明文规定"全国会员代表大会有制定和修改章程、选举和罢免委员、审议委员会的工作报告和财务报告、决定终止事宜和决定其他重大事宜"的职权，但实际中的决策基本上由少部分权力者所掌控，会员（代表）大会决策治理机制和（常务）理事会决策治理机制就是空中楼阁，不具备实用上的效能，形同虚设。人员结构和财务管理中，组织法人和财务很多都还是依附于政府部门，不能独立运行，县级以上领导干部不得兼任社会组织负责人的要求和独立银行账号的规定往往都得不到有效落实。目前我国体育民非的决策机制以挂靠单位决策和投资者决策为主，即便理事会最终具体操作实施，但也只是停留于形式层面，具体决策还是需要听从或考虑挂靠单位的意向。监督机制基本上处于停滞状态，公益使命监督为投资者的盈利所取代，董事会监督为主任负责制所钳制，监事会监督被视为空中楼阁。

在内部治理制度方面。社会组织的内部治理制度主要包括：民主选举制度、民主决策制度、运行管理制度、财务管理制度、诚信自律制度、信息公开制度、会员权利保障制度、重大事项公开制度、激励制度和监督制度等。总体而言，制度建设方面，在民政部门注册的民间体育组织的制度建设比较健全，但是体育社团、基金会、民办非企业稍显滞后，大量未注册的草根体育组织则普遍缺乏制度建设，草根体育组织往往以风俗习惯、道德观念、伦理纲常、乡规民约等为内容的非正式制度呈现显性化和现实化的特征。然而，在实际操作过程中，这些内部治理制度往往只流于书面文字层面，根本无法实施或者无操作性可言，也许当初这些制度的建立之意就是应付检查，而不是实实在在地规范约束。

（三）资金不足，普遍不具有承接政府购买服务的能力

民间体育组织既没有税收权，又被禁止营利，其资金来源主要依靠政府资助、服务收费和社会捐赠。但长期以来，国家财政没有向社会组织资助的制度安排，相关法律法规限制服务收费和禁止从事营利性经营，加上我国公民的社会体育捐赠公益意识不强，社会捐赠氛围和数额远远不足，这些问题导致融资渠道不畅和活动资金不足，成为长期限制我国民间体育组织发展的主要障碍。尽管 2013 年后，政府出台了《关于政府向社会力量购买服务的指导意见》《关于做好政府购买服务工作有关问题的通知》《关于支持和规范社会组织承接政府购买服务的通知》《政府采购法实施条例》《关于支持和促进重点群体创业就业有关税收政策具体实施问题的公告》等多项办法，想要鼓励民间体育组织参与社会治理，但文件中明确规定的"承接政府购买服务的主体应具有独立承担民事责任的能力"，而要独立承担民事责任就必须要拥有属于组织自己的财产。据统计，我国90%以上的法人类体育社会组织都没有属于自己的财产，因此也就不具有承接政府购买服务的资格和能力。

第三节　构建以法治为基础的"金字塔"式民间体育组织共建共享治理模式

法治是国家治理体系和治理能力现代化的重要依托，是中国特色社会治理的一个本质要求和重要保障，也是民间体育组织治理的基础、核心。党的十八届四中全会通过的《关于全面推进依法治国若干重大问题的决定》，第一次以执政党最高政治文件和最高政治决策的形式，对在新形势下进一步引导和保障中国特色社会主义建设，通过全面推进依法治国、加快建设法治中国，推进国家治理体系和治理能力现代化，在法治轨道上积极稳妥地深化各种体制改革，为全面建成小康社会、实现中华民族伟大复

兴中国梦提供制度化、法治化的引领、规范、促进和保障,具有十分重要的战略意义。

人作为社会动物和政治动物的总和,都是在一定的人类共同体中生活的。人类共同体一般包括国家共同体和社会共同体两种形式。可以说,每一个人都既生活在一个国家共同体中也生活在一个社会共同体中。同时,在国家政体中既包括国家共同体也包括社会共同体。治理既包括对国家的治理也包括对社会组织的治理。

一 法治:民间体育组织治理的基础

(一) 国家治理的现代化就是法治的现代化

法治是国家治理的基础。法治是相对于人治而言的。人治是指政治精英在政治和社会治理中发挥主导性作用,而法治则是指法律在政治和社会治理中发挥主导性作用。国家治理的现代化,在某种意义上即是国家法治的现代化。这是因为,国家治理与法律运用有着同样的治理方式,法治化不仅是国家治理现代化的核心内容,也是国家治理民主化、科学化、文明化的重要保障。法治的核心和基石作用表现为以下几个方面。

1. 民主政治与法治

人民民主与社会主义法治不可分离,民治与法治相结合的政治法治体制是最坚固、最长久、最先进的国家治理体制,是人类社会政治开明、法治文明的制度典范。没有民主之治的法治,会演变成传统统治风格的专制。从人民民主的政治逻辑来看,法治的实质就是体现人民的利益和意志,从而得到人民认可的"规范之治";反言之,民主必须受制于法治,民主。没有法治规制的民主,将是混乱无序的民主。法治为民主之治设置轨道。

2. 科学管理与法治

科学之治意义上的"善治"就是良好的治理。"善治"目标的国家治理,是一种达成和服务于某种良好目标模式的现代国家建构过程和方式。"善治"需要"良法",政治学强调"善治需要优良的制度作保障",法学则主张"法治是良法之治"。无论是"优良的制度"还是"良法"都是公共理性的产物,具有科学规范的内涵和属性。科学之治实为良法善治,表现为一种配合适当、协调有序的法治理想动态。法治为科学之治提供保障。

3. 文明教化与法治

文明教化的基础是人类精神的自律，或者说，道德是人们的法律意识、法治观念和在法律范围内活动的基础。在当前道德评价失范、价值取向紊乱、精神生活不甚理想的状态下，文明教化有必要引入法治的硬约束机制，即通过法治的手段，提高社会组织与社会实践的文明程度和道德水准。在精神文明建设中，法治的动能表现为："规范－强化"作用，即通过立法手段选择和推动一定道德规范的普及；"监督－保障"作用，即通过法律机制保护文明道德行为；"教育－推动"作用，即运用社会正义、权利本位、契约自由的现代法精神去培育社会主义的义利观，形成健康有序的社会生活规范。法治是文明教化的权力支柱。

总之，国家治理的两个向度，即现代化与法治化是相互关联的：现代化的核心和基础是法治化，而法治化是一个理性化、文明化的发展过程，其本身也有一个现代化的问题。在国家治理中，现代化必然法治化，而法治化本身又需要现代化。

改革开放以来，我们党深刻总结我国社会主义法治建设的成功经验和深刻教训，把依法治国确定为党领导人民治理国家的基本方略，把依法执政确定为党治国理政的基本方式，走出了一条中国特色社会主义法治道路。这条道路的一个鲜明特点，就是坚持依法治国和以德治国相结合，强调法治和德治并行。这既是历史经验的总结，也是对治国理政规律的深刻把握。党的十八大以来，以习近平同志为核心的党中央从坚持和发展中国特色社会主义全局出发，从实现国家治理体系和治理能力现代化的高度提出了全面依法治国这一重大战略部署。十八届四中全会专题研究依法治国问题，并做出我们党历史上第一个关于加强法治建设的专门决定，标志着依法治国按下了"快进键"，进入了"快车道"，开启了中国法治新时代。

（二）法治是民间体育组织治理的基础和手段

李克强总理在 2014 年《政府工作报告》的"重点工作"部分指出，必须"注重运用法治方式，实行多元主体共同治理。健全村务公开、居务公开和民主管理制度，更好发挥社会组织在公共服务和社会治理中的作用"。

民间体育组织是法治社会建设的重要主体。尽管国家、政府对于推进法治社会建设具有决定性的作用，但社会组织乃是建设法治社会的基本主体。只有培植和生长出充满生机、活力的，能承担与国家公权力相应的社会公权力，并能对国家公权力加以适当制约的非国家、非政府的社会组织，才可能谈得上建设法治社会。发展民间体育组织既要解放思想，尽量减少和去除各种不必要的条条框框限制，同时也要走法治化的道路，原因有如下四点。第一，民间体育组织必须依法建立和发展。民间体育组织并不是公民任意的，松散、临时的结合，而是为强身健体的目的组成的具有一定持续性的共同体。持续性决定了其成立必须符合相应的法定条件，遵循相应的法定程序。否则，即可能构成非法结社，与法治社会背道而驰。第二，民间体育组织的内部结构必须通过其组织章程和其他软法规则实现法治化。这种组织的内部法治化可以保证其运作有序，消除可能的矛盾、纠纷和混乱。第三，民间体育组织的职能应通过其组织章程加以规范，体育社团和体育基金会、体育类民办非企业等体育组织的职能还要受《体育法》等国家法律的直接规范。民间体育组织的章程必须遵循和吸收国家法律的相关规定，而不能与之相抵触。国家法律可以为民间体育组织的职能范围划定外部边界，组织章程则在此边界内对职能做出具体表述。第四，民间体育组织成立以后，其运作和发展同样要受硬法和软法的约束和规范。

当前，我国在民间体育组织法治方面还存在专门法即社会组织法的缺失、法律法规之间的冲突和制约等方面的问题，对社会组织日常管理发挥真正规范作用的仍是国务院制定的三大管理条例。迫切需要完善的社会组织法律体系为民间体育组织有序运转提供法治保障。

二 "金字塔"式民间体育组织共建共享治理模式的框架搭建

（一）共建共享：民间体育组织治理的趋势

随着全球化进程加快和网络时代的到来，世界面临前所未有的巨大机遇和挑战。特别是国家与社会关系，已不再是所谓"二元对立"或者"第三条道路"所能应对的。纵观近代发展史不难看到，自由资本主义阶段是"小政府、大社会"，垄断资本主义阶段是"大政府、小社会"，福利国家阶段是"弱政府、强社会"，全球资本主义阶段是"中政府、中社会"或者"强政府、强社会"。这一演进变革的逻辑背后，是国家对社会的必要，社会对国家的制约，以公共权力为根基的国家干预与以个人权利为根基的社会自治之间的张力，始终在国家与社会关系的建构中发挥着作用。只有强国家、强社会的双强互动构架，才是应对当今全球化和信息革命所带来的多元化、破碎化、原子化、自由化等复杂多变问题的有效模式，而转向注重社会力量参与、进行共建共享型的包容性制度重建，也就成为当下的必然选择。其中，国家通过全局发展的方向引导、国家重点领域的干预调节、基本民生的人权保障等，提供平等多元、自由公正的价值指引和秩序校正，而更大范围、更日常化的社会秩序，则是由多元社会主体特别是社会组织来塑造和维护的。只有建立起国家与社会的双强互动构架，才能促进二者的双向构建、共建共享和良性运行，国家治理能力现代化和社会治理法治化也才能真正成为现实。

从当代世界发展趋势来看，国家与社会的良性互动关系已成为主流，问题不在于强化政府还是强化民间体育组织，而是有必要同时强化两者。对中国而言，从"单位人"向"社会人"的转变中，让散落的个体重新嵌入根植于社会内部的社会组织，则成为政府和民众皆可接受的较优选择。中国不可能走民间体育组织与国家对抗型的西方式道路，而只能根据中国的国情，走国家给予鼓励和扶持、民间体育组织自主发展的合作型道路，促进"强国家、弱社会"向"强国家、强社会"不断迈进，建立民间体育组织在国家政治、经济和文化生活中的民主参与、多元协商和自主治理机制，实现国家与社会的良性互动、双向构建和共建共享发展。

（二）"金字塔"式民间体育组织共建共享治理模式

以往"倒金字塔"式的管理模式一方面使民间体育组织管理处于法治的盲区或真空状态，严重阻碍了组织发展。同时也使政府管制过多，既劳心也劳力还不讨好，既侵害公民权利又导致社会矛盾，已经无法适应社会发展。

以法治为基础，按照自治优先、共建共享的原则建立"金字塔"式的治理结构，该模式的基本理念是：凡是民间体育组织能够依法自主解决的就让其自主解决；凡是可以依靠社会力量解决的，政府应与民间体育组织依法合作协商解决。只有在民间体育组织无力解决或解决不好的情况下，政府再借助和吸纳社会力量参与并最后出手解决。

"金字塔"式民间体育组织共建共享治理模式是一种政府、社会与民间体育组织等多元主体共同参与下的治理结构，共包括四个层面。

其最底层是以《社会组织基本法》《体育法》等与宪法相衔接的社会团体基本法和与基本法相适应的集行政法规、地方性法规和各种具体的规章制度于一体的法律体系，从而对民间体育组织的性质、地位、权利、义务、设立条件、审批程序，以及税收和优惠政策做出明确具体规定。

第二层应是草根体育组织等民间体育组织的自我管理、自我服务模式。例如民间体育组织出现的大部分源自资金短缺和内部监管松弛等问题，民间体育组织应该在加强"内治"的基础上完善制度、加强审计监督，把自己推向市场的大潮，在市场中完善自我；在监管体制上则应构建由重登记管理转为重日常管理，由重行政管理转为重文化管理，构建政府、市场、文化并重的全方位多元立体的监管模式。

第三层是社会主导和政府支持下成立的体育社团、体育基金会、体育民办非企业等民办公助的各类民间体育组织治理模式。民间体育组织发挥自治主导作用，政府给予一定的帮助和支持。作为民间体育组织自身来说，应该充分利用民间体育组织自身力量"理所当然"地来监督、规范自身发展。民间体育组织同样也需要在有效评估基础上不断完善其治理结构，并以此来提高自我管理和决策水平，为构建和谐社会，实现我国从体育大国向体育强国迈进更好地承担公共责任。

第四层是政府主导和社会协助下成立的体育社团、体育基金会、体育民办非企业等公办民助的各类民间体育组织治理模式。政府将公共服务职能采用转移、委托等方式交给民间体育组织承办，属于政府主导下的社会协助。2014年年末针对推进体育赛事审批制度改革，相关行政部门出台了除全国综合性运动会和少数特殊项目赛事外，包括商业性和群众性体育赛事在内的全国性体育赛事审批一律取消的政策。审批松绑是好事，但接下来还需要建立一个完整的体系，以细化标准来支持、保障民间办赛。为此政府急需解决基层民间体育组织的身份困境，降低准入门槛，为基层民间体育组织承接体育公共服务、承办各类体育赛事打开方便之门。处于金字塔最顶层的政府要承担规则制定、安全保障、社会公平等终极责任，履行必需的社会管理职能。

总之，"金字塔"式民间体育组织治理模式，是以法治中国建设为基础平台，以各类民间体育组织为主体，以政府为主导的共建共享模式，这对政府和民间体育组织来说，无疑都是有利的。

三 "金字塔"式民间体育组织共建共享治理模式的建构意义与作用

（一）"金字塔"式民间体育组织共建共享治理模式是扬弃西方理论、立足现实国情的再创造

毫无疑问，西方治理理论从 20 世纪 90 年代诞生以来，从罗西瑙到罗茨、斯托克、库伊曼等学者，他们提出的"没有政府的治理"、空间多中心化、主体多元化、权力向度互动化、政策目标共赢化等思想，提出不同领域和不同层次的政府、社会组织、公民、国际组织等通过确定游戏规则，进行谈判、博弈、协商与合作实现共赢，无论对于西方国家还是对于中国，其在推动政府由"划桨型"向"掌舵型"转变中起到了巨大的理论指导作用。但其理论倡导的"去国家化""去政府化"等不要政府权威的观点一度甚嚣尘上，没有政府的治理和无需政府的治理的声音既让部分中国学者感到无所适从，也让部分别有用心的所谓理论家借此作为"颜色革命"的意识形态工具。

扬弃是黑格尔解释发展过程的基本概念之一。他认为，在事物的发展过程中，每一阶段对于前一阶段来说都是一种否定，但又不是单纯的否定或完全抛弃，而是否定中包含着肯定，从而使发展过程体现出对旧质既有抛弃又有保存的性质。马克思的唯物辩证法继承了黑格尔辩证法的思想成果，并以这一概念来表述唯物辩证法的否定观的实质。认为事物内部新与旧的矛盾斗争，使除旧布新、推陈出新成为事物发展的必然规律。然而新事物对旧事物的否定是既克服又继承、既抛弃又保留的辩证过程，以至达到一个更高的发展阶段；否定之所以能够成为发展和联系的环节，事物之所以能够在自身矛盾的基础上，通过否定实现由低级到高级的发展，就在于否定是扬弃。扬弃是通过事物的内在矛盾运动而进行的自我否定，是事物发展的环节和联系的环节。联系的环节体现了新事物对旧事物的发扬、保留和继承，这是"扬"的过程，是事物发展的连续性。发展的环节体现了新事物对旧事物的抛弃、克服，这是"弃"的过程，是事物发展中的非连续性。唯物辩证法的扬弃观要求对任何事物都要具体问题具体分析，不能简单地肯定一切或否定一切，不能犯片面性和绝对化的错误。

中华民族的历史传承与文化传统告诉我们，中华民族五千年文明之所

以能够长久不衰、为人类文明做出不朽贡献，就是因为它"尊时守位，知常达变，开物成务"，就是因为它从来都不是因循守旧的，而是"革故鼎新，与时俱进"，就是因为中华民族的往圣先贤、学者文人始终坚守"为天地立心，为生民立命，为往圣继绝学，为万世开太平"的道义。2017 年中共中央办公厅和国务院办公厅印发的《关于实施中华优秀传统文化传承发展工程的意见》指出："中华民族和中国人民在修齐治平、尊时守位、知常达变、开物成务、建功立业过程中培育和形成的基本思想理念，如革故鼎新、与时俱进的思想，脚踏实地、实事求是的思想，惠民利民、安民富民的思想，道法自然、天人合一的思想等，可以为人们认识和改造世界提供有益启迪，可以为治国理政提供有益借鉴。"

中国的基本制度和现实国情告诉我们，实现中华民族的伟大复兴就必须坚持党的领导、人民当家做主、依法治国三者的有机统一。在中国共产党的领导下，我们的国家、我们的民族历经挫折而奋起、历经苦难而辉煌，发生了前所未有的历史巨变，实现了从站起来到富起来、强起来的伟大飞跃。马克思主义群众观点强调人民群众是历史的创造者，人民群众是社会生产和生活的主体，只有坚持人民主体地位，发挥人民主体作用，才能保证人民的平等参与，并由此激发社会活力。法治是人类社会和人类文明的标志，也是现代国家实现"良治"和"善治"的重要工具。

民间体育组织作为法治社会建设的重要主体，其培育和成长必须依赖于国家公权力与社会公权力的融合发展。从民间体育组织的发展过程来看，20 世纪 80 年代以来，我国民间体育组织从小到大、从弱到强，民间体育组织的研究也持续升温，部分学者照抄照搬公民社会、法团主义等西方理论作为分析框架对我国民间体育组织政策进行批评指责，着重于对组织外形的研究而缺乏对组织本质的深入探讨，忽视了我国体育非营利组织的"本土性"的现实背景。无论是公民社会抑或法团主义，源于国家与社会是二元对立的预设。而中国并不具备同西方相同意义上的"国家"与"社会"的二元对立，中国"国家"与"社会"的边界是互相重叠、互相渗透、模糊不清的。如国家体育总局与中华全国体育总会到目前仍然是一个机构两块牌子。如果仅仅用公民社会和法团主义的表象对民间体育组织内在逻辑进行研究，则无法完全表达中国社会发展的实际状况。

我国民间体育组织治理模式的理论构建就需要在西方治理理论基础上，吸收其精华，抛弃其糟粕，紧密结合中国的历史传承、文化传统、基本制度和现实国情，创造出具有中国特色的理论模式。

（二）"金字塔"式民间体育组织共建共享治理模式可以实现由"强政府、弱社会"向"强政府、强社会"的转向

"金字塔"式民间体育组织共建共享治理模式下的政府治理中，对于社会自发成立和自治管理的草根民间体育组织、民办公助的体育社团、体育基金会、体育民办非企业等非公共产品，政府在社会力量主导的基础上提供制度和法律保障，给予支持和帮助；对于公办民助的体育社团、体育基金会、体育民办非企业等准公共产品或公共产品，政府应当承担主要责任，从而可以最大化利用和发挥社会力量。这种治理模式可以形成政府管理中的"重心下移"和"关口前移"，最大化地激发社会活力，这将是最有效和最低成本的治理。

"金字塔"式民间体育组织共建共享治理模式下的社会治理中，立足于让社会自己管理自己，承认民间体育组织、公民个人在社会治理中的主体地位，民间体育组织等多元社会主体作为政府和市场的助手和伙伴，承担大量政府做不好、市场不愿做的社会事务，通过允许和鼓励民间体育组织的自治和自我调节，设立政府与社会的矛盾缓冲带，采用政府治理和社会自治的良性互动来分解和防范社会矛盾和社会风险，最大化地调动社会的积极性、主动性和创造性，可以适应社会结构的转型，改变"划桨型"政府出力不讨好的问题。

"金字塔"式民间体育组织共建共享治理模式自下而上体系中，政府作用将由弱变强，民间体育组织的力量逐渐增大，可以实现"五个转向"：一是由"强政府、弱社会"向"强政府、强社会"的转向；二是治理主体从政府一元转向政府、公民、民间体育组织多元；三是治理方式由人治转向法治，使法治成为民间体育组织治理的基本方式和规则；四是治理手段由强制和刚性转向柔性和协同服务；五是治理权力由单一的自上而下的行政权力转向社会公共权力的上下互动，行政管理与组织自治相结合。"金字塔"式民间体育组织共建共享治理模式还可以有效应对政府主导乏力和社会参与不力的困境，是一种政府与社会分工协作、共担责任、共建共享的治理模式，这种模式既纠正了"没有社会的政府管理"，也纠正了"没有政府的社会管理"两个极端。

参考文献

（北齐）魏收，1974，《魏书·食货志》，中华书局。

（宋）梅尧臣编，《宛陵集》卷三二，清康熙八年刻本。

（唐）房玄龄等，1974，《晋书·列女列传》，中华书局。

（唐）长孙无忌等，1973，《隋书·经籍志》，中华书局。

〔奥〕阿尔弗雷德·舒茨，2012，《社会世界的意义构成》，商务印书馆。

〔法〕鲍德里亚，2001，《消费社会》，刘成富、全志钢译，南京大学出版社。

〔加〕马歇尔·麦克卢汉，2013，《理解媒介——论人的延伸》，何道宽译，译林出版社。

〔美〕W. 理查德·斯科特，2010，《制度与组织——思想观念与物质利益》（第三版），姚伟、王黎芳译，中国人民大学出版社。

〔美〕埃德加·沙因，2014，《组织文化与领导力》，章凯、罗文豪、朱超威等译，中国人民大学出版社。

〔美〕道格拉斯·C. 诺思，2008，《理解经济变迁过程》，钟正生、刑华、高东明等译，中国人民大学出版社。

〔美〕约翰·斯科特，2007，《社会网络分析法》，刘军译，重庆大学出版社。

〔美〕詹姆斯·G. 马奇，2011，《重新发现制度：政治的组织基础》，上海三联书店。

〔美〕詹姆斯·N. 罗西瑙主编，2001，《没有政府的治理》，张胜军等译，江西人民出版社。

〔美〕约翰·伊特韦尔·新帕尔格雷夫，1992，《经济学大辞典》，经济科学出版社。

〔英〕G. 邓肯·米切尔，1987，《新社会学辞典》，上海译文出版社。

〔英〕安东尼·吉登斯，2014，《现代性的后果》，田禾译，译林出版社。

〔英〕布尔、胡思、韦德，2006，《休闲研究引论》，田里等译，云南大学出版社。

〔瑞士〕彼埃尔·德·塞纳克伦斯，1999，《治理与国际调节机制的危机》，冯炳昆译，《国际社会科学杂志》（中文版）第 1 期。

卞利，2005，《徽州文化全书·徽州民俗》，安徽人民出版社。

蔡佳宏，2014，《自组织理论视角下晋江市群众篮球运动开展现状与影响因素研究》，硕士学位论文，福建师范大学。

蔡磊，2004，《非营利组织基本法律制度研究》，硕士学位论文，西南政法大学。

曹晨，2014，《在运动技能的形成中同步发展身体素质》，《中国学校体育》第 8 期。

陈崇山，2004，《治理理论给受众参与的启示》，载张国良、黄芝晓主编《全球信息化时代的华人传播研究：力量汇聚与学术创新——2003 中国传播学论坛暨 CAC/CCA 中华传播学术研讨会论文集》（下册）。

陈学飞、茶世俊，2007，《理论导向的教育政策经验研究探析》，《北京大学教育评论》第 4 期。

崔丽丽，2002，《全国性体育社团现状分析》，《天津体育学院学报》第 4 期。

丁开杰，2009，《英国志愿组织联盟与志愿者参与实践——以英格兰志愿组织理事会（NCVO）为例》，《理论月刊》第 3 期。

丁元竹，2005，《美国社会管理体制的特点和对中国的启示》，《中国经济时报》12 月 9 日。

董宏伟，2014，《我国民间体育组织的制度环境分析》，《沈阳体育学院学报》第 2 期。

范成文，2008，《治理理论与中国体育行政管理体制改革研究》，《湖南工业大学学报》（社会科学版）第 2 期。

冯晓丽，2015，《我国民间体育组织的研究进展与发展路径》，《体育研究与教育》第 4 期。

冯晓丽、畅欣，2014，《制度变迁视野下山西省老年人体育协会的发展》，《体育学刊》第 6 期。

冯晓丽、董国珍，2014，《从身份认同到规制、规范：我国民间体育组织评估政策变迁》，《成都体育学院学报》第 10 期。

冯晓丽、盖甜甜，2014，《我国民间体育组织发展的制度困境与路径选择——新制度主义视角》，《体育研究与教育》第 6 期。

高力翔、陆森召、孙国友，2008，《我国市民社会发展滞后与非营利性体育组织异化的相关性》，《上海体育学院学报》第 1 期。

高力翔、孙国友、王步，2007，《我国市民社会对非营利性体育组织发展的影响》，《天津体育学院学报》第 5 期。

高王永，2000，《草根萌发新义》，《咬文嚼字》第 8 期。

顾渊彦，1999，《体育社会学》，南京师范大学出版社。

郭修金、戴健，2014，《政府购买体育社会组织公共体育服务的实践、问题与措施——以上海市、广东省为例》，《上海体育学院学报》第 3 期。

贺越先、郭敏刚，2012，《高校高水平运动队教练员工作满意度与离职意愿关系研究》，《南京体育学院学报》（社会科学版）第 4 期。

侯沛伟，2008，《对我国体育社团人力资源现状的思考》，《科技信息》（科学教研）第 19 期。

胡乐明、张建伟、朱富强，2002，《真实世界的经济学——新制度经济学纵览》，当代中国出版社。

黄晓勇、蔡礼强，2008，《中国民间组织的现状、作用以及政策建议》，载黄晓勇主编，《中国民间组织报告（2008）》，社会科学文献出版社。

黄晓勇、潘晨光、蔡礼强等，2014，《中国民间组织报告（2014）》，社会科学文献出版社。

黄亚玲，2003，《论中国体育社团——国家与社会关系转变下的体育社团改革》，博士学位论文，北京体育大学。

黄亚玲，2004，《论中国体育社团：国家与社会关系转变下的体育社团改革》，北京体育大学出版社。

黄亚玲、邵焱颉，2015，《网络体育组织发展：虚拟与现实的挑战》，《北京体育大学学报》第 11 期。

靳东升，2008，《中澳非营利组织税务管理的比较及思考》，《涉外税务》第 7 期。

李玉栓，2012，《中国古代的社、结社与文人结社》，《社会科学》第 3 期。

廖鸿、石国亮，2011，《澳大利亚非营利组织》，中国社会出版社。

林伯原，1987，《试论两宋民间结社组织的体育活动》，《体育科学》第 2 期。

林毅夫，2003，《诱致性制度变迁与强制性制度》，北京大学出版社。

刘次琴、金育强、刘君雯，2007，《治理理论视角的中国体育管理体制改革》，《体育学刊》第 8 期。

刘国永、裴立新、范广升等，2016，《中国体育社会组织发展报告（2016）》，社会科学文献出版社。

刘全明，2013，《略论近代民间体育组织的发展》，《兰台世界》第 25 期。

卢元镇，1996，《论中国体育社团》，《北京体育大学学报》第 1 期。

吕思培，2009，《英国：工党计划强制青少年参加社区服务》，《比较教育研究》第 6 期。

马爱民，2008，《论两晋南北朝的射箭文化——兼与〈中国武术史〉、〈体育史〉作者商榷》，《体育科学》第 9 期。

马志和、张林，2003，《非营利体育组织发展前瞻：一个市民社会的视角》，《天津体育学院学报》第 2 期。

秦海生，2012，《宋代体育组织研究》，《体育文化导刊》第 9 期。

盛洪生、贺兵等，2004，《当代国际关系中的"第三者"：非政府组织研究》，时事出版社。

石国亮，2012，《国外政府与非营利组织合作的新形式——基于英国、加拿大、澳大利亚三国实践创新的分析与展望》，《四川师范大学学报》（社会科学版）第 3 期。

苏国勋，1988，《理性化及其限制——韦伯思想引论》，上海人民出版社。

宛丽、罗林，2001，《体育社团的合法性分类及发展对策》，《北京体育大学学报》第 2 期。

汪流、王凯珍、李勇，2008，《我国体育类民间组织现状与未来发展思路》，《成都体育学院学报》第 1 期。

王建军、廖鸿、徐家良等，2013，《中国社会组织评估发展报告（2013）》，社会科学文献出版社。

王俊奇，2000，《南宋临安民间"体育社团"》，《体育文史》第 2 期。

王名，2002，《非营利组织管理概论》，中国人民大学出版社。

王名、李勇、黄浩明，2009，《英国非营利组织》，社会科学文献出版社。

王名、刘培根等，2004，《民间组织通论》，时事出版社。

王浦劬、莱斯特·M. 萨拉蒙等，2010，《政府向社会组织购买公共服务研究》，北京大学出版社。

王身余，2008，《从"影响"、"参与"到"共同治理"——利益相关者理论发展的历史跨越及其启示》，《湘潭大学学报》（哲学社会科学版）第6期。

王玉宾，2014，《山西新增7所国家级青少年体育俱乐部》，《山西日报》2月24日。

尉俊东、赵文红，2005，《非营利组织人力资源构成、特点与管理——对我国非营利事业单位人事改革的启示》，《科学学与科学技术管理》第12期。

魏烨，2010，《教练员工作压力、社会支持与工作满意度的相关性研究》，《天津体育学院学报》第1期。

吴卅，2013，《美国残疾人体育组织研究——基于自组织理论视角》，博士学位论文，北京体育大学。

吴忠泽、李勇、邢军，2001，《发达国家非政府组织管理制度》，时事出版社。

肖鹏，2015，《推进社会组织立法》，《人民日报》1月28日。

修琪，2013，《公民社会视野下自发性群众体育组织研究——以山东省为例》，《北京体育大学学报》第5期。

许延威，2104，《自组织理论视角下的中国体育社团研究》，《南京体育学院学报》（社会科学版）第6期。

许月云、许红峰、王海飞，2010，《民间体育组织发展现状调查——以福建省为例》，《北京体育大学学报》第9期。

杨桦，2015，《深化体育改革推进体育治理体系和治理能力现代化》，《北京体育大学学报》第1期。

杨健、赵晓玲，2010，《青少年体育俱乐部的组建与长效发展策略研究》，《科学之友》第16期。

英国志愿组织联合会，2011，《2010年公民社会年鉴》。

于扬，2012，《2012易观移动互联网博览会盛装来袭》，《计算机与网络》第19期。

张红坚、段黔冰，2009，《农村体育组织方式选择与农村体育组织建设——基于自组织理论视角》，《北京体育大学学报》第2期。

张宏伟、成盼攀，2013，《社区草根体育组织的涵义、生成与功能定位》，《北京体育大学学报》第6期。

张勤，2008，《中国公民社会组织发展研究》，人民出版社。

张笑莉，2010，《清代燕赵武术与民间结社》，《西安体育学院学报》第5期。

张元，1979，《从周代的射箭活动看体育的社会性》，《内蒙古师范大学学报》第2期。

张振刚，2011，《青春期心理健康的影响因素及对策》，《河南农业》第16期。

赵孟营，2002，《论组织理性》，《社会学研究》第4期。

赵曙明，2001，《人力资源管理研究》，中国人民大学出版社。

赵子江，2013，《我国体育民间组织概念及分类研究述评》，《首都体育学院学报》第1期。

郑杭生，2009，《社会学概论新修》，中国人民大学出版社。

中国现代国际关系研究院课题组编著，2009，《外国非政府组织概况》，时事出版社。

钟文，2014，《关于体育改革向纵深推进的思考之一：敞开心胸办体育》，《人民日报》1月6日。

周建新、王凯，2014，《政府购买体育公共服务的困境与突破——基于供方与买方缺陷的视野》，《体育与科学》第5期。

周咪咪，2013，《基于制度变迁理论的事业单位养老保险改革阻力分析》，硕士学位论文，华东理工大学。

民政部，2016，《2015年社会服务发展统计公报》，http：//www. mca. gov. cn/article/sj/tjgb/201607/20160715001136. shtml。

民政部，2014，《关于贯彻落实国务院取消全国性社会团体分支机构、代表机构登记行政审批项目的决定有关问题的通知》，http：//www. Chinanpo. gov. cn/1202/78968/index. html。

《2013年社会服务发展统计公报》，http：//www. mca. gov. cn/article/zwgk/mzyw/201406/20140600654488. shtml。

《社会团体登记管理条例》，http：//www. qidong. gov. cn/art/2012/5/18/art_33 61_135963. html。

《全国性体育社会团体管理暂行办法》，http：//vip. Chinalawinfo. com/ne-wlaw 2002/SLC/slc. asp？gid =48133。

《体育类民办非企业单位登记审查与管理暂行办法》，http：//news. xinhuanet. com/ziliao/2005 – 10/17/content3625715. htm。

《基金会管理条例》，http：//www. Chinacharityfedera - tion. org/Web Site/News Show/66/1114。

潘小松，2003，《非营利部门在美国社会中的作用》，中国民间组织网，ht-tp：//www. gmw. cn/02blqs/2003 - 07/03 - C38DD441B7128FFC48256DD7001AB49B. htm。

李勇，2010，《美国、澳大利亚非营利组织管理工作考察报告》，中国民间组织网，http：//www. Chinanpo. gov. cn/web/showBulltetin. do？type = pre&id = 21754&dictionid = 1632&catid。

杨岳、许昀，2013，《自律竞争与监督——美加非政府组织管理制度考察》，中国民间组织网，http：//www. Chinanpo. gov. cn/web/showBull-tetin. do？type = pre&id = 21754&dictionid = 1632&catid = 。

《刘鹏局长在 2015 年全国群众体育工作会议上的讲话》，http：//www. sport. gov. cn/n16/n33193/n33208/n33418/n33583/6123486. htm。

国家体育总局，《中华人民共和国体育法》，http：//www. sport. gov. cn/n16/n1092/n16819/312031. html。

《中国老年人体育协会官方网站》，http：//chinalntx. sport. org. cn。

刘国永，《2015 年全国群众体育工作会议》，http：//www. sport. gov. cn/n16/n33193/n33208/n33418/n33583/6123460. html。

国务院，《国务院关于加快发展体育产业促进体育消费的若干意见》，ht-tp：//www. gov. cn/zhengce/content/2014 - 10/20/content_ 9152. htm。

民政部，《财政部、民政部关于支持和规范社会组织承接政府购买服务的通知》，http：//www. mca. gov. cn/article/zwgk/fvfg/mjzzgl/201412/20141200744371. shtml。

国务院，《国务院关于促进慈善事业健康发展的指导意见》，http：//www. gov. cn/zhengce/content/2014 - 12/18/content_ 9306. htm。

《中国共产党第十八届中央委员会第三次全体会议公报》，http：//news. xinhuanet. com/house/suzhou/2013 - 11 - 12/c_ 118113773. htm。

《关于政府向社会力量购买服务的指导意见》，http：//news. xinhuanet. com/fortune/2013 - 09/30/c_ 125473371. htm。

《市民体育大联赛圆满落幕 举办赛事 3810 场 147 万余市民参赛》，ht-tp：//tyj. sh. gov. cn/ShSportsWeb/HTML/shsports/bbss/2014 - 12 - 16/Detail_ 12 2091. htm。

Pierre, J. , Peters, B. G. , 2000, *Govemance*, *Politics and the State*, Macmillan PressLtd, p. 194.

Larry L. Kiser, Elinor Ostrom, 1982, "The Three Worlds of Action: A Meta-theoretical Synthesis of Institutional Approaches. " in Elinor Ostrom. *Strategies of Political Inquiry*. California: Sage Publications.

Frederik E. Schuster, 1985, *Human Resource Management: Concepts Cases Reading.* Cambridge: Reston.

CIPFA, 1977, *Leisure and Recreation Statistics Estimates*, The Chartered Institute of Public Finance and Accountancy Published, p. 78.

Kris C. , 2004, *Barclays Boosts Community Sport*, *Horticulture Week*, Teddingtontonm, p. 8.

R. Rhodes, 1996, *The New Governance: Governing Without Government*, Political Studies, p. 653.

Barrie, H. , 1991, *The Government and Politics of Sport*, Routledge London, p. 104.

后　记

我对民间体育组织的研究兴趣，最早形成于 2002 年至 2003 年。当时我在华南师范大学进行为期一年的高访，有幸拜中国体育社会学开创者之一的卢元镇先生为师。课堂上、讨论会上，卢先生对体育社团性质、分类、特征的研究令我耳目一新，特别是他对中国体育社团存在问题的宏论更是一针见血、直击要害，使我热血沸腾，也让我自然而然地对民间体育组织研究产生了浓厚兴趣。从兴趣到关注，从收集资料到研究问题的聚焦，大概用了十年时间。其间民间体育组织蓬勃发展，进入"黄金发展期"，逐渐成为推动我国体育事业全面持续发展的中坚力量。2012 年冬季，我用了整整一个寒假的时间撰写申请书，数易其稿，其间多次向郑旗教授请教，最终以"社会转型期民间体育组织发展的中国特色研究"为题，申报并获批了 2013 年国家社科基金项目。

2014 年至 2015 年，大概一年多时间里，通过我的高访同学郑贺、杨芳，中央党校同学潘素洁等牵线搭桥，我与我的十多名研究生兵分多路，通过"解剖麻雀"的微观方法，对上海、山东、山西、安徽、河南、陕西、宁夏七个东中西部省区各类民间体育组织进行广泛而深入的调查研究。在调研基础上，借鉴西方关于非营利组织的理论和实践，从社会学、政治学、经济学、管理学等学科的组织理论、制度变迁理论、新制度主义理论、治理理论、委托代理理论、资源依赖理论、社会资本结构理论、利益相关者理论等研究视角，对我国体育社团、体育非企业社会组织、草根体育组织等民间体育组织的运行机制、治理结构与管理机制、监督与评估机制等方面进行实证研究。最后，总结本土经验，思考和探索了具有中国特色的民间体育组织治理机制，提出了促进我国民间体育组织规范发展的新路径。

2016 年，各项课题研究任务按期完成。其间共发表阶段性成果 16 篇，其中 6 篇论文在《人民日报》《上海体育学院学报》《天津体育学院学报》

《体育学刊》等核心刊物发表并被 CSSCI 收录，1 篇论文获山西省第九次社会科学优秀成果三等奖。涓涓溪流汇成江海，2017 年我将研究成果撰写成书稿，并申报结题。2018 年 7 月国家社科基金办批准结题。在吸收采纳五名匿名评审专家的建设性意见后，最终形成此稿。在此，谨向五位评审专家致以诚挚的谢意！

本书是众多人共同辛勤劳动付出的结果，大家给了我不可估量的支持和帮助。首先要感谢研究过程中接受调查和访谈的研究对象，没有他们的积极参与和主动配合，此项研究是无法顺利完成的。其次要感谢我的导师卢元镇先生，先生既引我入门，又为本书作序，衷心感谢他多年来对我学术道路的指引。在研究过程中，课题组成员郑旗、范晓东、冯瑞等老师都做了较多的前期工作，我的研究生郭帅、畅欣、董国珍、李秀云、盖甜甜、史文奇、王轩、闫晓玉、谭金龙、程晶晶、曹萌萌、侯云、王琰、李雪等参与了项目的调查研究，在此一并深表谢意。此外，还要特别感谢吕世辰教授，是他帮我推荐了社会科学文献出版社的谢蕊芬编辑，使我有缘与蕊芬编辑结识。此后，看到杨阳、马甜甜两位编辑寄过来的密密麻麻、一丝不苟的编校和批注稿，我的内心敬佩不已。正是由于大家的共同努力，才使拙作得以面世，再次对各位表示由衷的谢意！

本书在写作过程中参考了同行专家、学者的有关著作和论文，谨致诚挚的谢意。由于个人学术水平和能力有限，书中可能还存在诸多不足之处，希望大家不吝赐教。

冯晓丽

2018 年 11 月

图书在版编目（CIP）数据

民间体育组织：中国经验与本土治理／冯晓丽著
. -- 北京：社会科学文献出版社，2018.12
ISBN 978 - 7 - 5201 - 3864 - 2

Ⅰ.①民…　Ⅱ.①冯…　Ⅲ.①体育组织－社会团体－
研究－中国　Ⅳ.①G812.1

中国版本图书馆 CIP 数据核字（2018）第 252543 号

民间体育组织：中国经验与本土治理

著　　者／冯晓丽

出 版 人／谢寿光
项目统筹／谢蕊芬
责任编辑／杨　阳　马甜甜

出　　版／社会科学文献出版社·社会学出版中心（010）59367159
　　　　　　地址：北京市北三环中路甲 29 号院华龙大厦　邮编：100029
　　　　　　网址：www. ssap. com. cn
发　　行／市场营销中心（010）59367081　59367083
印　　装／三河市东方印刷有限公司

规　　格／开　本：787mm × 1092mm　1/16
　　　　　　印　张：17　字　数：286 千字
版　　次／2018 年 12 月第 1 版　2018 年 12 月第 1 次印刷
书　　号／ISBN 978 - 7 - 5201 - 3864 - 2
定　　价／89.00 元

本书如有印装质量问题，请与读者服务中心（010 - 59367028）联系